Reiner Marquard
Karl Barth und der Isenheimer Altar

Arbeiten zur Theologie
Band 80
Herausgegeben vom Calwer Verlagsverein

Reiner Marquard

Karl Barth
und der Isenheimer Altar

Calwer Verlag Stuttgart

Für Birgitt, Ruth und Mathias.

Die Deutsche Bibliothek – CIP-Einheitsaufnahme

Marquard, Reiner:
Karl Barth und der Isenheimer Altar / Reiner Marquard. –
Stuttgart: Calwer Verl., 1995
  (Arbeiten zur Theologie; Bd. 80)
  Zugl.: Frankfurt (Main), Univ., Diss., 1994
  ISBN 3–7668–3322–7
NE: GT

ISBN 3–7668–3322–7

Satz: Karin Proba, Calwer Verlag
Druck und Verarbeitung: WB-Druck, Rieden am Forggensee

Inhalt

Vorwort 7

Die Aufgabenstellung 9

Der Isenheimer Altar 11
    Mathias Grünewald 11
    Die Antoniter 13
    Der Altar 17
    Der Altar zu Beginn des 20. Jahrhunderts 20

Der Isenheimer Altar
in der Theologie Karl Barths 23
    Die Rezeption des Altars 23
    Die Motive des Altars 64
    Distanz und Hinweis 65
    Der Altar und die Lehre vom Wort Gottes 70
    Der Altar und die Aufnahme der Anliegen der
    Kennworte Distanz und Hinweis im Rahmen der
    Versöhnungslehre (KD IV/1) 73

Karl Barths Haltung zum Christusbild
in der Kirche 76
    Eingrenzung des Problems 76
    Die Problematik des Christusbildes
    als Folge des Gottesbegriffes 77
    Die Problematik des Christusbildes und
    das Problem der Trägheit 83
        Exkurs: Autonome Kunst und Kunst in der Kirche . . 87
    Kunst als Heimatlosigkeit 92
        Exkurs: Die Kunst Mozarts 93
    Zusammenfassung 94

Homiletische Folgerung 97

Anmerkungen 101

Anhang 145
    Der Isenheimer Altar 147
    Chronologische Auflistung der Rezeption
    des Altars mit bibliographischem Nachweis 153

    Literaturverzeichnis 159
        Literatur Karl Barth 159
        Literatur im Zusammenhang der Theologie
        Karl Barths 163
        Literatur zum Isenheimer Altar 165
        Literatur zur Bilderfrage und Kunsttheorie 169

    Bibelstellenregister 173
    Namenregister 174

Vorwort

Die vorliegende Arbeit ist die nur geringfügig geänderte Fassung (Einfügungen und ergänzende Anmerkungen zum Isenheimer Altar) meiner Dissertation, die dem Fachbereich Evangelische Theologie an der Johann Wolfgang Goethe-Universität in Frankfurt/Main 1994 vorgelegen hat.

Diese Studie ist durch vielfältige, reichliche Hilfen angebahnt und gefördert worden: durch meine Freunde, die Pfarrer Gerhard Siegert und Meinold Krauss – der eine hat mich in unseren Heidelberger Semestern anfangs der 70er Jahre geradezu genötigt, Barths Römerbriefkommentar von 1921 zu lesen (so daß aus dessen gemeinsamer Lektüre eine kontinuierliche Auseinandersetzung mit der Theologie Karl Barths – jeweils auf den Leuenberger Barth-Tagungen – entstanden ist) – der andere Freund hat mich zu diesbezüglichen ersten publizistischen Schritten ermutigt. Förderung habe ich in all den Jahren erfahren durch den Leiter des Karl Barth-Archivs in Basel, Dr. Dr. Hinrich Stoevesandt, dessen erster Assistent ich sein durfte und dem ich in einer nun schon 20jährigen Verbundenheit außerordentlich viele Anregungen und *Hinweise* (auch und gerade im Sinne des Barthschen Kennwortes) verdanke; ebenso danke ich besonders Professor Dr. Ingolf U. Dalferth, der die Betreuung meiner Dissertation gerne auf sich genommen hat und der mich durch seine präzisen Anmerkungen und klaren Impulse das Ziel der Arbeit nicht aus den Augen verlieren ließ. Pfarrer Dr. Walter Fleischmann-Bisten hat die Arbeit für den Druck kundig und gründlich durchgesehen und durch seine Korrekturen die Erstellung des Manuskripts erleichtert, ebenso Wilhelm Busch, kunstsachverständiger Kirchenvorsteher in Auerbach, der sich des ersten Teils der Arbeit angenommen hat, verdanke ich durch erhellende Gespräche Hinweise zur Person Grünewalds und zur Kunst des Isenheimer Altars. Zu danken habe ich auch für Unterstützung, die eine Veröffentlichung erst möglich gemacht haben: der Evangelischen Kirchengemeinde Bensheim-Auerbach, dem Evangelischen Dekanat Zwingenberg und der Evangelischen Kirche in Hessen und Nassau. Kirchengemeinde und Dekanat mußten mich über eine Weile mit Barth- und Grünewald-Studien teilen. Sie haben es gerne getan, wofür ich außerordentlich dankbar bin.

Über eine sachgemäße Interpretation des Isenheimer Altars muß weiter verhandelt werden. Die jeweilige Reduktion Grünewalds auf bestimmte Leitbilder [z. B. aus Liturgie und Brevier (Bernhart), italienische Theologie und Dichtung (Scheja), Offenbarungen der heiligen Birgitta (Feurstein, Zülch u. v. a.), Tauler (Fraenger) oder neuerdings Hildegard von Bingen (Reichenauer)] sind für sich genommen und auf das Detail bezogen sicherlich plausibel, verstärken aber gerade deswegen in ihren einleuchtenden Aspekten den Eindruck, daß Grünewald in seinem theologischen Bildprogramm sehr viel entschiedener *biblische* Bezüge dominieren läßt, als bislang angenommen wurde. Die Auslegung des Altars in seiner Grundstruktur durch die Theologie Karl Barths verstärkt die Frage, inwieweit Grünewald nicht doch sehr viel mehr der (vor-)reformatorischen Bewegung zuzurechnen ist, als weithin zugestanden wird. Daß sich diese Studie vorab und gemessen an ihrem Gegenstand ausführlicher mit Grünewald und seinem Altar befaßt, gebietet der Respekt vor diesem Werk als auch der Respekt vor der Intensität, mit der Barth sich mit ihm befaßt hat.

Auch in bezug auf Karl Barth haben Schulbildungen den Blick auf seine Theologie nicht nur gefördert. Barth ohne seine geistliche Verwurzelung im trinitätstheologischen Gehalt seiner Christologie verstehen zu wollen, muß ebenso mißlingen, wie absehen zu wollen von der ethischen Grundausrichtung seiner gesamten theologischen Arbeit. Fortdauernd an der »Bildung einer Barthschen ›Linken‹ und einer Barthschen ›Rechten‹« (so die im Anschluß an die Hegel-Schule treffliche Charakterisierung aus dem Jahre 1973 von Max Geiger im Rückblick auf die ›Karl Barth-Tagungen auf dem Leuenberg‹ [in: Eduard Thurneysen: Karl Barth. ›Theologie und Sozialismus‹ in den Briefen seiner Frühzeit, 1973, S. 45]) festhalten zu wollen, würde angesichts der sich durch Barths Theologie stellenden Herausforderungen Rückständigkeit bedeuten: Ohne Gott verliert der Mensch entscheidend an seiner Menschlichkeit. Wer nach der einen Seite das Ziel aus den Augen verliert, gewinnt es auf der anderen Seite nicht dadurch zurück, daß er die Energien geradezu erhöht. Vielmehr heißt es in den Sprüchen Salomos (diesen Doppelaspekt aufnehmend und durch eine Vor- und Nachordnung in eine Koinzidenz gebracht): »Eine *gute* Botschaft *labt* das Gebein« (Spr 15,30).

Auerbach, im Advent 1994   *Reiner Marquard*

Die Aufgabenstellung

Ist die Rezeption des Isenheimer Altars im Werk Karl Barths mehr als eine liebenswürdige Randerscheinung? Sollte das jeweilige Hinweisen auf den überlangen Finger des Täufers (Geschlossener Altar) oder auf Maria (Engelskonzert, Erste Öffnung) mehr sein als eine gefällige Unterstützung einer theologischen Aussage, die streng genommen dieses Verweises nicht bedurft hätte? Hätte also alles seinen Gang getrost auch ohne Rekurs auf den Altar genommen? Oder hat die Betrachtung des Altars Klärungen erbracht, die für die theologische Arbeit Karl Barths nicht unerheblich sein sollten?

51mal – das ergab die Durchsicht der derzeit veröffentlichten Werke Barths (also einschließlich des 23. Bandes der Gesamtausgabe) sowie Einsichtnahmen in noch unveröffentlichte Manuskripte – hat Barth auf den Altar Bezug genommen, und es ist zu vermuten, daß im Rahmen der anwachsenden Gesamtausgabe noch diese und jene Fundstelle hinzukommen wird.

Barths Bezugnahme auf den Altar geschah in Aufmerksamkeit gegenüber dem Metier. Sein Brief vom 23. Dezember 1920 an Joseph Bernhart vermittelt einen Eindruck von der Ernsthaftigkeit seiner Beschäftigung mit dem Altarbild[1]: »Heute morgen erhielt ich von einem Münchner Freund Ihren Vortrag[2] über Grünewalds Menschwerdungsbild. Ich möchte Ihnen für diese aufschlußreiche Studie herzlich danken. Auch ich habe mich als (protestant.) Theologe viel mit dem Isenheimer Altar beschäftigt, wenn auch nicht annähernd mit so viel historischen Kenntnissen wie Sie und habe immer wieder den Kopf geschüttelt über die Art wie die Kunstwissenschaftler hier von Dingen zu reden pflegen, die sie in mehr als einem Sinn *nicht* verstehen«[3]. Joseph Bernhart hatte in seinem Vortrag »Die Symbolik im Menschwerdungsbild des Isenheimer Altars«[4] einen wichtigen Beitrag zur Interpretation der Kunst Grünewalds geleistet, dessen Spuren sich bis heute in der Grünewald-Forschung nachweisen lassen.[5] Zum einen nimmt Barth die Ergebnisse der Kunstwissenschaft zur Kenntnis, zum andern möchte er darüber hinaus dem Altar einen Sinn abgewinnen, der von den Kunstwissenschaftlern so nicht gesehen wird, u. U. nicht gesehen werden kann, weil es sich hier um einen streng theologischen Zugang handelt.

Barths Auslegung des Isenheimer Altars versucht so zwei Elemente in Spannung zueinander zu halten: Kunstauffassung und theologisches Nachdenken. In dieser Aufgabenstellung bedeutet die Beschäftigung mit dem Altar angesichts der besonderen Herausforderungen und Wendungen in Barths Theologie so etwas wie Kontinuität im Wandel der Zeiten. Er hat sich von diesem Altar nie verabschiedet. Er ist mit Reproduktionen der Altarbilder als relativ junger Pfarrer in Berührung gekommen, er ist mit der Reproduktion des Kreuzigungsbildes über seinem Schreibtisch ein alter Mann geworden. Die Weisheit des Altars widerstand allen Umbrüchen und half jeweils mit, Aufbrüche zu bezeichnen.

Diese Studie kam unter der Voraussetzung zustande, daß die Beschäftigung Barths mit dem Isenheimer Altar als eine ernsthafte, seine Theologie (und hier insbesondere seine Auffassung vom Verständnis der Predigt) und ihn selbst auferbauende und begleitende Arbeit zu verstehen sei und nicht als eine wohl reizende, aber eben doch nur verschnörkelnde Überflüssigkeit im Rahmen seines Gesamtwerkes.

Es geht freilich nicht darum, in einer Art Kausalität eine Beziehung zwischen Grünewald und Barth zu konstruieren. Nicht Grünewald bestimmt das theologische Programm, sondern Barth selbst. Er sieht aber in Grünewalds Kunst Bilder, die die Grundgestalt seiner Theologie verstärken. So selektiv er also Grünewalds Kunst besieht, so sehr verhilft ihm diese Ansicht zur Klärung seiner Grundgedanken. Insofern ist die Nachzeichnung des Erkenntnisweges über die Kunst Grünewalds ein hilfreiches Unternehmen, um über diesem Umweg erst recht dem Denken Karl Barths noch einmal und unter Umständen anders auf die Spur zu kommen.

Daß Barth sich in diesem Zusammenhang jeweils auch über das Verhältnis von Kirche und Kunst in der Kirche äußert, wird in dieser Untersuchung im Zusammenhang seiner Problematisierung des Christusbildes im Raum der Kirche dargestellt.

In dieser Studie soll nachgewiesen werden, daß sich das, was bereits im Römerbrief (Erste Fassung 1919) und insbesondere seit der 1. Dogmatikvorlesung (1924) entfaltet worden war, als eine christologische Profilierung und eine homiletische Präzisierung unter den Kennworten ›Distanz‹ und ›Hinweis‹ in der Theologie Karl Barths darbietet.

Der Isenheimer Altar

Mathias Grünewald

Überaus wenig wissen wir über Mathias Grünewald, so daß seine Biographie erst recht zu Forschungen und Vermutungen Anlaß gab und gibt.[6] Ob der Schleier, der sich auf all diese Bemühungen legt, je zur Zufriedenheit des neugierigen Publikums zu lüften sein wird, bleibt zweifelhaft.

Schon beim Namen beginnen die Unsicherheiten.[7] Joachim von Sandrart hat ihn in seiner »Teutschen Academie der Edlen Bau-, Bild und Mahlerey-Künste« (Nürnberg 1675) erstmals als ›Matthaeus Grünewald‹ bezeichnet.[8] Jener ›Matthaeus von Aschaffenburg‹ soll der in zeitgenössischen Urkunden als ›Meister Mathis‹ benannte Wasserkunstmacher, Farbenhändler und Seifensieder und vor allem Maler gewesen sein, der als ›M. G. N.‹ signierte – das G. in das M. eingebunden und das N. nachgestellt oder über M. und G. gesetzt.[9] Jener Mathis Neithart, der sich (ab wann?) ›Mathis Gothardt-Neidhart‹ nannte als (womöglichen) Ausdruck einer »Wesenswandlung«[10] wollte vielleicht (!) als Maler christlicher Werke (keine anderen sind uns erhalten) in Umgehung des im Namen ›Neithart‹ anklingenden Lasters »Neid« sich als gottesfürchtiger (›Gothart‹) Künstler in Entsprechung des gemalten Inhalts zu erkennen geben?

Geboren um 1480 in Würzburg und ausgebildet im Einflußbereich main-fränkischer Malerei entstehen bis ca. 1513 in Nürnberg, Aschaffenburg und Frankfurt Altarbilder, Epitaphien und Andachtsbilder bis ihn der Auftrag für den Altar in Isenheim erreicht. »Vermutlich waren es Ordensbeziehungen, denen Mathis den Auftrag verdankte. Die Antoniterniederlassungen in Frankfurt, Höchst und Roßdorf nördlich Hanau, alle in Grünewalds unmittelbarem Wirkungsbereich gelegen, waren Verwaltungsschwerpunkte des Ordens. Der Antoniterhof in Frankfurt war das bevorzugte Absteigequartier der Mainzer Erzbischöfe. Es boten sich somit reichlich Gelegenheiten, auf Mathis aufmerksam zu werden.«[11] Ob er den Isenheimer Altar tatsächlich bis 1515 (so die Jahreszahl auf der Salbbüchse des Geschlossenen Altars) fertiggestellt hat, kann nur vermutet werden. Bis 1519 malte er in Aschaffenburg an der sog. »Stuppacher Madonna«, es folgten Altarbilder für den Mainzer Dom, Altaraufsätze für die Stiftskirche in Halle und schließlich die »Tauberbischofsheimer Kreuzigung« (1525).

Dann kam der Bauernkrieg. In seinem Nachlaß findet man lutherische Schriften.[12] Bis zu seinem Tod am 30. oder 31. August 1528 in Halle[13] hat er wahrscheinlich kein Werk mehr gemalt, sondern sich wieder als Wasserkunstmacher betätigt. »Die vielfältigen außerkünstlerischen Betätigungen[14] bestätigen dieses Bild eines Außenseiters und Individualisten.«[15] Ob er verheiratet war, ist strittig.[16] Der (Adoptiv-[17]) Sohn (Endres) kommt 1526 in die Lehre. Grünewald pflegte Umgang mit kunstfertigen Handwerkern, Seidenstickern, Schreinern und Orgelbauern, Schreibern und Kanzleiangestellten.[18] Die Auftraggeber waren Angehörige der Geistlichkeit.

Grünewald »besaß ein hohes Maß an humanistischer Bildung, theologischem Wissen, technischen Kenntnissen und praktischer Erfahrung«[19] und doch scheint ihn christliche Kunst streng und ausschließlich gefesselt zu haben.

Was wissen wir wirklich von ihm? Wenig genug, und das Wenige reicht nicht aus, um Aussagen über ihn zu machen, die ihn anschaulich werden ließen. Als ob er durch sein Verschwinden in eine merkwürdige Anonymität[20] angesichts seiner bewegenden und noch heute faszinierenden Kunst ein Zeichen sein möchte für jenen Inhalt, dem er, hinter ihm selbst als Künstler zurückbleibend,[21] dienlich sein wollte: »Was von mir übrigbleibt, muß nicht jedesmal ich selbst sein.«[22]

> Jesu,
> liebster Herre mein,
> ich bitt, daß Du mich annimmst
> zum Docht auf der Lampen,
> zu der Du das Öl gibst.
>
> Geht mir nit darum,
> ob mein Leib verdorrt wie Gras –
> und mein Name verweht wie Rauch, –
> aber um Dein Bildnis in mir geht es.
>
> Zünd Dein Licht an und laß mich sein
> wie ein heiliges Feuer
> am Rande der finstern Öde,

damit die im Dunkeln wissen,
wo Du zu finden bist.
Erbarme dich meiner, Herr!

Dieses Grünewald zugeschriebene (aber zeitlich wie sachlich
*nach*empfundene) Gebet nimmt Bezug auf Motive des rechten
Flügels der Zweiten Öffnung (Versuchung) und bezeichnet im
Reflex etwas von dem, was Grünewalds Kunst für die Theologie
so beeindruckend macht.

Die Antoniter

1. Antonius

Unter dem Eindruck von Mt 19,16–26 (»Der reiche Jüngling«)
soll der um 251 in Ägypten geborene Eremit Antonius seine Habe
den Armen gegeben und ein Leben in der Einsamkeit (vgl. auf
dem Altar: Zweite Öffnung, linker Flügel [Antonius und Paulus])
einer Wüste unweit des Roten Meeres geführt haben. Dort wurde
er aufgesucht und um Trost und Rat gebeten. In der Vita Antonii
des Bischofs von Alexandrien, Athanasius, wird Antonius, dem
auch Wunderkräfte nachgesagt wurden, als Streiter gegen die
Dämonen geschildert (vgl. auf dem Altar: rechter Standflügel
und rechter Flügel Zweite Öffnung): In der Legenda aurea wird
berichtet, daß Antonius einmal von einer Menge von Dämonen
derart verwundet wurde, daß er wie tot in seine Höhle getragen
werden mußte. ›Als er hier infolge seiner schmerzhaften Wunden
noch am Boden liegen mußte, reizte er in seinem Heldenmut die
Dämonen zum Streite auf. Darauf erschienen jene in den
Gestalten verschiedener Tiere und verwundeten ihn mit Zähnen,
Hörnern und Krallen auf das grausamste. Da erschien plötzlich
ein wunderbarer Glanz und vertrieb alle Dämonen. Antonius
aber wurde sofort geheilt und, indem er daraus erkannte, daß
Christus anwesend sei, sprach er: Wo warst du, guter Jesus, wo
warst du, warum warst du nicht von Anfang hier, daß du mir
halfest und meine Wunden heiltest. Ihm antwortete der Herr:
Antonius, ich war von Anfang an hier, aber ich hielt an mich, um
deinen Kampf zu sehen. Jetzt aber, da du wie ein Mann gestrit-

13

ten hast, werde ich auf dem ganzen Erdkreis deinen Namen bekannt machen.‹ 356 soll Antonius fast 105jährig gestorben sein.

Die Entstehung der Ordengemeinschaft der Antoniter geht zurück auf die Überführung (1070) der angeblichen Reliquien des Eremiten Antonius von Konstantinopel in ein kleines Dorf in der Dauphiné, halbwegs zwischen Grenoble und Valence, das dadurch eine erhebliche Bedeutung als Wallfahrtsort erlangte und sich dementsprechend in ›Saint-Antoine‹ (heute: Saint-Antoine-de-Viennois) umbenannte. 1083 wird dort eine benediktinische Priorei errichtet.

2. Antoniusfeuer

»In den beiden letzten Jahrzehnten des 11. Jahrhunderts wurden weite Landstriche Westeuropas von einer Krankheit heimgesucht, die man wegen ihres spürbarsten Symptoms, der heftigen brennenden Schmerzen, meistens ›ignis sacer‹, ›Heiliges Feuer‹[23], nannte. Man hat diese Krankheit einwandfrei erst im 18. Jahrhundert[24] als Mutterkornvergiftung (hervorgerufen durch den Genuß von mutterkornverseuchtem Brot, R. M.) identifiziert. Sie trat in zwei Formen auf: dem häufigeren ›Ergotismus gangraenosus‹ und dem ›Ergotismus convulsivus‹.«[25] In einem zeitgenössichem Dokument heißt es: »Viele Menschen wurden von einer verheerenden Seuche, dem heilgen Feuer, dahingerafft oder verkrüppelt; die brandige Vergiftung verzehrte ihre Glieder elendiglich. Gegen diese Höllenqualen, diese Geißel der Menschheit, weiß man kein besseres Mittel, als die Hilfe des hl. Antonius zu erflehen und sich unter seinen Schutz zu stellen« [Chabert, 1090].[26] Der Altar zeigt in seiner Zweiten Öffnung auf dem rechten Flügel (Versuchung des Antonius) eine vom Heiligen Feuer gezeichnete Gestalt mit Schwimmhäuten als Hinweis auf das Kältegefühl in den Gliedmaßen (links unten).[27] In der Folgezeit wurden Pest- und Syphiliskranke behandelt.

3. Ordensgründung[28]

1095 gründet Gaston de la Valloire aus Dankbarkeit über die Heilung seines Sohnes zusammen mit einem anderen Adeligen eine Laienbruderschaft, um den zahlreichen Pilgerinnen und

Pilgern behilflich zu sein. Die Nachricht von den Heilerfolgen dieser Bruderschaft breiten sich rasch aus. »Vertragschirurgen«[29] sind in den Hospitälern tätig, Spezialmedikamente werden verabreicht: Antoniuswein und Antoniusbalsam.[30] »Die Bedeutung, die die Antoniterbrüder im Kampf gegen das ›höllische‹ oder ›heilige Feuer‹ erlangten, kann man daran ermessen, daß der Name der Krankheit künftig im Volksmund das Antoniusfeuer hieß.«[31] Mehr und mehr nimmt Antonius in der Verehrung die Züge eines großen Thaumaturgen an. Ehemals Helfer in der Not wurde er nun als Herr über die Krankheit angerufen, die er im Volksglauben auch selbst »als Strafe für jegliche Art von Geringschätzung verhängte. Daß auch Furcht vor dem Herrn der schrecklichen Pein als Motiv bei den Antoniussammlungen eine Rolle gespielt hat, steht außer Frage.«[32]

Mitte der zweiten Hälfte des 12. Jahrhunderts wird in Isenheim eine Präzeptorei errichtet. Günstig gelegen auf dem Wallfahrtsweg nach Rom oder Santiago de Compostela (die Predella der Zweiten Öffnung läßt neben der Christus-Halbfigur Jakobus[33] mit dem Pilgerhut erkennen, an dem sich als Zeichen der Pilgerfahrt nach Santiago de Compostela eine Muschel befindet) zwischen Basel und Mainz wächst die Bedeutung dieser Außenstelle der Antoniter und wird 1270 dementsprechend Generalpräzeptorei. »Noch vor Ende des XII. Jahrhunderts besaßen (die Antoniter) über einhundert Niederlassungen, bis hinein nach Deutschland, Italien, Spanien und ins Heilige Land«.[34]

1202 wird die Ordensgemeinschaft der Antoniter unter Innozenz III. bestätigt. Die Konventsgründung erfolgt 1247 (Innozenz IV.), 1297 die Ermächtigung, nach der Regel des Augustinus zu leben (Bonifaz VIII.). Mit diesem Datum verbunden war die Verpflichtung an die Benediktiner in Saint-Antoine, die Reliquien des Antonius an die Ordensgemeinschaft der Antoniter zu übergeben. Die Priorei wurde in eine Abtei umgewandelt und direkt dem Heiligen Stuhl unterstellt.[35]

4. Die Schweinchen des Antonius

Das Erkennungszeichen der Antoniter wurde das Schweinchen (vgl. Zweite Öffnung, Skulptur des Antonius und kniende Figur des Bürgers wie auch Erste Öffnung, Menschwerdung, dort sieht man als Tangente der Aureole des Christuskindes eine Herde

15

von Schweinen): die Ferkel, die man den Antonitern als Gabe zugedacht hatte, konnten frei herumlaufen und sich von Abfällen ernähren. Gut gemästet wurden sie verkauft oder in den Hospitälern des Ordens verzehrt. Um Verwechslungen auszuschließen, wurden diese Schweine mit einem Kreuzeszeichen bzw. einem T versehen (»das Zeichen der Bruderschaft seit der Mitte des 12. Jahrhunderts, das die Brüder in hellblauer Farbe auch an ihrer Kleidung trugen ..., [gedeutet als] die ›Potentia‹ [mittellat.: ›Krücke‹] – so die in der Gemeinschaft übliche Bezeichnung – als die Krücke der Krüppel«[36]) oder sie trugen ein Glöckchen im Ohr (das Läuten der Glocke kündigte bei den Sammlungen der Antoniter den Beginn der Kollekte an).

5. Blüte und Niedergang des Ordens

1323 werden allein 42 Generalpräzeptoreien gezählt.[37] 1330 erfolgte eine für die Sicherung und den Zuwachs der Kollekten der Antoniter wichtige Entscheidung durch Johannes XXII.: »es (war) allen ausser den Antonitern untersagt, Altäre oder Kapellen zu errichten, die dem Heiligen geweiht werden sollten.«[38]

Unter den Präzeptoren Jean d'Orlier (1464–1490) und Guido Guersi (1490–1516) entsteht das geschnitzte Teilstück des Hauptaltars und die den Hauptaltar prägenden Bilder des Mathias Grünewald.

Im 16. Jahrhundert verliert der Orden – auch infolge der Reformation – mehr und mehr an Bedeutung. Auch in Isenheim neigt sich im 18. Jahrhundert eine Blütezeit ihrem Ende zu. Die Säkularisation macht auch und gerade vor den Klostermauern nicht Halt. 1777 wird das Kloster dem Malteserorden inkorporiert. Der Antoniterorden wird 1790 aufgelöst. Die Komturei geht 1793 in Volkseigentum über. Im Jahre 1832 fällt die Kirche einem Brand zum Opfer.

Eine ungewöhnliche Ordensgemeinschaft hatte aufgehört zu existieren, die drei Ordensgattungen in sich repräsentierte: das Chorgebet und das Konventamt verband sie mit den Chorherrenorden, mit den Spitalorden hatten sie die Krankenpflege gemeinsam und durch ihre regelmäßigen Sammlungen nahmen sie ein charakteristisches Element der Bettelorden auf. Durch den Altar des Konvents in Isenheim ist uns ein Dokument der geistlichen Prägung und der karitativen Aufgabe dieses Ordens erhalten geblieben, das bis heute seine Bedeutung und Wirkung nicht verloren hat. Noch heute sind in Issenheim (!) Spuren des damaligen Antoniter-Konvents erhalten. An jener Stelle, wo man den Standort des Altars vermuten darf, ist im Zwischenhof zwischen Konventsbau und der 1854 errichteten neugotischen Kirche ein Rechteck mit Sandsteinplatten ausgelassen.[39]

Der Altar

Die Entstehung des der Maria geweihten Altars fällt mit einer umfangreichen Neugestaltung und Erweiterung des Kirchenbaus in Isenheim zusammen, die unter Jean d'Orlier (oder: ›Orliac‹)[40] etwa um 1470 begann und mit dessen 1516 verstorbenem Nachfolger Guido Guersi zum Abschluß kam.[41] Die Erstellung des Altars vollzog sich in zwei Abschnitten: der Schrein, die Skulpturen (Lindenholz – vergoldet) und die überwältigende Zierarchitektur des Gesprenges des Straßburger Bildhauers Niclas Hagenauer[42] sowie die Predella (Halbfiguren in farbig gefaßtem Lindenholz: Christus und Apostel beim Abendmahl), die (bis auf die Christusfigur) vermutlich von einem Mitarbeiter Hagenauers, Desiderius Beichel, stammt, entstand gegen 1500 oder gar noch früher.[43]

Ob Jean d'Orlier den Auftrag dazu erteilt oder nur die Planungen eingeleitet hat, ist ungewiß. Er erscheint auf dem geschnitzten Altarteil als Stifter zu Füssen des Antonius – unter dem Schutz des Augustinus. Da der Schrein vermutlich um 1500 entstand[44] und Orliac sein Amt 1490 aufgab, »müßte der Schrein aus hinterlassenen Stiftungsmitteln erstellt worden sein, falls Orliacs Bild nicht überhaupt nur zu seinem Gedächtnis angebracht wurde«.[45]

Der Auftraggeber für die Gemälde des Mathias Grünewald wird der Präzeptor Guido Guersi gewesen sein,[46] dessen Wappen[47] auf dem linken Flügel der Zweiten Öffnung (Begegnung Antonius und Paulus) unten links abgebildet ist. Auf der Salbbüchse (Geschlossener Altar, Kreuzigung) steht die Jahreszahl 1515. Höchstwahrscheinlich wurden die Altarflügel von 1512 bis 1515/16 in Isenheim gemalt (»kürzlich wurde auch

17

Grünewalds übermaltes Monogramm am Sockel des hl. Sebastian nachgewiesen«[48]). Grünewald hat als Bildträger Lindenholz verwand. Die Flügel waren farbig eingefaßt und vergoldet. Seine großartige »Konzeptionsidee« (Bernhard Saran)[49] bestand darin, in Anlehnung an die vorgegebene Form des Schreines (dadurch bedingt die Ecküberhöhungen der Flügel) jeweils große Malflächen zu erhalten, indem er in der Mitte über die Flügelbegrenzung hinwegmalt und den Eindruck einer ungeteilten großen Bildfläche erzeugt.

Der Form nach handelt es sich um einen Wandelaltar (Retabel) mit 6 Flügeln, dessen beidseitig bemalte Flügel durch seitliches Aufklappen jeweils neue Ansichten (›Wandlungen‹) ergeben.[50] Der Isenheimer Altar hat drei Ansichtsmöglichkeiten: der Geschlossene Altar mit links und rechts festmontierten und einseitig bemalten Standflügeln (Sebastian, der Pestheilige und Antonius) und die Kreuzigungsszene in der Mitte. In der Ersten Öffnung im Zentrum das Engelskonzert und die Menschwerdung sowie auf den ausgeklappten Flügeln die Verkündigungszene und die Auferstehung Christi. Für den Geschlossenen Altar und die Erste Öffnung befindet sich auf der Predella die Grablegung Christi. Die Zweite Öffnung gibt den Blick frei auf den Schrein mit den Skulpturen und den beiden Flügeln zur Ordenslegende sowie die geöffnete Predella (Halbfiguren: Christus und die Apostel).

Die Konzeption des Altars in seinen trinitätstheologischen, christologischen, mariologischen und ethischen Bezügen folgt unter besonderer Gewichtung der Ordenslegende dem Kirchenjahreskreis. Seit 1478 gab es eine Verordnung[51], die es zur Auflage machte, daß jeder Kranke zu Beginn seines Spitalaufenthaltes vor den Altar gebracht werden mußte. An gewöhnlichen Tagen (sowie zur Fastenzeit) sah er den Geschlossenen Altar: der Blick auf das dem Leidenden vorgeordnete Leiden Christi sowie die zur eigenen Heilung anzurufenden Heiligen Antonius und Sebastian. Im Ablauf eines Kirchenjahres stellte überwiegend diese Ansicht die Kranken vor die soteriologische Fragestellung nach Heil und Heilung. An den Christusfesten und den Marienfesten öffnete sich der Altar und gab den Blick frei auf die Verankerung des Heils in der Advents- und Weihnachtsbotschaft und der Auferstehungsbotschaft. Die Zweite Öffnung galt den Patronatsfesten, die im Zusammenhang der Geschichte und Zielsetzung der Ordensgemeinschaft (Ordenslegende) gefeiert wurden.

Der Eindruck dieses Altars muß überwältigend gewesen sein. Mit Antependium, Mensa, Predella, Altarschrein und Gesprenge war der Altar bis zu 8m hoch[52], bei geöffneten Flügeln bis zu 7m breit.[53] Erst beim Durchschreiten des Lettners, also in relativer Unmittelbarkeit dem Altar gegenüber, konnte der Kranke das Gesamtwerk wahrnehmen. »Mit kaum vorstellbarer Wucht[54] müssen Grünewalds Bilder ihn hier überfallen haben, und der überlieferte Brauch, neu aufgenommene Kranke zunächst vor den Altar zu führen, um die Wirkung, eine Art, ›Schocktherapie‹, abzuwarten, wird hierdurch leichter verständlich.«[55]

Im Laufe der Geschichte erfährt der Altar ein wechselvolles Geschick. In den Wirren nach dem 30jährigen Krieg wird der Altar 1656/57[56] nach Thann verbracht und wieder in Isenheim aufgerichtet. Bis zur Französischen Revolution bleibt der Altar Eigentum des Klosters. Nach Auflösung der Komturei am 4. und 5. Februar 1793 werden die Gemälde und die wichtigsten Skulpturen (also ohne Altarbau) auf Veranlassung der Revolutionskommissare Jean Pierre Marquaire und Casimir Karpff in die Colmarer Nationalbibliothek gebracht. Eigentlich sollten sie nur ein Verzeichnis der oberrheinischen Kunstwerke anfertigen; indem sie jedoch diese Schätze zusammentrugen, legten sie damit den Grundstock für die Sammlung des »Musée National de Colmar«. Die einzig erhaltene Beschreibung vor seiner Demontierung stammt von Franz Lerse (24.1.1781)[57], dem ersten Konservator dieses Museums, in dem dann auch Casimir Karpff als Konservator tätig wurde. »Von dem geretteten Bestand wurden 1823 die beiden originellen Statuetten des Bauern und des städtischen Bürgers, die dem hl. Antonius Hahn und Schwein als Dankopfer darbringen, wieder veräußert in der Annahme, daß es sich um Krippenfiguren handle. Zum Glück kamen sie später in Privatbesitz wieder zum Vorschein.«[58]

1852 wird der Flügelaltar in das (ehemalige) Dominikanerkloster von Unterlinden verlagert und dort im Kirchenschiff, dem Antonius-Saal, ausgestellt. Da es zu jener Zeit keine Augenzeugen mehr für die ursprüngliche Aufstellung gab, begann das Bemühen einer kunsthistorisch dem Originalzustand entsprechenden Rekonstruktion. (In der Forschung sind die Meinungen über die Einrichtung der beiden Standflügel bis heute geteilt. Nachdem 1965 der Sebastian-Standflügel auf der linken und der Antonius-Standflügel auf der rechten Seite befestigt wurde, gibt es vermehrt Stimmen, die aus guten Gründen für die frühere Aufstellung plädieren.[59])

Am 13. Februar 1917 wird der Altar unter dem Vorwand einer Restaurierung in die Münchner Pinakothek verbracht und erst auf Betreiben der Schongauer-Gesellschaft (sie verwaltet das Unterlinden-Museum) in Verhandlungen mit der deutschen Regierung am 28. September 1919 wieder nach Colmar überführt.[60] 1930[61] werden die Altarflügel und die Skulpturen in einem nachgebauten Schrein untergebracht. Angesichts des 2. Weltkrieges veranlaßt der Präfekt des zuständigen Departements am 3. August 1939 die Verlegung des Altars in das Schloß von Lafarge und dann in das Schloß von Hautefort im Périgord. Im Juni 1940 (nach dem Waffenstillstand) läßt eine von der deutschen Regierung eingesetzte Kommission die Kisten nach Colmar zurückbringen. 1942 werden die Gemälde und Skulpturen zum Schutz vor Bombadierungen auf die Hoh-Königsburg verbracht. Seit dem 8. Juli 1945 befindet sich der Isenheimer Altar in der gotischen Kapelle des Unterlinden-Museums in Colmar.[62]

Der Altar zu Beginn des 20. Jahrhunderts

Klassizismus und Romantik entdecken in ihren jeweiligen Anknüpfungen an Antike und Mittelalter und im Reflex auf die Schrecken der Kriege des 18. Jahrhunderts als ein vorrangiges Betätigungsfeld die Landschaftsmalerei. So verständlich dieses starke Verhältnis »zu der ästhetisch zu empfindenden und zu genießenden Natur«[63] und in diesem Zusammenhang die vorherrschende Freude am landschaftlichen Stimmungsbild ist, so sehr verbirgt sich dahinter ein Abscheu vor dem Häßlichen: Jacob Burckhardt, der als Wiederentdecker des Altars gilt, soll den Gekreuzigten des Isenheimer Altars als »grauenvolle Jammergestalt« bezeichnet haben.[64] Der Kunstwissenschaftler Alfred Woltmann kommentiert 1876 Grünewalds Kreuzigungsbild als »eine wahre Schwelgerei im Gräßlichen ... Die Christusgestalt, grün angelaufen, ... geht in das Widerliche, Stellungen und Geberden (!) sind ergreifend, aber häßlich und übertrieben ... «.[65] Durch die sich Mitte der zweiten Häfte des 19. Jahrhunderts ankündigende Beschäftigung mit der Kunst

Grünewalds deutet sich aber bei aller Kritik schon die beginnende Abkehr von den klassizistischen Idealen an und ein zunehmendes konstruktives Interesse an der Kunst Mathias Grünewalds.

Als Wendepunkt darf in dieser Hinsicht die Grünewaldinterpretation des französischen Schriftstellers Joris-Karl Huysmans bezeichnet werden, der in seinem 1891 erschienen Roman »Lá-Bas[66]« (»Tief unten«) »den Gekreuzigten von Grünewalds kurz vor Ausbruch des Bauernkrieges entstandenen Tauberbischofsheimer Altar« als den häßlichen Christus beschrieb[67]: »Es war der Christ der Armen, er, der sich den Elenden gleichstellt, zu deren Erlösung er kam, den Entwürdigten und den Bettlern, allen, gegen deren Häßlichkeit und Armut die Feigheit des Menschen ergrimmt; und es war auch der menschliche Christ, schwach und betrübt im Fleische ...«.[68]

Die sozialreligiöse Deutung Huysmans wurde zeitgeschichtlich verstärkt durch die Schrecken des I. Weltkrieges. »Generell (trugen sie) dazu bei, daß die zumeist durch den Expressionismus geprägten Künstler sich mehr als je zuvor durch die Ausdrucksgewalt von Grünewalds Gekreuzigtem angesprochen fühlten.«[69] Anlaß war u. a. die Ausstellung des Isenheimer Altars in der Münchner Pinakothek 1918/19. Die Gründe für die Verbringung des Altars nach München sind vielschichtig. Max Beckmann hatte sich schon früh nach Kriegsbeginn dafür eingesetzt, den Altar »zu seinem Schutz aus dem Frontgebiet nach Berlin zu verlagern«.[70] Ob nun zu seinem Schutz oder zu seiner Restaurierung (dann nicht in Berlin, sondern in München)[71] – der Altar als Kunstobjekt im umstrittenen Grenzgebiet war jeweils auch Objekt preußischen und dann deutschen Vormachtstrebens: so z. B. 1876, als Alfred Woltmann über den Altar einen Beitrag unter dem Titel schrieb: »Ein Hauptwerk deutscher Kunst auf französischem Boden.«[72] »Das Recht auf das Elsaß« spielte auch 1918/19 in der Betrachtung des Altars eine nicht unerhebliche Rolle. Wenn Oskar Hagen im Vorwort seines 1919 erschienen Grünewald-Buches anmerkt (datiert vom 1. März 1918, also zu jenem Zeitpunkt, als sich der Altar in München befand): »Dankbar durchblättern unsere Frontkämpfer in Stunden der Rast« die Abbildungen des Altars[73], so klingt unmißverständlich an, von wem für wen dieser Altar reklamiert wird.[74] Trotz dieses Mißbrauches entfaltete der Altar in den Schrecken des I. Weltkrieges bei Künstlern und Schriftstellern

»jenes weithin neuartige Farberleben«[75], das in bewußtem Kontrast zur »staubigen, weißgrauen Front«[76] die Erschütterungen durch das Kriegserleben in der Hinwendung zum Martyrium aufnahm.[77]

Obwohl Karl Barth in seiner in dieser Zeit beginnenden Rezeption des Altarbildes auf diese Ursachen der Grünewaldbegeisterung unmittelbar nicht zu sprechen kommt, ist doch seine Bezugnahme auf das Altarbild ohne die Erinnerung an die zeitgeschichtlich verständliche und durch die vorübergehende Verbringung des Altars nach München verstärkte Begeisterung[78] für den Isenheimer Altar nicht zu verstehen. Barth findet sich allerdings da im Widerspruch zur Kunstwissenschaft, wo sie in ihrer Kunstbetrachtung nicht die in der Kunst Grünewalds enthaltene *theologische* Herausforderung entdecken zu müssen glaubt. Angefangen von seiner ersten Bezugnahme, wo er sich ja gerade gegen die Darstellung des Martyriums als den Durchbruch eines neuen Wesens im Sinne einer Erhabenheit ausspricht (Nr. 1)[79], wendet sich Barth gegen eine Kunstwissenschaft, die sich nur allzuleicht instrumentalisieren läßt von dem jeweils gängigen Zeitgeist und insofern immer nur in Reaktion beschreibt, was der Un-Geist vorzugeben beansprucht. Barths Forderung nach einer theologischen Interpretation des Altars (vgl. z. B. S. 31) enthält insofern auch einen jeweils zeit-kritischen Anstoß (vgl. z. B. auch S. 53f).

Im Gefolge der Grünewaldbegeisterung kommt es auch zu etlichen Neuausgaben von Reproduktionen der Altarbilder. Karl Barth hat in jenen Tagen eine Mappe erworben, deren Bilder er dann im Konfirmandenunterricht mit den Jugendlichen betrachtete. Diese Mappe befindet sich heute im Basler Karl Barth-Archiv: ›Grünewalds Isenheimer Altar, hrsg. von Max J. Friedländer, München (1908), 1919‹. Die Maße sind 74cm in der Höhe und 61cm in der Breite. Der vom Verlag auf der linken Innenseite der Mappenhülle eingeklebte Text lautet: »Die im Jahre 1918 erfolgte Überführung des Isenheimer Altars nach München und die zeitweilige Aufstellung des Werks in der Älteren Pinakothek gab der Verlagsanstalt Gelegenheit, ihre zehn Jahre vorher in Kolmar hergestellten Teilfarbaufnahmen für die farbigen Tafeln noch einmal vor den Originalen zu revidieren. Das vorliegende Exemplar enthält die im Jahr 1919 auf Grund dieser Revision hergestellten *Neudrucke* der sechs Farbentafeln.«

Der Isenheimer Altar
in der Theologie Karl Barths

Die Rezeption des Altars

1. *Sommer 1918* in: Der Römerbrief (Erste Fassung) 1919,
Hg. H. Schmidt (GA, Abt. I), 1985, S. 164.620

Die Erste Fassung des »Römerbriefs« wurde im Manuskript am
3. Juni 1918 abgeschlossen (XV.XIX).[80] Für das im Dezember
1918 erschienene Buch erfolgte bis zum 19. August 1918 die Fertigstellung einer Druckvorlage (XVI).[81] Durch Textvergleiche
zwischen Manuskript und Buch lassen sich Korrekturen, Strei-
chungen und Zusätze feststellen. In unserem Fall ist es von nicht
unerheblicher Bedeutung, daß die Erwähnung Grünewalds erst
in der Druckvorlage als Zusatz eingearbeitet worden ist (620). Da
die erste Erwähnung Grünewalds im Konfirmandenunterricht
erst im Advent 1918 erfolgt (vorausgesetzt, daß er über den
»Adventsmenschen« Johannes [vgl. S. 25, Nr. 2, S. 273 und 276]
zu keinem anderen Zeitpunkt als im Advent zu den Konfirman-
dinnen und Konfirmanden gesprochen hat), Barth aber seine
Druckvorlage am 19. August 1918 abgeschlossen hat, ist davon
auszugehen, daß er während der Erstellung der Druckvorlage auf
eine Reproduktion des Kreuzigungsbildes gestoßen ist. Dieser
»Fund« muß ihn so sehr beeindruckt haben, daß er im Zusammenhang der Überarbeitung von Röm 5,7.8 eine Einfügung für
notwendig erachtete.[82]

Diese Einfügung ist m. W. die früheste literarische Bezugnahme Barths auf das Kreuzigungsbild Grünewalds. Diese Annahme wird durch die Passage aus seinem Brief vom 30. September 1968 (S. 64, Nr. 51) verstärkt, in dem er schreibt, »daß zur
optischen Nachhilfe seit 50 Jahren das Grünewaldsche Passionsbild vor mir hängt«.[83]

In der Auslegung von Röm 5,7.8 unterscheidet Barth das
Leiden und Sterben des Christus von unserem Tun, Leiden und
Sterben insofern, als wir bestenfalls (»so rein und tapfer und groß
es auch sein mag« [163]) damit »Reaktionen des Göttlichen
innerhalb der jetzigen Welt darstellen, durch die wir zwar an die
verlorene Heimat erinnert, durch die sie uns aber nicht zurück-

23

gebracht wird« (a. a. O.). Das Leiden und Sterben des Christus hingegen ist analogielos. Unter diesem Kontrast zwischen Gott und Mensch »steht (hier) hinter dem historisch-psychologisch betrachtet *nicht* einzigartigen Opfertod die einzigartige Neuorientierung . . . , die Wende der Zeiten im Himmel, von der aus eine wirkliche, radikale Erneuerung der Dinge auf Erden erst zu erwarten ist« (164). Das Leiden und Sterben des Einen steht nicht nur im Kontrast zu den Menschen im Sinne eines Widerspruchs, es steht im Kontrast als Sinnstiftung: objektiven Sinn hat das Leben erst durch das Opfer Gottes »im Lichte dieses Einen« (a. a. O.). In diesem Zusammenhang vergleicht Barth zur Präzierung seiner Aussage Kreuzigungsbilder von Dürer und Grünewald: die bei Dürer »veranschaulichte Erhabenheit und Schönheit menschlich-diesseitigen Leidens« (a. a. O.) im Kruzifixus bleibt eben hinter dem Anspruch des Gekreuzigten zurück. Es geht nicht um die Darstellung des Martyriums an sich unter ästhetischem Anspruch (»*An sich* ist *kein* Martyrium der Durchbruch eines neuen Wesens, *keines* zureichender Grund wirklicher Hoffnung« [163]), sondern um Darstellung des dahinter sich verbergenden (und offenbarenden) Wortes. Hinter diesem Wort bleibt dann in der Tat »das Menschenleid der Gottesmutter und der Maria Magdalena« zurück: jenes Wort, »auf das der Finger des letzten Propheten und Blutzeugen hinweist als auf den Grund der Erlösung und der Hoffnung der Welt« (164).

Durch die Betrachtung des Kreuzigungsbildes wird Barth noch einmal die Unterscheidung der u. U. möglichen Erhabenheit menschlichen Leidens von der Bedeutung des Leidens Christi bewußt. Indem er unterscheidet, kann er erst recht im Sinne der Vor- und Nachordnung Christus und die Menschen einander zuordnen. Barth unter Verweis auf Joh 3,30 und im Blick auf Grünewald solenn: »Diese Kunst ist von Gott« (a. a. O.).[84]

Indem Barth Johannes als auf den Grund der Erlösung hinweisend darstellt, erfährt die Auslegung des Kreuzigungsbildes im Werk Karl Barths schon früh eine in seinem theologischen Gehalt entschieden homiletische Präzisierung. So wird in der schon frühzeitig anhebenden Betrachtung des Grünewaldschen Kreuzigungsbildes mit ein Schlüssel für Barths »durchgehende(s) Kennwort« liegen, das »von der Frühzeit bis ins Alter, durch die allfälligen Veränderungen eher noch verstärkt als abgeschwächt, *Hinweis* (lautet)«.[85] Im Zusammenhang dieses Kennwortes wird Barth künftig jeweils auch an Johannes den Täufer und den

Isenheimer Altar erinnern.[86] Ein weiteres Kennwort deutet sich in dieser Bezugnahme auf das Altarbild ebenfalls an: da, wo unser Leiden gemessen am Leiden des Gekreuzigten »zurückbleibt« (164), entsteht *Distanz*.[87] Diese Distanz meint keine Entfremdung, sondern erst recht die (durch das Hinweisen wahrgenommene) sachlich mögliche Nähe zum Gegenstand des Glaubens (vgl. bes. Nr. 26.33.37.40.)

2. *Advent 1918* in: Konfirmandenunterricht 1909–1921, hg. von J. Fangmeier (GA, Abt. I), 1987, S. 277

Im Konfirmandenunterricht 1918/19 bezieht sich Barth im dritten Kapitel (»Das Reich Gottes«) im I. Abschnitt (»Verheißung«) im Anschluß an die Darstellung der »prophetischen Menschen« (Abraham, Mose, Jesaja, Jeremia und Johannes der Täufer), die als »Gottes Vorhut« (§42) und also als »Adventsmenschen« (273) »die Verheißung der von Gott kommenden Dinge ... haben und bezeugen« (277), in §48 (»Die Weissagung«) nochmals auf Johannes den Täufer: »Joh. d. T. [der Täufer] vor d. Kreuze Xi[Christi].«[88] Barth bezieht sich bei seiner Bildbetrachtung auf die Verhältnisbestimmung von Täufer und Christus. Weniger vom ausgestreckten Finger als vom Blick des Täufers ergibt sich der Hinweis, daß ihm »die ewigen Dinge ... durchsichtig« werden. Johannes darf vor dem Kreuz Christi bereits hinüberschauen zu jenem kommenden Reich, das Gerechtigkeit (§49), Frieden (§50) und Freude (§51) ist. Der »Inhalt der künftigen Dinge« also liegt im Blick, nicht der gemarterte Leib im Vordergrund, denn »die zeitlichen (die gewöhnl. Ereignisse als solche) sind undurchsichtig. Vor ihnen steht ratlos der gewöhnl. M[ensch]« (277). Wo also ein solcher Mensch nur den Tod und das Ende sehen kann, blickt Johannes als letzter der Vorhut Gottes bereits durch die Verborgenheit Gottes hindurch. Im Kreuz ist Gott selbst am Werk. »Der größte Prophet verkündigt nicht menschliche Anstrengung, sondern das feine stille, selbstlose Wirken Gottes« (277). Vom Schauen her wird Johannes zum Verkünder dessen, was er in Wahrheit sieht.

3. *Frühjahr 1919* in: Konfirmandenunterricht 1909–1921, hg. von J. Fangmeier (GA, Abt. I), 1987, S. 293f

Im gleichen Unterrichtsjahrgang führt Barth im II. Abschnitt (»Erfüllung«) den Weg Jesu von Bethlehem nach Golgatha aus.

In §77 (»Das Lamm Gottes«) äußert er sich zur Bedeutung des Karfreitags. Diesmal hat er das gesamte Kreuzigungsbild vor Augen: 1. Christus, 2. Johannes mit der Muttergottes und Maria-Magdalena, 3. die Salbbüchse, 4. Johannes den Täufer und 5. das Lamm. In Anlehnung an Jes 53,5 entfaltet Barth die Bildausschnitte als Abfolge einer dramatischen Zuspitzung, die sich unter dem Doppelaspekt von Gericht und Gnade entfaltet. Die Gestalt Christi als Leidensgestalt (Jes 53) hinterläßt bei der »Gruppe links« (294) eine verhängnisvolle Ohnmacht (im Sinne Jean Pauls: »Wir sind ohne Vater«[89]). Sinnfälliger Ausdruck der Ohnmacht ist die Salbbüchse am unteren Ende des Kreuzstammes, die wohl heilende Salbe enthält, deren geschlossener Deckel aber anzeigt, daß die gute Absicht zu helfen hier an ihre Grenze stößt. Der Täufer (wieder wie in §48) lenkt den Blick auf die sich hinter dem Schrecken verbergende Botschaft. Barth schreibt:»Es *muß* so sein!« (294) Als erste biblische Belegstelle zitiert Barth Joh 1,29: das Lamm ist »die Kraft des Wortes, das da lebendig wird« (294). Im Zeugnis des Täufers entfaltet sich der Doppelaspekt von Gericht und Gnade: die »Gruppe links« muß durch die Art ihrer Abbildung demonstrieren, wohin die Gottlosigkeit führt (Maria, die Mutter Gottes ist der Ohnmacht nahe, Johannes Gesicht ist vom Schmerz verzerrt und Maria-Magdalena ringt um einen Gott, den sie schon beweint). Das Verhängnis der Gottlosigkeit kann Gott nur selbst durch ein Opfer beseitigen, das er selbst erbringt:»Gott hat Gericht gesprochen und Gnade zugesagt«(293f). Die Bedeutung des Karfreitags entfaltet sich für Barth durch das Kreuzigungsbild in der durch den Gehorsam Jesu sich offenbarenden Überbietung des Gerichts durch die Gnade. Die Möglichkeit des Glaubens öffnet sich:»Wir sind von Gott erkannt und dürfen ihn erkennen« (280).

4. *3. Juni 1919* in: BwThI, S. 332

In einem Brief an Eduard Thurneysen kommt Barth anläßlich des Besuches »einer kranken alten Jungfer« auf die sich in seinem Zimmer befindliche Reproduktion des Kreuzigungsbildes zu sprechen:»das Wichtigste«, hatte diese Frau kommentiert, und Barth kommentierte in Entsprechung ihrer Bemerkung und in Entsprechung zum Inhalt des Bildes zu dieser Frau: Sie »steht so einfach in der Gnade mit ihrer ganzen Gebrechlichkeit... Das ists! Das wäre die Einfachheit, ... die wir ... noch nicht haben.«

5. u. 9. *Sommer 1919 / Frühjahr 1920* in: Konfirmandenunterricht 1909–1921, hg. von J. Fangmeier (GA, Abt. I), 1987,
S. 319.351

Barth beschreibt wie im vorausgehenden Konfirmandenunterricht unter der Kapitelüberschrift »Die Erfüllung« (340ff) den
Weg Jesu an das Kreuz. §75 (»Das Lamm Gottes« [351f]) nimmt
wieder Bezug auf das Kreuzigungsbild wie S. 293f. Diesmal wird
die Bildbetrachtung erweitert durch den Hinweis auf die
»Anbetung der Engel« (351) und also auf das Weihnachtsbild des
Altars (Erste Öffnung, Menschwerdung). Schon in §15 (»Der
Himmel« [319]) hatte er auf das Weihnachtsbild verwiesen. Wird
dort noch die Ferne zum »Ursprung, aus dem wir leben« (a. a. O.)
hervorgehoben, so wird in §75 die Entfernung im Blick des
Kindes überbrückt: »Gott Vater in unendlicher Höhe, auf ihn der
Blick d. Kindes gerichtet« (352). Anders als im vorherigen Kurs
verbindet Barth hier die Deutung des Kreuzigungsbildes mit der
Deutung des Weihnachtsbildes in 7 Betrachtungen: 1–4 Kreuzigungsbild, 5–7 Weihnachtsbild. Die »Gruppe links mit Salbe«
(351) erkennt in ihrem Jammer nichts (wo es doch einer Entscheidung bedurft hätte zwischen »Gott oder Nichts!« [351]
angesichts des Gekreuzigten). Der Täufer entspricht in seinem
Hinweis (Joh 3,30) der Gestalt des Gekreuzigten durch den
Verzicht auf eigene Größe. So hebt Barth auch in der Betrachtung diesmal nicht das muß (294), sondern das *Er* (also auch
nicht mehr »es« [a. a. O.]) hervor (351): wird in §77 (294f) das
Kreuz Christi als Gottes (fremdes) Werk betrachtet, so wird hier
in §75 das Opfer Jesu als Verherrlichung Gottes betrachtet. Das
Lamm (»Leben u. Sieg für uns!« [351]) ist sinnfälliger Ausdruck
dieser Verschiebung in der christologischen Aussage. In der
Betrachtung des Kreuzigungsbildes erschließt sich der Sinn der
Weihnacht: »die Ewigkeit« (a. a. O.) berührt sich mit der Zeit:
»Das Wort ward Fleisch« (351). Wer das Weihnachtsbild be-
trachtet, schaut schon das Kreuz. »Die Braut Christi mit den
Engeln« (352) antwortet entsprechend wie der Täufer auf dem
Kreuzigungsbild [»... menschliche Größe ist keine Antwort«
(351)] auf das Wunder der Weihnacht: sie demonstriert mit den
anbetenden Engeln in der gebotenen Ferne den »Ursprung, aus
dem wir leben« (319.352).

6. *Spätsommer 1919*   in: Konfirmandenunterricht 1909–1921,
hg. von J. Fangmeier (GA, Abt. I), 1987, S. 327

Im erweiterten Kontext dieses Kurses macht Barth eine Aussage
über die Funktion der Kunst am Beispiel u. a. des Isenheimer
Altars (327). So wie Johannes der Täufer auf eigene Größe
verzichtet (im Augen-Blick [277], im Fingerzeig [382], im
Verzicht auf menschliche Größe oder im Zeugnis des Wortes
[351], so verzichtet der Künstler gegenüber diesem Inhalt sich
selbst darzustellen. Selbstdarstellung in diesem Fall würde
zwangsläufig zum »Ausdrücken ohne Inhalt« (327) führen. In
»Treue und Aufrichtigkeit« (a. a. O.) gegenüber dem Inhalt, der
des Lobes wert ist, schafft sich der Inhalt die notwendig »schöne
Form«. Schönheit ist also keine ästhetische Kategorie, sondern
eine theologische.[90] Mathias Grünewald entspricht mit seiner
Kunst dem darzustellenden Inhalt. Die Schönheit seiner Altarbilder erwächst aus der Liebe zum gemalten Gegenstand.[91]

7. u. 8.   *25. September 1919*   in: Der Christ in der Gesellschaft.
In: Das Wort Gottes und die Theologie, 1924, S. 33–69, S. 48.66f.

Unter dem Stichwort »Begreifen« (47) entfaltet Barth »die große
Beunruhigung des Menschen durch Gott und darum die große
Erschütterung der Grundlagen der Welt« (a. a. O.). Begreifen –
das würde bedeuten einzusehen, daß die Beunruhigung durch
Gott »in kritischen Gegensatz zum Leben« führt (47 u. 48). Dabei
geht es nicht um bloße Verneinung der Welt, sondern um die in
der Negation enthaltene »denkbar positivste und fruchtbarste
Leistung« (47) Gottes, nämlich »die Aufrichtung seiner eigenen
Gerechtigkeit« (a. a. O.). Also nicht ohne Gott soll das Begreifen
gehen. »Die Auferstehung Jesu Christi von den Toten ist darum
die weltbewegende Kraft, die auch uns bewegt« (66). Wer
diesbezüglich das »totaliter aliter« (a. a. O.) dieser Kraft nur für
negativ ansieht, wird von Barth vor das Auferstehungsbild des
Altars geführt: die Grabwächter »kollern (herunter)« (48)! Sie
sind wie jene, die nicht die Hauptsache sehen, gewinnen keine
Erkenntnis. Sie sind keine Teilnehmer dessen, was da geschieht
und werden so auch nicht lebendig, weil sie nicht »in den Sieg
des Lebens (eintreten)« (a. a. O.). Barth kann nur seinerseits den
Kopf schütteln über »die kopfschüttelnden Glossen, mit denen die
Kunsthistoriker sich um diese Darstellung herumzudrücken

pflegen« (66f) und nur den »unerfreulichen und wenig lehrreichen Anblick« (48)[92] jener Nebensache hervorzuheben wissen.[93]

10.11.12.13. *17. April 1920* in: Biblische Fragen, Einsichten und Ausblicke. In: Das Wort Gottes und die Theologie, 1924, S. 70–98, S. 79.80f.85f.91f

In diesem Vortrag findet sich Barths geradezu klassisch gewordene Bezugnahme auf den Isenheimer Altar: »Wir denken an Johannes den Täufer auf Grünewalds Kreuzigungsbild mit seiner in fast unmöglicher Weise zeigenden Hand. Diese Hand ist's, die in der Bibel dokumentiert ist« (79). Aber was war gemeint? Barth beschreibt diese Hand allegorisch »als Religion, Frömmigkeit, Erlebnis u. dgl« (a. a. O.). Vom Altarbild her ergibt sich die Deutung der Allegorie: da »die Religion vergißt, daß sie nur dann Daseinsberechtigung hat, wenn sie sich fortwährend aufhebt« (80), bedeutet die »in fast unmöglicher Weise zeigende Hand« den Verzicht auf eine Art von Religion (sie weist von sich fort auf das ganz andere hin), die bei sich selbst das Erlebnis des Glaubens anschaulich machen will, obwohl es von ihrem Gegenstand her unmöglich ist. Unmöglich und eben doch gefährlich möglich in dem Sinne, wenn die so dargestellte biblische Frömmigkeit in Ergänzung bestimmter »religiöser Werte« (80) nicht mehr den radikalen Bruch markieren kann, weil diese Hand in ihrer ganzen Haltung selbst zum Gegenstand der Betrachtung geworden ist und am Ende eine derartige Frömmigkeit »als ein durchaus erreichbares und ganz nützliches Requisit fürs Leben empfohlen« (a. a. O.) wird und so nicht mehr seine eigene Aufhebung betreibt, sondern geradezu auf eigenes Wachstum ausgerichtet ist. Was denn ja leider auch geschieht und von Barth entsprechend kommentiert wird: »Die zeigende Hand Johannes des Täufers wird eine nicht ungewohnte Erscheinung – auf Kanzeln« (80f).

Wie zur Warnung und zur Schärfung der Deutung dieser Hand nimmt Barth im Hinblick auf die »neben der gewaltig zeigenden Gestalt (des) Johannes stehenden Worte« (Joh 3,30) ein drittes Mal in seinem Vortrag Bezug auf das Altarbild (85f). Nur ja nicht aus dieser Hand ein Zeichen machen, das die Sache in ihr Gegenteil verkehrt und aus Johannes gar einen Prototyp des religiösen Menschen machen will. »Der Gegenstand, die Sache, das Göttliche selbst und als solches in wachsender, die

Funktion, die Frömmigkeit, die Kirche als solche in abnehmender Bedeutung! Das ist's was man biblische Linie, biblische Einsicht nennen kann« (86).

Noch einmal nimmt Barth in diesem Vortrag Bezug auf den Altar. Als Beziehungsgeflecht stellt er die Gestalten links und rechts des Kreuzigungsbildes (Geschlossener Altar) als Unwissende[94] (Maria, Maria Magdalena, und der Jünger Johannes) und Wissende (Johannes der Täufer) dar (dazwischen »das für Viele sein Blut vergießende Lamm Gottes als Deutung [hineingestellt]« [91], das wohl einerseits diesen Unterschied markiert ihn aber gleichzeitig aufhebt). Wie zum Erweis dieser Unterscheidung und vor allem Aufhebung öffnet sich das Kreuzigungsbild und gibt den Blick frei auf die Erste Öffnung: »hinter der schauerlichen Todeswand« (a. a. O.)[95] wartet »die in unendlicher Höhe thronende Glorie Gottes des Vaters« (92) (inmitten der Verkündigung an Maria und der Auferstehung Christi dargestellt) als die Bewegung »aus dem Leben in den Tod – aus dem Tode in das Leben« (a. a. O.). Wer vor dem Geschlossenen Altar, als vor der »verschlossenen Todeswand« (a. a. O.) steht, dem hilft angesichts der dargestellten Not (die ja doch erst recht die eigene Not ist) nicht Eilfertigkeit »in evangelistischer oder sozialer Geschäftigkeit« (a. a. O.), sondern – weil es hier um Beschämung geht – Zurückhaltung gegenüber dem Neuen. Die verschlossene Todeswand (Geschlossener Altar) ist bezogen auf die Glorie Gottes (Erste Öffnung) als »das biblische Wort vom Tode, der verschlungen ist in den Sieg« (a. a. O.). Der zeigende Täufer, der als Wissender dieses Neue bereits sieht im Gekreuzigten, tritt durch seine Zurückhaltung noch einmal hervor: »Verhehlen wir uns aber keinen Augenblick, daß der Gehorsam diesem Hinweis gegenüber, das tatsächliche Eintreten auf das Thema der Bibel ein Sprung in einen Abgrund, ein Wagnis von unerhörten Konsequenzen, ein ewiges Unternehmen ist« (a. a. O.).

14. *4. November 1920* in: Konfirmandenunterricht 1909–1921, hg. von J. Fangmeier (GA, Abt. I), 1987, S. 382

Noch einmal nimmt Barth im Verlauf eines Konfirmanden-Kurses Bezug auf das Kreuzigungsbild, diesmal wieder (in Anlehnung an das Jahr 1918/19) unter der Überschrift »Die Verheißung« (373ff) in Betrachtung Johannes des Täufers (§35, S. 382). Johannes steht als der Zeigende auf der Schwelle zwischen Altem und Neuem Testament: »Er wartet – und bereitet schon Christus den Weg« (382). Unter dem Doppelaspekt von Warten und Bereiten gehört Johannes »zum alten Testament – und steht doch schon im neuen« (a. a. O.). Als der, der im leidenden und sterbenden Menschensohn bereits den Gottessohn sieht, wird Johannes zum Fragenden: »X[Christ] der Retter ist da. Wer siehts? Wer verstehts? Wer tut danach?« (a. a. O.).

15. *23. Dezember 1920* in: Brief an Joseph Bernhart. – In: Joseph Bernhart, Erinnerungen 1881–1930. Zweiter Teil: Anmerkungen und Dokumente, hg. von Manfred Weitlauff, 1992, S. 1774f.

In dem bereits in der Einführung[96] erwähnten Brief stellt Barth (auf den besagten Vortrag von Bernhart bezugnehmend) eine Frage zu den beiden über der anbetenden Maria (Erste Öffnung, linke Seite: Engelskonzert) dargestellten Figuren: »Sind Sie sicher, dass es sich hier … um zwei Engel handelt?« (1774f).[97] Im weiteren trägt Barth seine Deutung anhand seiner Bildbetrachtung vor: die Gestalt links als Engel Gabriel und die Gestalt rechts (wegen der »verlegene[n] Haltung des Kopfes und der Hand« [1775]) die Jungfrau Maria. In dieser Komposition der gesamten Gruppe meint er »eine Rekapitulation der Verkündigungsszene« erkennen zu können (a. a. O.). Aber Barth schränkt ein: »Meine Reproduktionen genügen nicht, um das ganz einwandfrei festzustellen« (a. a. O.).

Barth schreibt diesen Brief aus Safenwil unmittelbar vor Weihnachten 1920. Zum Christfest wird ihm u. a. ein Kunstbuch über Grünewald geschenkt (Nr. 16 und Nr. 24). Die Reproduktion des betreffenden Ausschnittes bei O. Hagen läßt keinen Zweifel zu und gibt einwandfrei zu erkennen, daß es sich um zwei Engel handelt: der linke hält das Szepter, der rechte mit der rechten Hand die Krone.[98]

Barth hebt in seinem Brief den von Bernhart gebrauchten Begriff der »Adventwelt«[99] hervor (»wie Sie schön sagen«), die auf die Menschwerdung Gottes »hinweist und hinblickt«[100] (a. a. O.). Über Weihnachten und Neujahr arbeitet er am vierten Kapitel seines Römerbriefkommentars (2. Auflage). In seinem dortigen ersten Verweis auf Grünewald übernimmt er bereits den Begriff »Adventswelt« wie dann später in seinen drei einführenden Dogmatikvorlesungen (Nr. 26.33.40.)

16. u. 24. *28. Dezember 1920 und 7. Juli 1922* in: BwTh I, S. 457 und BwTh II, S. 94

Barth beklagt sich in seinem Brief an Thurneysen, daß »das Christkindlein … uns überhaupt verdächtig viel zu *essen* gebracht (hat)« (I,457). »Im Blick auf den asketischen Sinn des N.T.« kann Barth demgegenüber als »Gegengewicht« auf »einige gute Kunstbücher über Grünewald, Rembrandt und El Greco« verweisen. Der Autor des Grünewaldbuches dürfte der im Brief vom 7. Juli 1922 angesprochene Oskar Hagen (II,94) sein. Das Buch, daß 1922 bereits in 3. Auflage vorlag (1. Auflage 1919), wird identisch sein mit jenem 1½ Jahre zuvor erwähnten Kunstbuch.

17.18.19.20.21 *Dezember 1920 und Januar 1921* in: Der Römerbrief (Zweite Auflage) 1921, 10ter Abdruck der neuen Bearbeitung 1967, S. 93.106.118.119.135

Am 6. Januar 1921 sendet Barth an Thurneysen »eine Partie Römerbrief zur Durchsicht«[101]: das 4. Kapitel. Am 3. Dezember 1920 hatte er seinem Freund geschrieben: »Ich freue mich nun schon über den kurzen Schlußabschnitt 3,27f. hinweg auf Abraham [Rm4]«.[102] Seine Arbeit am 4. Kapitel fiel in die Weihnachtszeit und den Jahreswechsel. Zu Weihnachten hatte er »einige gute Kunstbücher über Grünewald, Rembrandt und El Greco« erhalten (Nr. 16). Das Grünewaldbuch von Oskar Hagen wird ihn inspiriert haben, in seiner Auslegung des 4. Kapitels (bis hin zu 5,5) fünfmal auf Grünewald und das Altarbild Bezug zu nehmen.

Durch die »Entdeckung« Overbecks[103] wurde Barth aufmerksam auf dessen Unterscheidung und Beziehung von Urgeschichte und Tod.[104] Beide Begriffe bezeichnen dialektisch »Ausgangs- und Endpunkte« des »Menschen und der Menschheit«. Ohne Bezugnahme auf die »Geschichte vor der Geschichte«, die Urgeschichte, läuft die Historie eben ausschließlich auf ihr eigenes Ende zu. Im Tod erfährt menschliche Erkenntnis insofern ihre Grenze. Wo das Wesen des Christentums historisch erklärt oder gar begründet werden will, würde es als »von dieser Welt« zu beschreiben sein. Sein Wesen hätte es darin, daß es irgendwann seine Zeit gehabt hätte und an sein Ende kommt. Indem Geschichte auf ihr Ende zugeht, entfremdet sie sich zwangsläufig von ihrem Anfang. Die aus einer solchen Sicht resultierende »historische Ferne« (93) z. B. zu Jesus bedeutet für das Christentum zwangsläufig ein Scheitern gegenüber seinem Anfang. Ein doppeltes Problem stellt sich: a) die Frage nach einer möglichen Überwindung der »historischen Ferne« zum Gegenstand des Glaubens und b) die Frage einer möglichen Darstellung des Wesens des Christentums unter einem anderen als nur negativem Aspekt (Kirchengeschichte als »Verfallsgeschichte«[105]).

An »Gestalten wie Abraham, Jeremia, Sokrates, Grünewald, Luther, Kierkegaard, Dostojewski« (93) verdeutlicht Barth im Gegensatz zum Verharren in der historischen Ferne den Gedanken der »wesentlichen Einheit, Gleichzeitigkeit[106] und Zusammengehörigkeit« (a. a. O.) dieser Gestalten zu Jesus, der als der Christus Ausgangs- und Endpunkt auch des wahren Christentums ist. Bezeichnet der Begriff des Todes die Grenze von Geschichte, die Grenze menschlichen Lebens, die Grenze menschlicher Erkenntnis und so auch die Grenze des Christentums und aller Theologie, so bezeichnet der Tod Jesu die Bewährung Gottes gegenüber einem solchen Ende als Inbegriff der Urgeschichte und so auch als Krisis gegenüber einer Geschichte, die im Einklang mit sich selbst auf ihr eigenes Ende zulaufen möchte. Einheit, Gleichzeitigkeit und Zusammengehörigkeit mit Christus ist der beherzte Abschied aus einer Verfallsgeschichte im Sinne einer Abkehr von purer (und sei sie christlich überhöht) Weltanschauung und also gewollten oder ungewollten Einwilligung in den Verfall dieser Welt. (Am Ende bedeutet »Weltanschauung« mit anzusehen, wie die Welt auf ihr eigenes Ende zuläuft ...) Im *Hinblicken* auf die im »Weihnachtswunder«[107] offenbare Urgeschichte, die sich als solche erweist angesichts des Todes Jesu am Kreuz, liegt der Verweis auf Grünewalds Kreuzigungsbild nahe: die Inbeziehungsetzung von Urgeschichte und Tod, von Ausgangs- und Endpunkt in der Gestalt des Gekreuzigten und die darin gründende Position der Gestalt des Täufers (und also die »Positionen« jener von Barth genannten Gestalten). Sie alle blicken hin »auf die Erfüllung ihres Wartens«. Im Blick auf Christus verliert Geschichte ihren ideologischen Sog. Das Ende ist nicht das Schicksal, sondern der Anfang, der Christus ist.

Indem Gott uns »von jenseits der Grenze des Todes« entgegentritt[108], ist er die Krisis dessen, was auf unserer Seite zu geschehen pflegt: eine Verwechslung dessen, was Menschen sind und tun, mit dem, was Gott selbst ist und tut. Der Glaube besteht nicht darin, Gott am Ende mit sich selbst zu identifizieren (das wäre das Mißverständnis der Religion, die den Einklang mit Gott sucht und also da harmonisiert, wo das Nein nicht gehört werden will, um nicht wirklich gestört zu werden). »Das ist der Glaube: der Respekt vor dem göttlichen Inkognito, die Liebe zu Gott im Bewußtsein des qualitativen Unterschieds von Gott und Mensch, Gott und Welt, die Bejahung der Auferstehung als Welten*wende*, also die Bejahung des göttlichen Nein! im Christus, das erschütternde Haltmachen vor Gott« (14). Theologisch bezeichnet Barth den Ort dieses Haltmachens im Begriff der »Todeslinie« (86.103.106.145).[109] Nur wo im Christus das Ende wahrgenommen wird (Wahrnehmung als »der Wille zum Hohlraum, das bewußte Verharren in der Negation« (17), kann die Todeslinie als »Lebenslinie« verstanden werden, »die die reale Beziehung des Menschen zu Gott bezeichnet« (103). So geht es im Glauben um »zeigende Zeichen und Zeugnisse, nicht als positive Inhalte, sondern sofern sie in ihrer Negativität, in ihrem Abnehmen, in ihrem Sterben begriffen und bejaht werden« (106). Es legt sich im Begriff des zeigenden Zeichen und Zeugnisses und im Begriff des Abnehmens (Joh 3,30) der Verweis auf das Kreuzigungsbild, auf »die zeigende, über die Todeslinie hinaus zeigende Hand Johannes des Täufers bei Grünewald« (106) nahe.

Indem der Täufer sich so und nicht anders auf den Christus bezieht (die Beziehung auf diese »Unmöglichkeit« [118] nennt Barth den Glauben!), kommt der Künstler Grünewald selbst an diese Stelle zu stehen: auch »am Rande der Kunst Grünewalds« (118 und: Gedicht S. 119[110]) taucht der Glaube als unmögliche Möglichkeit auf. Wo in Christus die Unanschaulichkeit Gottes wahrgenommen wird im Glauben, ist es möglich, »daß er dem Hinweis der zeigenden Hand des Grünewaldschen Täufers folgen und dem Bilde tiefsten Todesschreckens die Verheißung radikaler Errettung, höchster Seligkeit, ewigen Lebens entnehmen kann« (135).

22.   27. *April 1922*   in: Die Theologie Calvins 1922, Vorlesung Göttingen, Sommersemster 1922, hg. von H. Scholl (Gesamtausgabe, Abt. II), 1993, S. 9

Wie schon in seinem Römerbriefkommentar (Zweite Auflage) [Nr. 17] kommt Barth auch in seiner Calvinvorlesung auf die Frage der Objektivität der Geschichte zu sprechen: »Als menschliche

Geistesgeschichte jedenfalls (aber wo ist Geschichte nicht Geistesgeschichte) ist die Geschichte mindestens ebensosehr Subjekt wie Objekt, mindestens ebensosehr hier, in meinen Augen, wie dort in den Quellen« (8). Am Beispiel des historischen Calvin (»Die 59 Bände des Corpus Reformatorum, die seine Werke enthalten, sind doch nicht etwa heimlich sein Sarg?« [9]) präzisiert Barth sein Anliegen: das, was Calvin einmal gesagt und geschrieben hat, das ist doch nicht einfach vergangen in dem Sinne, daß es nun (heute) überholt und also nicht mehr zu hören und also zu bedenken wäre. Die Beschäftigung mit ihm beläßt ihn doch nicht in der Geschichte als einer bloß historischen Gestalt. Barth sucht in seiner Auslegung den Mittelweg zwischen einer doppelten Verweigerung: der Verweigerung gegenüber der historischen Quelle, die keiner weiteren Nachdenklichkeit für würdig befunden, wird und der heimlichen Verweigerung gegenüber der Quelle, die darin besteht, sich mit seinen Gedanken unbedenklich und schamlos in jenen Gegenstand hineinzubegeben, so daß die Quelle am Ende versiegen muß. Barth sucht dieser doppelten Verweigerung gegenüber dem Gegenstand seiner Betrachtung (in diesem Fall Calvin) dadurch zu entgehen, indem er im Sinne »fortdauernder Geschichte« (9) fragt: »Ist denn die Geschichte, und ich möchte jetzt scharf pointiert sagen: gerade das *Historische* in der Geschichte nur gestern und ehegestern, ist es nicht auch heute und morgen?« (a. a. O.). In diesem Zusammenhang verweist Barth auf »Grünewalds Kreuzigungsbild« (9), das in seiner Beziehung zu Jesus diesen so zu uns sprechen läßt, wie es z. B. die synoptischen Evangelien nicht im wörtlichen Sinne belegen, aber eben doch auf dieser Linie bis hin zu Grünewald als Erweis der fortdauernden Geschichte Jesu als sinnvoll und notwendig erscheinen lassen. Die sich in dieser Bewegung dokumentierende Hinwendung zur Quelle bewahrt vor einer doppelten Verweigerung und am Ende einer doppelt unhistorischen Auslegung.

23. *8. Mai 1922* in: Die Theologie Calvins 1922, hg. von H. Scholl (GA, Abt. II), 1993, S. 82

In der Darstellung gemeinsamer Wurzeln der Reformation kommt Barth u. a. auf die Mystik (77–85) zu sprechen und hebt deren »Gewichtlegen auf die geschichtliche Person Jesu« (81) hervor. Zwangsläufig erscheint dieser Jesus »als Vorbild des nach

Gott strebenden Menschen« (a. a. O.), der als frommer Mensch wohl zur Nachahmung auffordern kann, aber nicht fähig ist, den Graben zwischen dem Wunsch nach eigener Unmittelbarkeit zu Gott im Sinne eigener Frömmigkeit und dem Erfahren eigenen Unvermögens zu überbrücken. Barth erinnert an Luther: »Der Christus Luthers ist diesem Jesusbild des Mittelalters gegenüber gerade nicht der fromme, sondern in der Reihe der Sünder, der unter das Gericht, der in den Schatten der Hölle und des Todes gestellte Mensch, der gekreuzigte Christus« (82). Es ist »der unerbauliche Gekreuzigte Grünewalds« (a. a. O.), der nicht als »Märtyrer und Held« dargestellt wird (das würde »allenfalls unsere Bewunderung erregen« [a. a. O.]), sondern als »opus alienum Dei«, das jenes Opfer erbringt, zu dem der Mensch nicht fähig, dessen er aber unbedingt bedürftig ist. In solcher Tiefe geht es dann nicht mehr um Imitation, sondern um Glauben. »Hinweis auf Gott selbst« sagt Barth (a. a. O.) im Blick auf das Kreuzigungsbild Grünewalds und stellt in Anspielung an den ungenannt bleibenden Täufer den Christen in dieser Weise als Glaubenden zum »unerbaulichen Gekreuzigten«. Gäbe es am Ende nur den »erbaulichen Gekreuzigten« (a. a. O.) zu bestaunen, so würde es doch nicht den Glaubenden selbst erbauen, sondern ihn immer noch mehr in Entfernung zu dem Gekreuzigten bringen. Also »weiteres Unmittelbarkeitsstreben« (83) führt genau zum Gegenteil: die Schranke zu Gott hebt sich nicht etwa, sie wird zum unüberwindbaren Hindernis.

25. *3. Dezember 1923* in: Die Theologie Schleiermachers 1923/24, hg. von D. Ritschl (GA, Abt. II), 1978, S. 146f.

Im § 2 seiner Schleiermacher-Vorlesung (»Die christologische Festpredigt«) bespricht Barth, nachdem er sich zu den Weihnachtspredigten Schleiermachers geäußert hat, dessen Karfreitagspredigten. Wie schon zuvor und auch später in seiner Vorlesung konstatiert Barth auch jetzt (er bespricht 4 Predigten des jungen Schleiermacher aus der Zeit von 1794–1811) »die uns nun schon etwas bekannte Schleiermachersche Ellipse mit den beiden Brennpunkten: Wie *Christus* – so auch *wir*« (145).[111] Wenn also die Betrachtung des Kreuzes Christi wie in einem zweiten Blickwinkel einer »ethisch-psychologischen Selbstbetrachtung des Menschen« (a. a. O.) unterzogen wird, kann dies nicht ohne Folgen für die Betrachtung des Kreuzes Christi bleiben. Im »vertraulich-distanzlose(n) Umgehen mit dem Heiland, speziell mit dem gekreuzigten Heiland« (146) vollzieht sich – gemessen am »Grünewaldsche(n) Kreuzigungsbild« (a. a. O.) – eine Barths »*Zorn*, um nicht zu sagen *Ekel*« hervorrufende Verschiebung des Kreuzes in den Bereich einer »schlecht-hinigen Harmlosigkeit oder Schon-nicht-mehr-Harmlosigkeit«, die im Effekt ein Spiegelbild des idealistisch-biedermeierischen deutschen Hauses ist. »Also Grünewald und das Mittelalter und die Reformation überhaupt muß man hier ... lieber *vergessen*, wenn man sich nicht einfach *ärgern* will« (146f).

26.   *19. Juni 1924*   in: »Unterricht in der christlichen Religion«. Erster Band: Prolegomena 1924, hg. von H. Reiffen (GA, Abt. II), 1985, S. 186f.

Bevor Barth mit der Niederschrift seines Hauptwerkes, der »Kirchlichen Dogmatik«, beginnt, hält er zweimal Vorlesungen über denselben Gegenstand: da ihm 1924 die Göttinger Theologische Fakultät, der er als Honorarprofessor für reformierte Theologie nicht regulär angehört, das Recht versagt, ohne Kennzeichnung des konfessionellen Standorts »Dogmatik« lesen zu dürfen, kündigt er zum Sommersemster 1924 die früheste Fassung seiner Dogmatik unter dem Calvin entlehnten Titel »Unterricht in der christlichen Religion« an.

Im § 6 dieser Vorlesung (»Die Menschwerdung Gottes«) bezieht sich Barth in einer bislang nicht zu verzeichnenden Ausführlichkeit auf den Isenheimer Altar. In Betrachtung der Ersten Öffnung (186f) (Engelskonzert und Menschwerdung) entfaltet Barth sein Verständnis von Offenbarung: »Alles Nachdenken darüber, wie Gott sich offenbaren *kann*, ist wirklich nur ein Nach-Denken der Tatsache, daß Gott sich offenbart *hat*« (185). Diese sozusagen nachdenkliche Seite wird auf der linken Seite des Altars abgebildet: der Vorhang, der den alten vom neuen Bund unterscheidet und (indem er doch schon den Blick freigibt) das eine auf das andere bezieht – davor »Maria selber, die direkte Empfängerin der Gnade, am *Ausgang* dieser Adventswelt zwar und doch noch *innerhalb*« (186) im Gestus der Anbetung.[112] Anbetung bedeutet hier: »Sie muß im Abstand verharren vor ihrem Gegenstand« (a. a. O.). Insofern verdeutlicht Maria zweierlei: sie demonstriert in ihrer ganzen Haltung die Grenze (die Engel repräsentieren die Offenbarung als eine *indirekte*

Mitteilung Gottes, der sie – will sie die Botschaft *direkt* empfangen[113] – nur in diesem Gestus gegenübertreten kann) und beschreibt so durch ihre (theologische) Haltung die Wirklichkeit der Offenbarung, der »Christologie« (a. a. O.). Auf die rechte Seite hingegen hat Grünewald die Geburt des Kindes gemalt: Maria selbst steht nicht im Geheimnis. »Nur der Vater in seiner unerforschlichen Höhe sieht den Sohn, und nur der Sohn selbst, nicht die Gottesgebärerin Maria, sieht den Vater« (a. a. O.). Die »Offenbarung in Christus« (a. a. O.) erkennt auch die Kirche nur indirekt, nur im Licht, das von der Höhe ausgeht und sich auf das Kind legt. Daß die Kirche – wie Maria – außerhalb des Weihnachtswunders bleibt, Abstand hält und die Grenze wahrt, erweist sich in der dem Wunder entsprechenden Nachdenklichkeit, in der Rede von Christus, in der Christologie. In diesem Zusammenhang erfolgt aus der Betrachtung der Ersten Öffnung des Altars ein Bezug auf den Geschlossenen Altar: »Die anbetende Maria auf der *linken* Seite ist doch nur ein anderer Ausdruck für die zeigende, *nur* zeigende Hand Johannes des Täufers vom Kreuzigungsbild« (186f). Das ist die Botschaft der einen Seite. »Auf die rechte Seite gehört *nur Christus* hin, *keine* Christologie, zu deutsch: kein Reden von Christus« (187).

27. *25. November 1924* in: Menschenwort und Gotteswort in der christlichen Predigt. In: Vorträge und kleinere Arbeiten 1922–1925, hg. von H. Finze (GA, Abt. III), 1990, S. 444

Barths Vortrag in Königsberg (und dann folgend in Danzig) steht in zeitlichem und sachlichem Zusammenhang seiner 1. Dogmatik-Vorlesung (Nr. 26).[114] In Entfaltung seiner II. These (441), die auf die Frage Antwort geben möchte, worin das Predigtamt besteht, bezeichnet Barth den Ort der Predigt in einer doppelten, jeweils nachgeordneten »Subordination« (a. a. O.). So wie die Offenbarung, das ewige Wort selbst, unterschieden ist vom Zeugnis der Propheten und Apostel (das Wort, das Gott selbst ist, *und* das Vernehmen dessen, was Gott gesprochen hat durch Propheten und Apostel), so ist das Zeugnis der Schrift unterschieden vom Predigtamt (Schriftwort als Dokument des Eintritts des Wortes in Geschichte *und* Predigt als das durch die Schrift veranlaßte Zeugnis vom Wort). »Hier sind Distanzen zu beachten, die nicht ungestraft ignoriert werden« (441). So ist Predigt wohl *belastet* hinsichtlich der jeweils zu beachtenden

Wahrnehmung der zweifachen Distanz, aber *entlastet* hinsichtlich ihrer Funktion:»Wir können nur *Menschenworte* reden, und das ist in Ordnung so« (a. a. O.). Die Aufgabe der Predigt besteht darin, zu versuchen »um das verborgene Wort herum eine Zone von Aufmerksamkeit, Respekt und sachlichem Verständnis zu schaffen« (441.444).[115] Was sie soll, wird die Kirche in Wahrnehmung des Predigtamtes nur können, wenn sie sich an das Wort hält. Die theologische Haltung findet Barth wie schon in seiner Dogmatik-Vorlesung (Nr. 26) bei Johannes dem Täufer:»Es ist die Linie *Johannes des Täufers*, auf der die Kirche steht. Was sie tun kann und soll, ist das Zeigen seines ausgereckten Fingers: Siehe, das ist Gottes Lamm, welches der Welt Sünde trägt! [Joh 1,29]« (444). In Bezug auf die Predigtaufgabe verweist Barth auf das Zeigen des Täufers (erst wo dieses Zeigen als Zeichen, als Demonstration für die sich stellende Aufgabe wahrgenommen wird, kann sich der Gegenstand dieses Zeigens auch unter diesem Zeichen Gehör verschaffen: Siehe, das ist Gottes Lamm ...). Im Wahrnehmen des Zeigens des Täufers vergewissert sich die Kirche ihres Abstandes, ihrer Grenze dem Gegenstand (Gottes Lamm) gegenüber. Indem sie es tut, kann und soll sie selbst durch ihr aufgetragenes Predigtamt in die Haltung versetzt sein,»warnende, verheißende, bedeutungsvolle Zeichen aufzurichten aller Welt zum Zeugnis« (a. a. O.).

28. *8. Dezember 1924* in:»Unterricht in der christlichen Religion«. Zweiter Band: Die Lehre von Gott/Die Lehre vom Menschen 1924/1925, hg. von H. Stoevesandt (GA, Abt. II), 1990, S. 152f.

Indirekt erwähnt, aber doch aus der Beschäftigung mit dem Isenheimer Altar unmittelbar einsichtig, wird der »Kruzifixus« (152) des Kreuzigungsbildes von Barth im Zusammenhang seiner Darlegung über die »Eigenschaften der Aseität oder des verborgenen Gottes« (148). Gerade die »alte Dogmatik (hat) die Lehre von der Menschwerdung ... (mit) umständlichen Sicherungen (umgeben)«, um hinzuweisen,»daß Gott sich nicht kombinieren oder amalgamieren läßt mit etwas Anderem« (152).[116] Und so gilt auch für die Kunst:»Es gibt weiter keine Ausflüsse, Emanationen aus Gott in die Welt hinein, kraft deren dann etwa sozusagen göttliche Inseln oder Kolonien entstehen könnten innerhalb von sogenannten Durchbrüchen des Göttlichen in der

Welt« (a. a. O.). Die Bilder, die wir uns von Gott oder Christus machen, »sind im Museum oder als Zimmerschmuck möglich (beides trifft für das Kreuzigungsbild des Isenheimer Altars zu ... R. M.), in der Kirche dagegen (!) genau genommen durchaus unmöglich und unerträglich« (a. a. O.). Die »Einzigkeit« Gottes ist nicht darstellbar, da er als »Grenzbegriff« die Unterscheidung markiert zu dem, was wir als einzig (eben nur unter anderen) betrachten können. Aseität aber meint Gott als das »absolute Geheimnis«, das sich »aller täppischen Vertraulichkeit« (a. a. O.) entzieht. »Es wäre vielleicht wirklich besser gewesen, die Künstler hätten überhaupt die Finger davon gelassen« (153). Barths erste behutsame (Grünewald wird nicht mit Namen genannt) Kritik am Bild in der Kirche wird ein zusätzliches Motiv seiner Beschäftigung mit Grünewald.

29. *Advent 1924*[117] in: Barmherzigkeit. Adventspredigt (über) Lk 1,78–79. In: Zwischen den Zeiten. – 3. Jg., 1925. – Nr. 1, S. 3–11, S. 4

Wo findet die Weihnacht statt? Wo finden wir »dieses Weihnachtliche« (3)? In der Natur, in der Geschichte? Dort geht es ganz und gar nicht weihnachtlich zu. Aber obwohl dort in diesen Räumen »ganz andere als weihnachtliche Mächte und Gewalten« zu sehen und am Werke sind, kommen wir trotzdem nicht »auf den Gedanken, im Stall zu Bethlehem Nachfrage zu halten« (4). Unser Denken pflegt in aller Regel also in eine andere Richtung zu gehen: den Dingen auf den Grund kommen möchte die Vernunft dort, wo man das, worauf es ankommt, »entweder von jeder Zeit und jedem Ort müßte sagen können oder aber überhaupt nicht« (a. a. O.). Was aber, wenn Gott selbst eine solche Regel durchbricht (»die Regeln unserer Gotteserkenntnis« [5]) durch seine Barmherzigkeit, dort also, wo er sich offenbart, »der Herr dein Erbarmer« (6)?! Barmherzigkeit bedeutet die Wende Gottes zum Menschen als Ermöglichungsgrund für des Menschen Hinwendung zu Gott: »Gott *Gott* und Mensch *Mensch*, Himmel *Himmel* und Erde *Erde*, wir wir und er er, nur so kann uns geholfen werden« (10). Aber – so fragt Barth – »wie sollte unser Denken geneigt sein, dem zeigenden Finger Johannes des Täufers zu folgen: Siehe *das* ist Gottes Lamm!?« (4)

30. u. 31. u. 32. *3. 4. und 11. Dezember 1925* in: Erklärung des Johannes-Evangeliums 1925.1926, hg. von W. Fürst (GA, Abt. II), 1976, S. 128.137.169

In Anlehnung an Augustinus entfaltet Barth in seiner Vorlesung an der Figur Johannes des Täufers, der »hier für eine ganze Kategorie steht« (70), den Begriff des ›Zeugen‹: »Was von ihm (Johannes) gilt, das gilt für Alle, die mit ihm, durch ihn klassisch repräsentiert, unter den Begriff ›Zeuge‹ fallen« (a. a. O., vgl. auch 127).[118] »Als Träger (des) indirekten, gebrochenen, gedämpften Lichtes, als Reflektor des Lichtes selbst, als Vertreter des *Advents*« (71) ist Johannes der Offenbarung gegenüber der Erste derer, die den Offenbarer hören und aufnehmen und (indem sie ihn hören und aufnehmen) sogleich »zurückzutreten« haben, »abnehmen« müssen (a. a. O.). Dieser Doppelaspekt von Aufnahme und Abnahme zeichnet die Existenz des Zeugen aus. »Es wird zu verschiedenen Zeiten je das Eine oder das Andere mehr geboten sein. Nicht das ist wichtig. Aber das ist wichtig, daß das Amt des Zeugen, die dienende Funktion Christus gegenüber gesehen und verstanden wird, die es als Reflex seiner eigenen Funktion *immer* gegeben hat, immer *wieder* geben muß – nicht Christi, aber nostri causa« (73). Nicht der Reflex konstituiert als solcher das Zeugnis, der Reflex ist selbst das Zeugnis: »Das Licht scheint *direkt*, darum gibt es auch sein *indirektes* Scheinen und Gesehenwerden« (127).

In Johannes geschieht dieses Zeugen vom Licht »repräsentativ mit seinem zeigenden Finger« (128) in der Einheit als Prophet *und* Apostel. Die von Johannes repräsentierte »sachliche Subordination« (131) bedeutet auf der Ebene der Geschichte eine Umkehrung der Abläufe: »Das macht den Propheten zum Propheten, daß er weiß: er ist auch auf Erden, auch relativ, durch den, der kommen wird, durch die aufgehende Sonne selbst zum vornherein überholt« (133).

So und in dieser Weise stellt der Evangelist Johannes den Täufer »neben und mitten unter die Apostel« (137): »Sein Täufer ist Zeuge der Verheißung *und* Erfüllung. Er weissagt Christus nicht nur, sondern er erkennt und benennt ihn. Er steht mit dem einen seiner gewaltigen Füße (Grünewald!) resolut auf dem Boden des *Neuen* Testaments« (a. a. O.).[119]

In Auslegung von Joh 1,19–34 »muß (Barth; R. M.) wieder auf Grünewald verweisen« (169), um die johanneische Stellung des

Täufers *innerhalb* des Neuen Testaments zu verstärken. In 1,29 redet insofern »der *wissende* Täufer« (a. a. O.), als er in seinem ersten Wort über Christus sogleich das Letzte über ihn sagt: Weihnachtsbotschaft und Passionsbotschaft in einem. Als wissender Täufer bleibt ihm, gemessen an dem, was er in 1,29 zu Christus gesagt hat, in Bezug auf sich selbst nichts anderes zu sagen, als Grünewald in das Altarbild eingezeichnet hat: »Illum oportet crescere, me autem minui [Joh 3,30]« (a. a. O.).

33. *August 1927* in: Die christliche Dogmatik im Entwurf. I. Die Lehre vom Worte Gottes. Prolegomena zur christlichen Dogmatik 1927, hg. von G. Sauter (GA, Abt. II), 1982, S. 340f

Hatte Barth in seiner 1. Dogmatik-Vorlesung im entsprechenden Kapitel über die Menschwerdung nur einmal und eher indirekt anklingen lassen, was er diesbezüglich Overbecks Begriff der »Urgeschichte« verdankt,[120] entfaltet er nun in ausdrücklicher Anlehnung an Overbeck im §15 (»Weissagung und Erfüllung« [310–341]) noch einmal[121] sein Verständnis von Offenbarung als Urgeschichte. Mit der Menschwerdung Gottes in Christus tritt Gott uns »in Gestalt eines menschlichen Du« (310) gegen-über. Sofern uns aber in der Geschichte objektiv Offenbarung widerfährt, muß eben doch mehr gesagt werden: Offenbarung kann nämlich nicht – als Offenbarung Gottes – eine »Kategorie des allgemeinen Begriffs der Geschichte« (312) sein (das müßte zu dem Trugschluß führen, daß die Geschichte am Ende selbst das offenbarende Handeln Gottes wäre ...). Die Geschichte ist Schauplatz, sekundäres Konstituenz, sie begründet aber nicht das Ereignis der Offenbarung. Die Geschichtlichkeit der Offen-barung ist entscheidend damit gesetzt, daß Gott sich aus freiem Willen dazu entscheidet, eine »qualifizierte Geschichtlichkeit« (a. a. O.) zu setzen. »Und das, dieses streng Theologische und Dogmatische, ist gemeint, wenn wir sie als Urgeschichte bezeichnen« (314). So und in dieser Weise fügt Barth nun seiner diesmaligen Betrachtung des Kreuzigungsbildes (340f) einen entsprechenden Hinweis hinzu: An der Haltung der Maria wird deutlich, daß der Gegenstand der Offenbarung ihr in indirekter Mitteilung (durch die Gestalten der Engel dargestellt) »nicht einfach geschichtlich, sondern urgeschichtlich« (340) gegeben ist. Also die Unterscheidung von »Christologie und Christus« wird an Maria insofern deutlich, als durch ihre Haltung dem Gegenstand gegenüber jene theologische Haltung erkennbar wird, aus der heraus Christologie allein möglich ist. Aber die beste Christologie dringt nicht ein in das Geheimnis ihres Gegenstandes, sondern bleibt auf der anderen Seite stehen, muß dort stehen bleiben.[122] Ansonsten ist die Betrachtung Barths (340f) in weiten Teilen wortwörtlich oder dem Sinn nach eine Wiederholung seiner Betrachtung des Kreuzigungsbildes (wieder mit Hinweis auf den Täufer) aus seiner 1. Dogmatik-Vorlesung (Nr. 26).

34. *1. Dezember 1929* in: Predigt über Lk 1,26–28. In: Die große Barmherzigkeit, Predigten von Karl Barth und Eduard Thurneysen, 1935, S. 107.

In seiner ersten Dogmatikvorlesung (Nr. 26) hatte Barth bereits die beiden Mariendarstellungen der Ersten Öffnung des Altars (Maria zur Linken: Engelskonzert; Maria zur Rechten: Menschwerdung) in ihrer Unterscheidung und Zuordnung gewichtet. Erstmals äußert er sich nun in einer Predigt dazu: »Wir befinden uns hier sozusagen im innersten Kreis aller Adventsbotschaft und alles Adventsglaubens, innerhalb dessen es nur noch die Weihnacht selbst, das Wunder, die Offenbarung, die Fleischwerdung des Wortes gibt« (107). Wie in konzentrischen Kreisen ordnen sich vom Tempel (Erste Öffnung, linke Seite) her die »Gestalten der alten Propheten[123] ... umgeben von musizierenden Engeln ... (und) an der Spitze der ganzen Schar, näher dem Wunder als sie alle ...: Maria die Jungfrau« (a. a. O.). Die zwischen der Weihnacht und dem Adventsglauben dargestellte Distanz wird von Barth im Gestus der Maria zur Linken als »Warten« bezeichnet. Indem Maria zur Linken wartet, bleibt sie zurück. Indem sie zurückbleibt, gibt sie durch ihre Haltung Zeugnis vom Wunder der Weihnacht, dessen die Schöpfung bedürftig ist und worauf »alles Warten ... hingezielt« hat (a. a. O.), an dessen Zustandekommen aber niemand unmittelbar beteiligt ist als Vater und Sohn. Indem Maria diesem Wunder näher ist »als sie alle« (a. a. O.) [wie nahe zeigt ja das Bildnis der Maria zur Rechten »mit dem Kindlein auf den Knieen« (a. a. O.)], bedeutet ihr Warten ein für den Glauben fundamentales Einverständnis, daß das »Kommen des Erretters, die Geburt des Heilands ... ein Anfang ohne allen Vergleich, eine Möglichkeit ohne allen menschlich zureichenden Grund sein (wird)« [114]. Indem Maria auf diese Weise zur Wartenden wird, weist sie hin auf das, was dort vor ihren Augen aber eben ohne sie geschieht: »heilige Geschichte«[124] (107). Im Warten willigt sie ein, daß diese heilige Geschichte »nicht zu verwechseln und nicht zu vermischen (ist) mit unserer Geschichte, mit der Weltgeschichte und mit unserer Lebensgeschichte, auch nicht mit unserer innersten, tiefsten, schönsten Lebensgeschichte« (a. a. O.). In der Art der Darstellung auf der linken Seite der Ersten Öffnung wird für Barth deutlich, daß die Weihnachtsgeschichte weder Fortsetzung noch Wiederholung, noch Nachbildung unserer Geschichte ist.

35. u. 36. *1932* in: Kirchliche Dogmatik I/1, [8]1964, S. 115, 277

In § 4 seines Bandes I/1 entfaltet Barth die dreifache Gestalt des Wortes Gottes als verkündigtes, geschriebenes und geoffenbartes Wort. Indem er in vier konzentrischen Kreisen die Voraussetzung der Verkündigung [als (1) Auftrag, den die Kirche erhalten hat, als (2) Gegenstand, der der kirchlichen Verkündigung gegenüber Nachdenklichkeit beansprucht, als (3) Urteil, das die Verkündigung als solche qualifiziert und vor allem als (4) Ereignis, »in dem die Verkündigung zur wirklichen Verkündigung wird« (95)] darlegt, begründet sich aus diesen Voraussetzungen die notwendige Erinnerung an das geschriebene Wort Gottes in den Schriften des Alten und Neuen Testaments: »Der Grund der Erwartung ist dabei offenbar identisch mit dem Gegenstand der Erinnerung« (101). So bestimmt Barth das zu uns redende und als biblische Schriften erinnerte (gehörte) Wort Gottes als das Zeugnis geschehener Offenbarung. Diese Bestimmung findet er konstitutiv in der Aufgabe der Propheten und Apostel beschrieben. Sie bezeugen (und insofern sind die Schriften kanonisch) die Beziehung der Kirche zur Offenbarung und begründen so deren Existenz und insofern ihre Verkündigung als in Wahrheit prophetisch und apostolisch: »Bezeugen heißt: in einer bestimmten Richtung über sich selbst hinaus auf ein Anderes hinweisen« (114). Sie stehen also in einem bestimmten Dienstverhältnis. Alles hängt davon ab, ob sie über sich selbst hinausweisen. Tun sie es nicht, entzieht sich ihnen die Grundlage ihrer Existenz und so ihrer Verkündigung. »Propheten« und »Apostel« sind sie nur, sofern sie unter dem Anspruch bleiben, ihren Dienst »entscheidend unter dem Gesichtspunkt seiner Form als Hinweis hinweg von sich selbst (zu) verstehen« (a. a. O.). In diesem Zusammenhang erfolgt (zwangsläufig) der Verweis auf Johannes den Täufer, der »als Paradidgma für den biblischen Zeugen in der Einheit seiner Gestalt ... zwischen Altem und Neuem Testament, zwischen Propheten und Aposteln« steht und also auf »Grünewalds Kreuzigungsbild«, auf den »ungeheuerlichen Zeigefinger«. Barth fragt: »Kann man nachdrücklicher und vollständiger von sich selbst wegzeigen (illum oportet crescere, me autem minui)? Und kann man nachdrücklicher und realer auf das Gezeigte zeigen, als es da geschieht?« (115).

Im Ersten Kapitel seines 1. Bandes kommt Barth nochmals auf den »Grünewaldschen Johannes« (277) zu sprechen. Barth unterscheidet hier streng das von der Kirche zu verantwortende Reden (ihre Verkündigung) vom Wort Gottes in der Bibel, das dem kirchlichen Reden »als richtende Instanz gegenübertritt und gegenüberstehen bleibt« (273) und also die gegenüber unseren Interpretationen »freibleibende Bibel ist« (a. a. O.). Das Kriterium kirchlicher Verkündigung oder theologischer Arbeit entfaltet sich in strenger Nachordnung. Das »Wir sahen seine Herrlichkeit« (Joh 1,14) gilt unter keinen Umständen von der Kirche,[125] es gilt streng und ausschließlich von den Propheten und Aposteln, denen diese Herrlichkeit als Ereignis widerfuhr und die insofern zu Propheten und Aposteln wurden, als sie aus diesem Ereignis im weiteren nicht eine Voraussetzung zu machen versuchten, von der aus sie in irgendeiner Selbstständigkeit hätten weiter operieren können. Da sie gerade dies nicht taten, wird die Kirche vom Ereignis der Offenbarung nur insofern reden können, als sie sich selbst dem Zeugnis der Propheten und Apostel nachordnet und ihre Verkündigung, ihre ganze Arbeit nicht in dem Sinne als Hinweis versteht, wie es die Propheten und Apostel zu verstehen hatten. Die Aufgabe der Kirche ist eine geringere, sie hat in den Worten der Propheten und Apostel Gottes eigenes Wort zu hören (und sie kann es hören, weil die Propheten und Apostel ihrem Dienst gegenüber Treue gehalten haben!) und von diesem Hören in ihrer Verkündigung und Arbeit Mitteilung zu machen. Insofern besteht die Aufgabe darin, *indirekt* hinzuweisen auf das Ereignis der Offenbarung in der Art der Interpretation des *direkten* Hinweises des biblischen Zeugnisses. Sie macht aufmerksam auf den Hinweis z. B. des Johannes. Aber in diesem Hinweis auf den eigentlichen Hinweis bleibt sie geschützt davor, etwa »Aufdeckung des Heiligen Geistes« betreiben zu wollen[126] oder sich eines »christlichen Prinzips« der Vermittlung des in der Bibel gesprochenen Wortes Gottes bedienen zu wollen (278).

Indem sie gerade so auf eigene »Zeigekraft« (279) verzichtet, gibt sie mit ihrem indirekten Hinweis erst recht ein Zeugnis für die in dieser Sache sich selbst verantwortende Bibel.[127] Im Sinn der dreifachen Gestalt des Wortes Gottes gilt: »Das, worauf wir hinweisen, ist also selbst ein Hinweis« (277).

37. *1932 / 1933* in: Homiletik. Wesen und Vorbereitung der Predigt, 1966, S. 31.33

Im Wintersemester 1932/33 und im Sommersemster 1933 hält Barth in Bonn »Übungen in der Predigtvorbereitung«. In zwei Formeln gibt er den »Versuch einer neuen Deutung« (30): wie in einem geschlossenen Kreis nimmt die Predigt als Gottes Wort ihren Ausgangspunkt (*Woher* der Predigt) in der Inanspruchnahme durch Gott und ist als solche Ankündigung[128] (*Wohin* der Predigt) dessen, was die Menschen von Gott zu hören haben. In der Erklärung beider Formeln, hinter der »letztlich der entscheidende Satz der Christologie von der Einheit Gottes und des Menschen in Jesus Christus (steht)« (31), greift Barth zurück auf Begriffe, die er im Zusammenhang und in enger Anlehnung an seine bisherige Auslegung des Isenheimer Altars, Geschlossener Altar (Kreuzigung) und Erste Öffnung (Engelskonzert) zur Präzisierung dessen gebraucht hat, wie die Haltung der Zeugen zu verstehen sei gegenüber dem betreffenden »Gegenstand« des Glaubens: nämlich »über die menschliche Reflexion hinaus hinzuweisen auf *den* Gegenstand, der in sich selber lebt und webt, der Gegenstand bleibt und nicht Inhalt des Begriffes wird« (a. a. O.). Gegenüber Christus (also im Sinne einer ihm gemäßen Christologie) ist der Zeuge wie ein »Zeigefinger«, der diese Aufgabe »nur gebrochen« erfüllen kann (a. a. O.). Gebrochen insofern, als Predigerinnen und Prediger sich »in der Nachfolge der Apostel als Amtsträger zweiter Ordnung« (51) zu verstehen haben (schon in Nr. 26 hatte Barth auf die doppelte »Subordination« hingewiesen [a. a. O., S. 44].[129] Gegenüber diesen Nachordungen (oder wie er auch sagt: »Distanzen«) »gibt es nur ein Nach-denken des uns gnadenweise vorgegebenen Einzelereignisses« (41). Das Predigtamt kann diesem »Einzelereignis« nur »gebrochen« entsprechen, weil nur die Propheten und Apostel diese Offenbarung in Abstand von ihr direkt empfangen haben (Nr. 26!). Die Predigt ordnet sich dem nach. Als »Zeigefinger« und »Hinweis« auf das Zeugnis der Propheten und Apostel vom

Worte Gottes kündigt die Predigt Gott selbst an. Indem sie es indirekt tut, hält sie den Platz frei dafür, daß sich unter der doppelten Nachordnung jeweils auch tatsächlich Inanspruchnahme und Ankündigung Gottes ereignen.

Warum aber benennt Barth nicht den Isenheimer Altar? Unbeschadet der Vermutung, daß Barth gleichwohl vom Altar gesprochen haben und dies bei der uns als »Homiletik« vorliegenden studentischen Mitschrift verloren gegangen sein könnte, hätte es sich auch und gerade von den Begriffen und ihren Zuordnungen her nahelegen müssen. Nur wenige Abschnitte nach Darstellung seiner neuen Definition von Predigt benennt er aber einen Grund für eine bewußte Unterlassung der direkten Bezugnahme: die Wahrheit Gottes verträgt es nicht, wenn sie »in ästhetischer Form, in Form eines Bildes, einer Nachempfindung, eines ästhetischen Heranholenwollens Jesu Christi« herausgestellt wird (33). Im Sinne der doppelten Subordination und der der Predigt daraufhin zuwachsenden Aufgabe einer »gebrochenen«, »indirekten« Mitteilung über ihren »Gegenstand« würde ein »Heranholenwollen« Jesu Christi im Bild jene Zone von Respekt und Aufmerksamkeit verletzen, die ja die biblischen Zeuginnen und Zeugen (hier auf dem Altarbild z. B. Maria und Johannes . . .) in ihrer Haltung dokumentieren. Sie verzichten ja auf direkte Anschauung (Maria auf dem Altarbild [Erste Öffnung, Menschwerdung] sieht nicht in das Geheimnis: das Kind sieht nicht sie, sondern den Vater an und umgekehrt; und jene Maria, die in ihrer Haltung zum Vorbild wird [Engelskonzert], verharrt in Anbetung am Rande des eigentlichen Geschehens, sowie der Blick des Täufers [Geschlossener Altar] eben nicht am Gekreuzigten in unmittelbarer Anschauung sich festmachen könnte), und bezeugen so die Freiheit Gottes, die darin besteht, daß Gott sich selbst seine eigene Wirklichkeit schafft (im Wunder der Weihnacht und in der Kreuzigung). »Von hier aus wird nicht nur das Christusbild in der Kunst, das Kruzifix in der Kirche, sondern auch die Errichtung geistiger Gottesbilder problematisch« (33).[130] Barth sieht die Gefahr (wir schreiben das Jahr 1932 bzw. 1933) und empfiehlt seinen Studentinnen und Studenten in diesem Augenblick Zurückhaltung.

Im Grunde aber erweist er sich so erst recht als Betrachter des Isenheimer Altars. Mit dessen christologischer (und homiletischer) Aussagekraft entscheidet er sich in einem zeitgeschichtlich bedeutsamen Augenblick gegen die Darstellung des Bildes, um nicht selbst der unglückseligen »Errichtung geistiger Gottes-bilder« Vorschub zu leisten. Gegenüber den Studentinnen und Studenten unterläßt er die ausdrückliche Bezugnahme auf den Altar. Seine Beziehung zu diesem Werk aber läßt er deutlich werden in der Wahl der Begriffe. Barth zitiert sozusagen Grünewald als Theologen.

Was sich bereits im Römerbrief (Erste Fassung) andeutete und sich in den Bezugnahmen insbesondere seit seiner 1. Dogmatik-vorlesung verstärkte, setzt sich in der Tendenz fort: der Isen-heimer Altar hat Barth angeregt, die christologischen Aussagen zu profilieren und homiletisch zu präzisieren.

38. *24. Dezember 1934* in: Brief vom 24. Dezember 1934 von Karl Barth an Eduard Thurneysen (Original im Karl Barth-Archiv in Basel), II. Blatt, Rückseite, Z. 6–17

In der Ausgabe der Basler Nachrichten vom 21. Dezember 1934[131] brachte die Redaktion auf der ersten Seite drei Hin-weise zur Absetzung Barths in Bonn[132]: in der zweiten Spalte unter der Rubrik »Neuestes« wurde die entsprechende Meldung gegeben: »Der *Disziplinargerichtshof* von *Köln* hat Professor D. *Karl Barth*, der, wie erinnerlich, erklärt hatte, er sei zwar bereit, den Beamteneid auf Adolf Hitler zu leisten, jedoch nur mit dem Vorbehalt, ›soweit ich einen solchen Eid als evangelischer Christ verantworten kann‹, *seines Amtes ohne Pensionsberechtigung enthoben.*« Daneben (mit einem Portrait Barths) wurde der Artikel abgedruckt »Prof. Karl Barth in Bonn abgesetzt!«, der auch ein Schreiben Barths an den Rektor der Universität Bonn bezüglich des Eides enthielt. Im Anschluß an diesen Artikel befindet sich eine »Anmerkung der Redaktion: Wie wir zu unserer Genugtuung erfahren, sind *Schritte* im *Gang*, um Karl Barth für die *Universität* seiner *Vaterstadt Basel* zu gewinnen.«

In seinem Brief an Thurneysen nimmt Barth Bezug auf eine typographische Auffälligkeit: Meldung, Artikel und Anmerkung waren jeweils mit einer zeigenden Hand kenntlich gemacht. Barth schreibt: »Es ist ja Alles so seltsam, so bedenklich und auch wieder so erheiternd, Eduard, von den schemenhaften Gestalten jenes Gerichtsgebäudes bis hin zu den zeigenden Händlein in den Basl. Nachr., die dem zeigenden Finger Johannes des Täufers so unähnlich und doch auch wieder so ähnlich sind. Wohin, wohin zeigt das Alles? Als ich abends in Bonn noch einmal über Alles nachdachte, erscholl unten in der Diele, von etwa 25 herbeigeeilten Studenten und Studentinnen angestimmt: ›Nun lob, mein Seel, den Herren, was in mir ist, den Namen sein ...‹ und das Weihnachtslied: ›Nun singet und seid froh ...‹[133] (eine gute, die beste Antwort, nicht?), und alle kamen herauf ins Studierzimmer und hörten sich gefaßt und entschlossen, wie sie sich in den ganzen Wochen gezeigt hatten, an, was zu erzählen war. Und dann tat ich einen gründlichen Schlaf.«

Unähnlich sind die »zeigenden Händlein« dem zeigenden Finger des Täufers darin, daß sie auf einen Inhalt verweisen, der von sich aus den Gehorsam gegen Gott dem Gehorsam gegenüber dem Staat geradezu unverschämt nachordnete. Davon, daß »die Verpflichtung auf den Führer Adolf Hitler für den evangelischen Christen nur einen grundsätzlich durch das Gebot Gottes begrenzten Inhalt haben kann«[134] konnte keine Rede mehr sein: Die »zeigenden Händlein« weisen insofern hin auf eine äußerste Unordnung im Sinne einer mißachteten Vor- und Nachordnung jeweiliger am Zeugnis der Schrift gemessener Zuständigkeiten.

Ähnlich sind sie zum zeigenden Finger des Täufers darin, daß sie durch die Unordnung hindurch erst recht ein Zeugnis ablegen müssen davon, daß dieser Unordnung dadurch widerstanden werden muß und kann, indem ihr gegenüber die Grenze benannt (und bekannt) wird, die das Wort Gottes setzt. Die Studenten und Studentinnen singen: ›Die Gottesgnad alleine / steht fest und bleibt in Ewigkeit / bei seiner lieben G'meine, / die steht in seiner Furcht bereit, / die seinen Bund behalten. / Er herrscht im Himmelreich. / Ihr starken Engel, waltet / seines Lobs und dient zugleich / dem großen Herrn zu Ehren / und treibt sein heiligs Wort! / Mein Seel soll auch vermehren / sein Lob an allem Ort.‹[135]

Barths Hinweis auf den Täufer des Isenheimer Altars hat in diesem für ihn biographisch entscheidenden Wendepunkt eine ihn selbst erbauende Funktion und ist insofern ein anschauliches Kapitel seiner ›praktischen‹ Theologie: der Blick auf den zeigenden Finger des Täufers nimmt dieser gespannten kirchenpolitischen und theologischen Situation den letzten Ernst und führt ein in den allein tröstlichen und erbaulichen Gehalt des Streits. ›Groß ist des Vaters Huld, / der Sohn tilgt unsre Schuld. / Wir warn all verdorben / durch Sünd und Eitelkeit, / so hat er uns erworben / die ewig Himmelfreud. / O welch große Gnad. / O welch große Gnad!‹[136]

39. *12. Dezember 1937* in: Predigt über Mt 11,2–6. In: Fürchte Dich nicht! Predigten aus den Jahren 1934 bis 1948, 1949, S. 156

»Bist du es, der da kommen soll ...?« Wie ist die Frage des Täufers im Gefängnis zu verstehen? Schickt er seine Jünger aus pädagogischer Absicht zu Jesus, damit sie von ihm selbst in ihrem Auftrag bestärkt werden? Oder hat er selbst wirklich nicht gewußt, »ob Jesus der Christus sei« (155)? Oder hat er gar »gezweifelt an dem, was er früher zu wissen meinte« (a. a. O.)? Die letzte Deutung wäre zumindest »geschichtlich und psychologisch« (a. a. O.) gut vorstellbar. Deshalb wird sie von Barth besonders gewichtet und entsprechend bedacht. In Anlehnung an Petrus (Lk 22,32) und Thomas (Joh 20,25) hält Barth auch für den Täufer fest, daß der Glaube zu keinem Augenblick in Frage stand. »Sondern gerade weil er der Prophet war, der einst mit seinem gewaltigen Finger auf Jesus gezeigt hatte (Joh 1,29) und gerade weil er jetzt von den Werken Jesu hörte, ließ er ihn fragen: Bist du der Christus?« (156). Es geht um den Glauben, der fragt. Indem der Glaube fragt, hält er das Verlangen nach immer neuem »Bekommen und Empfangen« (a. a. O.) der Antwort, die Christus allein ist, wach. In diesem Sinne müssen wir gegenüber dieser Antwort die im Glauben Fragenden (»nicht die Unwissenden, nicht die Zweifelnden« [a. a. O.]) bleiben.

40. *1938* in: Kirchliche Dogmatik I/2, [5]1960, S. 137f

Zweimal (Nr. 26.33) bereits hatte Barth sich ausführlich in den beiden der Kirchlichen Dogmatik vorauslaufenden Dogmatik-Vorlesungen dem Isenheimer Altar zugewandt, um die »Bedingung, unter der Christologie allein möglich ist« (137) zu veranschaulichen.

Hatte er noch in seiner zweiten Dogmatik-Vorlesung (Nr. 33) den Begriff der »Urgeschichte« als Hilfe zur begrifflichen Schärfung des Verständnisses der Offenbarung gebraucht, möchte er nun ganz auf diesen Begriff verzichten (I/2, 64). Merkwürdig allerdings ist, daß er in den Kernaussagen nahezu wortwörtlich übereinstimmt mit dem, was er in der Christlichen Dogmatik bereits geschrieben hatte: »Offenbarung ist nicht ein Prädikat der Geschichte, sondern Geschichte ist ein Prädikat der Offenbarung« (a. a. O. und Christl. Dogmatik, S. 311). »Man kann aber nicht zuerst Geschichte sagen, um nachher oder im Beiwort mit irgendeiner Verstärkung und Betonung Offenbarung zu sagen« (a. a. O. und Christl. Dogmatik, S. 312). So irrt Barth auch, wenn er sich in KD I/2 (64) bezichtigt, er habe vormals von »qualifizierter Geschichte« geschrieben. In der Christl. Dogmatik gebraucht er vielmehr den Begriff der »qualifizierten Geschichtlichkeit« (312) und meinte damit, daß die Offenbarung sich durch Gott selbst in Person – »sich selbst als Fleisch, als Menschen« (a. a. O.) – sich in der Geschichte nicht erschöpft, aber als Offenbarung eben so und auf diese Weise geschichtlich wird als der zu uns in Person redende Gott. Schon in dieser Vorlesung hatte Barth darauf hingewiesen, die Geschichte selbst nicht als das offenbare Handeln Gottes verstehen zu wollen (a. a. O.). Um an dieser Stelle nicht Mißverständnissen Vorschub zu leisten (wir schreiben immerhin das Jahr 1933, als Barth seine Vorlesung hält), verzichtet Barth auf den Begriff der Urgeschichte (Barth zitiert ja [KD I/2, 64] bereits jene Literatur, in der dieser oder ähnlich lautende Begriffe eben im Sinn des von ihm ausgeschlossenen Mißverständnisses zuversichtlich gebraucht und empfohlen werden ...). Von der Sache her ergibt sich zwischen beiden Dogmatiken wie auch zur ersten Dogmatikvorlesung keine Differenz.

Das erweist sich auch und gerade im Rekurs auf den Isenheimer Altar! Wie schon in den beiden vorauslaufenden Dogmatikvorlesungen entfaltet Barth auch hier (§ 15: »Das Problem der Christologie«) vom Altarbild her die für die Kirche und ihre Christologie wesentliche Unterscheidung zwischen dem Geheimnis Christi und der Rede von ihm. Bezeichnenderweise betitelt Barth die Erste Öffnung (Engelskonzert und Menschwerdung) als »Hauptbild des Isenheimer Altars« (137). In seiner Betrachtung folgt er seinen beiden vorherigen Darlegungen. Wieder ordnet er die drei Gestalten einander zu: Gott-Vater, Maria und Kind. Wieder geht es um das Motiv der Distanz (Maria) bzw. der Unmittelbarkeit (Vater – Sohn: rechte Seite Erste Öffnung). Die anbetende Maria (linke Seite Erste Öffnung) wird zum Sinnbild der Kirche: »In der Tat: so glaubt und erkennt die Kirche Gott in Christus. Sie kann nicht hinüberlaufen auf die rechte Seite, wo die Herrlichkeit Gottes direkt zu sehen wäre« (138). Was Maria repräsentiert, präzisiert Johannes: So wie die Kirche eben nur indirekt sieht (sie sieht einen Menschen »in einem Licht, dessen Ursprung sie selber nicht sieht«; a. a. O.) [Barth erwähnt in allen drei Vorlesungen jeweils »die hohe dunkle Wand«, die zur linken Seite hin den direkten Zublick unmöglich macht!], so kann auch Johannes der Täufer »auf Grünewalds Kreuzigungsbild« eben »nur zeigen« (und in diesem Falle sogar ohne jede Andeutung von Offenbarung »auf einen elenden, gekreuzigten toten Menschen«) [138].[137] Die Kirche[138] steht nicht selbst im Geheimnis, sie steht ihm gegenüber. »Hier hat die Christologie ihren Ort.«[139]

41. u. 50. *Herbst 1943 / nach November 1964* in: Predigt über Psalm 103,1–4. In: Fürchte Dich nicht! Predigten aus den Jahren 1934 bis 1948, 1949, S. 260; in: E. Busch, Glaubensheiterkeit. Karl Barth. Erfahrungen und Begegnungen, 1986, S. 27

»Wie heilt er alle unsre Gebrechen?« (260). Gott sieht durch uns hindurch »einen ganz anderen Mann mit seinen Gebrechen« (a. a. O.). In einem für Barth sehr ungewöhnlichen (mir ist kein entsprechender Passus in seinem Werk bekannt) Realismus zeichnet er in Worten (anders ist es mir nicht vorstellbar: vor sich über seinem Schreibtisch im St. Albanring die Reproduktion des Kreuzigungsbildes) ein Portrait des Gekreuzigten: »eine Stirne, die blutet von der Dornenkrone, und Hände und Füße, die von den Nägeln des Kreuzes durchbohrt sind, und erlöschende Augen und einen Mund, der nur noch stammeln kann: *Mein Gott, mein Gott, warum hast du mich verlassen*« (a. a. O.). Indem Gott durch uns hindurch diesen Mann ansieht (wie schon in Nr. 3.9.23 der Hinweis auf Jes 53,4f: *Er trug unsere Krankheit!* Und: *Durch seine Wunden sind wir geheilt!*), wird uns Heilung zuteil. Das Kreuzigungsbild Grünewalds gibt bis ins Detail das wieder, was Barth in Worte faßt. Das Licht, das die Gestalt des Gekreuzigten auf dem Kreuzigungsbild (schräg von rechts oben kommend) umgibt, wird zum Hinweis genommen dafür, daß Gott diesen Mann in seiner ganzen Gebrechlichkeit »mit seiner Herrlichkeit (umgeben hat)« (a. a. O.).

Daß das Kreuz Jesu zugleich die Fülle seiner Gottheit offenbart[140] und also das Kreuz »die *frohe* Botschaft des Karfreitags«[141] (Hervorhebung R. M.) als Gottes eigenes Werk bezeichnet, davon berichtet Eberhard Busch, der ab Januar 1966 für die erkrankte Charlotte von Kirschbaum als Mitarbeiter Karl Barths gewonnen werden konnte, in seinem Büchlein (S. 27): »Zu Gast war bei Barth ein jüngerer Theologe, der eben ein vielbeachtetes Buch vorgelegt hatte. Doch der Gastgeber war nicht zufrieden und hielt seinem Besucher entgegen[142]: ›Ihr Gott kommt mir ein bißchen pover vor‹! Alles Heil bestehe in der Erkenntnis des ›ewig reichen Gottes‹. Da wies der Angesprochene auf jenes Bild über dem Schreibtisch hin: ›Da bitte, Gott ist auch ein poverer, ärmlicher Gott!‹ Darauf Barth: ›Aber, lieber Herr Kollege, wie können Sie das sagen! Das ist ja eben die Offenbarung des ›*ewig reichen*‹ Gottes, daß er arm wurde um unsretwillen.‹«[143]

42. *13. April 1945* in: Brief an Dr. Hermann Heisler, Agra (Kanton Tessin). In: Offene Briefe 1945–1968, hg. von D. Koch (GA, Abt. V), 1984, S. 31

In einem Brief an Barth wenige Wochen vor Ende des Krieges hatte sich H. Heisler u. a. auf das Auferstehungsbild des Isenheimer Altars bezogen: »Der Auferstandene schwebt in einer leuchtenden Gloriole entmaterialisiert über den am Boden sich windenden Schergen und über den geborstenen Trümmern seines alten Grabes.« Angesichts des Elends, das Deutschland über die Juden und Völker gebracht hat und in Erwartung einer Revanche, die die Alliierten über Deutschland bringen werden, wünscht sich der Absender, daß »dieses Bild endlich einmal aus den geistigen Innenräumen von Idealisten, aus den Studierstuben von wenigen Einzelnen, hinausdringen (möge) in den Alltag einer von innerem und äußerem Leid gepeinigten Menschheit« (30).

Barth antwortet unter Bezugnahme auf das Altarbild, indem er die dort abgebildete Auferstehungsbotschaft in Beziehung setzt zu den sich stellenden Aufgaben: »Wir Christen dürfen alleweil von dort herkommen, wo ohne unser Tun Alles schon ins Gleis und in Ordnung gebracht ist ... Eben darum können und dürfen wir uns selbst und die menschlichen Dinge, so finster sie uns anschauen mögen, nicht fallen lassen« (31f).

Gerade das Bürgertum hat mit seinen Idealen mitgeholfen, zwischen einem »Innen- und dem politischen Außenraum einen Unterschied und dann doch auch einen Zusammenhang zu ›konstruieren‹«, der ihm »auch erlaubte und sogar gebot, auf Markt und Straßen nun doch ganz anderen Göttern passive, aber leider doch weithin auch sehr aktive, schweigende, aber wirklich nicht nur schweigende, sondern leider auch sehr beredte Reverenz zu erweisen« (a. a. O.). Grünewalds Altarbild bezeichnet weder Idylle noch das Grauen (deshalb hat Barth auch keinen Bezug auf die

Zweite Öffnung genommen, wo Idylle [Antonius und Paulus] und Grauen [Versuchung] auf den beiden Flügeln dargestellt sind . . .), sondern ermutigt zur Unterscheidung der Geister und hilft, das Geschuldete »mit kalte(m) Blut« (32) zu tun. In diesem Fall geht es bei aller inneren und äußeren Dramatik ganz undramatisch um die erforderliche politische Vernunft, mit analytischer Schärfe erst einmal in bezug auf den Nationalsozialismus »mit ihm, seinen Ursachen und Folgen, zu einem Ende zu kommen und jenseits dieses Endes neu anzufangen« (39).

43. *1948* in: Kirchliche Dogmatik III/3, ²1961, S. 577[144]

Innerhalb seiner Lehre von der Schöpfung, im Ersten Kapitel (Der Schöpfer und sein Geschöpf), äußert sich Barth im § 51 (Das Himmelreich, Gottes Botschafter und ihre Widersacher) in einem langen Exkurs zum Begriff »Engel Jahves« (569–577). In einem abschließenden Absatz nimmt Barth Bezug auf jene kindlichen Vorstellungen von den Engeln, die u. a. auch aus Darstellungen in der Kunst herrühren. Ob sie nun lieblich oder schrecklich bezeichnet werden, es führt an dem vorbei, was sie in Wahrheit sind: »Der Engel ist immer genau das, was Gott ihm zu sein befiehlt« (567). Im Sinne purer Anschauung sind sie also jeweils »weder groß noch klein, weder schrecklich noch lieblich, weder dunkel noch hell« (577). Indem sie Engel *Gottes* sind, bezeugen sie in ihrem Sein jeweils etwas vom Wesen Gottes. Was ihnen jeweils nachzusagen ist, oder was man ihnen besser nicht nachsagt, das ist immer auch eine Frage jenes Respekts, ob man im Engel etwas vom Wesen Gottes selbst erkennt. Im Verkündigungsbild der Ersten Öffnung des Isenheimer Altars (linker Flügel) findet Barth eine Darstellung des Engels, »in denen man jedenfalls ernste Annäherungen an das, was hier zu tun und zu unterlassen, an das Überlegene, das hier aufzuzeigen wäre, erkennen darf« (a. a. O.).

44. *22. Januar 1952* in: An die »Basler Nachrichten«. In: Offene Briefe 1945–1968, hg. von D. Koch (GA, Abt. V), 1984, S. 296

In einem Leserbrief greift Barth zu der in Basel auch öffentlich besprochenen Problematik ein, ob ins dortige Münster farbig gestaltete Chorfenster[145] eingesetzt werden sollen. Dem Brief

Barths ist zu entnehmen, daß es sich hierbei u. a. auch um die Frage einer »Abbildung Jesu Christi« (295) gehandelt hat.

»Kein Mensch (und gemeint ist der Künstler, R. M.) hat ... die Autorität und das Recht, die Aufmerksamkeit der Gemeinde ausgerechnet an sein Christusbild zu binden, und wenn dieses noch so fromm empfunden wäre« (296). Aufmerksamkeit beansprucht streng und ausschließlich das Wort der Schrift. Dessen Verkündigung will gerade als lebendige Verkündigung die Gemeinde Sonntag für Sonntag »von etwa eingedrungenen eigenmächtig geformten Bildern reinigen« (a. a. O.). »Das Christusbild auf der Scheibe aber hat die fatale Eigenschaft, unveränderlich sich selbst gleich zu bleiben, sich der Gemeinde dauernd aufzudrängen und in dieser Beharrlichkeit ein Hindernis der fortwährend notwendigen Neugeburt der Verkündigung und des Glaubens zu sein« (a. a. O.).

Es ist auffällig, daß Barth im Laufe der Jahre in seinem theologischen Werk immer seltener auf den Isenheimer Altar Bezug nimmt. Die Reproduktion des Kreuzigungsbildes bleibt aus gewichtigem Grund über seinem Schreibtisch im Studierzimmer hängen: es stiftet ihn gerade zum Nach-Denken an. Aber immer weniger macht Barth öffentlichen Gebrauch von seiner »optischen Nachhilfe« (Nr. 51). Am Ende entscheidet sich Barth mit Grünewald gegen ein Christusbild in der Kirche und also mit Grünewald gegen Grünewald. In tiefsinnigem Humor, der die ganze Dialektik seiner Grünewaldrezeption in dieser Frage und überhaupt charakterisiert, schreibt er bezüglich des bevorstehenden Referendums: »Ich würde also am kommenden Sonntag ein *Nein* einlegen, auch wenn Matthias Grünewald selber wiederkommen würde und dann, wie es sich gehört, in der Konkurrenz den ersten Preis erhalten hätte« (a. a. O.). Weil aber eine solche Dialektik offensichtlich schwer zu vermitteln ist, weil die Versuchung zur fixierten Anschauung stärker ist als die vom Bild ausgehende Herausforderung zum jeweiligen *Nach*-Denken der Tatsache, daß *Gott* sich offenbart hat, beläßt es Barth mehr und mehr bei einer persönlichen Betrachtung des Kreuzigungsbildes. Theologische Erkenntnisse in Anschauung des Altars teilt er uns hierüber jedenfalls schon lange nicht mehr so ausführlich und häufig mit wie noch in jenen aufwühlenden 20er und frühen 30er Jahre.

Ein reparaturbedürftiges Chorfenster offenbart wieder einmal den gefährlichen Grundzug menschlichen Unterfangens: die

Versuchung zur Restauration, zur scheinbaren Modernen, die am Ende nur die eigene Trägheit[146] verstärkt, gegenüber dem Gegenstand des Glaubens Kopf und Herz eben nicht frei zu haben.[147]

45. 25. September 1956 in: Die Menschlichkeit Gottes, ThSt 48, 1956, S. 3

Im Jahr seines 70. Geburtstages hält Barth anläßlich eines Vortrages in Aarau (unweit von Safenwil ...) Rückschau. Es geht ihm nicht darum, sich in einen Gegensatz zu seiner theologischen Arbeit der 20er Jahre zu bringen,[148] sondern die vollzogene Wendung nachzuzeichnen und zu verstärken, die sich im Titel des Vortrages ausdrückt: die Menschlichkeit Gottes.[149]

Nicht um eine nachträgliche Zurücknahme des damals Gesagten soll es gehen[150], sondern wie »in einem neuen Ansatz und Angriff, in welchem das zuvor Gesagte erst recht, nur eben besser, zu sagen ist« (7). In seiner »Einführung in die evangelische Theologie« hat Barth später dann abschließend nochmals Rechenschaft über die sich dem Theologen stellende Aufgabe gegeben. Daß er 1956 seine Arbeit kritisch besieht, bedeutete nicht, billigerweise Korrekturen anzubringen, die die Zeit und ihre (theologische) Mode verlangte, sondern war geradezu ein Strukturmerkmal seiner theologischen Arbeit überhaupt: »Tröstlich und ermutigend kann ihm (dem Theologen, R. M.) die Erinnerung an Gestern nur sein, sofern sie die Erinnerung daran sein könnte, daß sie schon gestern mit dem Anfang anzufangen hatte und hoffentlich angefangen hat. Fortfahren heißt in der theologischen Wissenschaft immer: noch einmal mit dem Anfang anfangen.«[151]

Daß Barth in seiner Rückschau bereits in den ersten Sätzen seines Vortrages auf Grünewalds Kreuzigungsbild zu sprechen kommt, dokumentiert die Bedeutung dieses Werkes für die theologische Arbeit Karl Barths: »Was wir in der damaligen Wendung entdeckten, war die in ihrem ganzen Grauen so einleuchtende Majestät des Crucifixus, wie Grünewald ihn gesehen und dargestellt, und desselben Künstlers gewaltig in dieses Heiligtum hineinzeigender Finger Johannes des Täufers: *Illum oportet crescere, me autem minui.* Unverkennbar, daß uns die Menschlichkeit Gottes damals aus der Mitte an den Rand, aus dem betonten Hauptsatz in den weniger betonten Nebensatz rückte« (3).

In einer durch »das Versagen gerade der Ethik der damals modernen Theologie beim Ausbruch des ersten Weltkrieges« (6) verursachten Krise u. a. in der Theologie und der daraus resultierenden Frage, wie man nach einem solchen Versagen »insbesondere Prediger« (a. a. O.) sein könne, kam es im Hören auf »die Stimme des Alten und Neuen Testaments« (a. a. O.) zu jenen Entdeckungen von Literaten, Philosophen und Künstlern, die verstehen halfen, worin das Neue besteht. Es war der »unerbauliche Gekreuzigte« (Nr. 23), der sich hier Gehör verschaffte: schroff und leidenschaftlich, weil man in Religion und Theologie, in Glaube und Kirche die eigene Menschlichkeit nur allzu gut und allzu gerne mit der Menschlichkeit Gottes amalgamiert und kombiniert hatte (vgl. Nr. 28). »Hatten wir recht oder unrecht?« fragt Barth. »Wir hatten schon recht« (6), antwortet er sogleich.

Daß Barth diesen Rückblick auf das jeweilige Anfangen in Theologie und Kirche unter Bezugnahme auf die Kunst Grünewalds hält, ist von nicht zu vernachlässigender Bedeutung für das Verständnis der Rezeption des Altars in Barths Gesamtwerk. Der Altar steht in der Fragestellung nach der Entwicklung der Theologie Karl Barths für Kontinuität in dessen theologischer Existenz.

46. *1959* in: Kirchliche Dogmatik IV/3, 1959, S. 912

In seiner Geschichte der protestantischen Theologie im 19. Jahrhundert spricht Barth vom »Raum der Kirche«[152] und nimmt damit eine *Ortsangabe* vor für eine bestimmte sich dort stellende *Aufgabe*. Indem sich diese Aufgabe stellt, erfüllt sie zugleich an diesem Ort eine ebenso bestimmte *Funktion*. Den materialen Gehalt dieser Funktionszuweisung macht Barth fest im Begriff vom »Sein der Kirche«, das Jesus Christus ist.[153] Ekklesiologie ist Explikation der Christologie. Deshalb gilt für die Gemeinde, daß sie Christus »nur in genauer, ehrlicher und nüchterner Entsprechung zu seinem Kommen im Fleisch getreu sein und bleiben« kann (S. 829). Sie ist Nachbild des »Vorbildes« (a. a. O.) Christus und insofern »seine irdisch-geschichtliche Existenzform« (S. 867). Wer den »Raum der Kirche« betritt, betritt keinen leeren Raum: was in ihm gedacht, geredet, gehört oder unterlassen oder getan wird, »soll und kann ja dem Worte Gottes selbst auf alle Fälle nur als Herold vorangehen, um ihm Raum und Respekt zu verschaffen« (S. 845).

Der Auftrag dieser Sendung besteht im Hinweisen (S. 912.995) auf den Grund und das Ziel aller Existenz. Es geht um die in Christus offenbare »große, umfassende Bejahung« (S. 912), es geht um das Bezeugen »der Güte des allein Guten, der Güte *Gottes*« (S. 913). Der Güte des solidarischen[154] Gottes entspricht die »wirkliche Gemeinde Jesu Christi ... in der es Menschen gegeben wird, sich selbst als mit der Welt *solidarisch* zu erkennen und zu verhalten« (S. 884; vgl. auch S. 886). Gott als der in Christus des Menschen »Freund« (S. 913), als der »Immanuel, der ›Gott mit uns‹« (S. 914) bedingt die der Gemeinde gestellte Aufgabe: »Der Mensch als des Menschen Mitmensch...« (S. 915).

In ihrer Solidarität zur Welt steht die Gemeinde aber der Welt zugleich gegenüber[155], denn »es geht um eine sehr bestimmte, scharf umrissene, vor Verwechslungen mit anderen nach allen Seiten wirksam geschützte Sache« (S. 912). Erkenntnis des wahren Gottes und des wahren Menschen und die Begegnung zwischen ihnen, jene wahre und des Begriffes würdige Solidarität findet exklusiv statt in der durch den Namen Jesus Christus bezeichneten Geschichte. Er ist eben nicht bloß deren »Exponent, Zeichen, Symbol, Chiffre« (S. 912), sondern wie ihr Grund so ihr Ziel, damit ja doch gerade »der der Erkenntnis des Evangeliums *entbehrende* und aufs höchste *bedürftige* Mensch« (S. 923) den Grund auch seiner Menschlichkeit erfährt.

Barths Verweis auf das Zeigen des Grünewaldschen Täufers geschieht aus der Sorge, daß die wahre Menschlichkeit gerade da verfehlt wird, wo man sich selbst imstande sieht, das zu tun, wozu Christus bestenfalls den Anstoß gegeben hätte. So aber gilt: »Man zeigt nicht über ihn hinaus, sondern mit Johannes dem Täufer auf ihn, man redet nicht von einem von ihm verschiedenen Anderen, wenn man dieses Ja und den Inhalt des Auftrags seiner Gemeinde nennt« (S. 912).

47. *12. Oktober 1960* in: Protokoll des Gesprächs zwischen Prof. Dr. K. Barth und Vertretern der Brüdergemeine. – In: civitas praesens. Ein Gespräch in der Brüdergemeine, Nr. 13, Mai 1961, S. 22

Im Rahmen eines Gesprächs zwischen deutschen, niederländischen und schweizerischen Vertretern der Brüdergemeine in Räumen der Basler Herrnhuter Brüdergemeine kam man auch

auf das Bilderverbot (2. Gebot) zu sprechen. Barth führt aus:
»Wir sind sicher dispensiert von der Anfertigung eines Bildes.
Aber wenn überhaupt ein Bild, dann das des Erniedrigten. Mich
hat seinerzeit Grünewalds Kreuzigungsbild stark beeindruckt.
Aber vielleicht sind einige Fehler meines Römerbriefes durch
Grünewald bedingt. Ich würde das Bild nicht in der Kirche
aufstellen. Es würde für die Gemeinde nicht gut sein, denn der
Auferstandene ist bei Grünewald nicht sichtbar. Er findet sich in
einem merkwürdig anthroposophisch wirkenden Licht auf der
Klappe (Barth meint den rechten Flügel der Ersten Öffnung –
R. M.). Aber eben: Der Erniedrigte ist auch der Erhöhte. Schon
deshalb ist ein Bild nicht sinnvoll, weil es nicht vollständig sein
kann« (22). In der Aussage bewegt sich Barth in den Bahnen
seiner seit der Homiletik-Vorlesung getroffenen Entscheidung
gegen die Christusdarstellung im Kirchenraum. Was meint Barth
aber unter Bezugnahme auf seinen »Römerbrief« und welchen
seiner frühen Kommentare meint er?

Insbesondere in der Ersten Fassung (Nr. 1) äußert er sich zum
Leiden Christi als Gegenstand bildlicher Darstellung bei Dürer
(Erhabenheit / Schönheit) und Grünewald (befreiendes Leiden).
Barth rühmt an Grünewalds Kunst (immerhin hatte er sich in
seiner Zensur weit vorgewagt, als er behauptete: »Diese Kunst ist
von Gott« [a. a. O., 164]) die Art der Zuordnung der Figuren zu
dem Gekreuzigten, die sich nicht durch etwaige Bewunderung
des Leidenden aufdrängen (oder eher gar noch sich vor dem
eigentlichen Anspruch durch Bewunderung entschuldigen),
sondern aus dem Abstand heraus hinweisen auf die für sie sich
ereignende »radikale Erneuerung« (a. a. O.). In der 2. Auflage
(Nr. 19) verstärkt Barth den Gedanken des Abstandes zum
Gekreuzigten im Begriff der »Todeslinie«. »Am Rande der Kunst
Grünewalds« (Nr. 19) ereignet sich Unanschaulichkeit in
Veranschaulichung des Gekreuzigten. Umgekehrt gilt entsprechend: der Erniedrigte ist als der Erhöhte nicht darstellbar, wie
Grünewalds Auferstehungsbild analog zum Kreuzigungsbild
zeigt. Die Zielsetzung damals galt der Frage nach der Möglich-
keit des Glaubens angesichts seiner Unmöglichkeit im gegenüber
zu Gott. Das dieser Frage angemessene Bild des Gekreuzigten
(Grünewalds Leidender gegen Dürers Erhabenheit) unterstützt
noch einmal Barths damaligen Gedankengang des qualitativen
Unterschieds.

In jenem Gespräch mit den Vertreten der Brüdergemeine

verwirft Barth diese Möglichkeit einer Argumentationshilfe durch Grünewald, weil dieser Versuch dem Mißbrauch Vorschub leistet, sich *überhaupt* ein angemessenes Bildnis vom Gekreuzigten (oder Auferstandenen) machen zu wollen. Sichtbar wird jeweils nur das Unvollständige, das als Reflex eigener Unvollständigkeit (oder im Falle Dürer: die dargestellte Erhabenheit als Reflex auf ersehnte, aber entbehrte eigene Erhabenheit) die Begegnung mit dem lebendigen, freien Gott unter Wort und Sakrament behindert. Grünewald *und* Dürer zielen in die gleiche Engführung. Grünewald selbst freilich hat das in seiner Kunst zum Ausdruck gebracht:»Der Auferstandene ist bei Grünewald nicht sichtbar«. Weiter als er kommt man nicht. Das ist sein Verdienst, an dieser Stelle als Künstler Distanz[156] gewahrt zu haben und aus dieser Distanz heraus in seiner Kunst auf die freie Stelle hingewiesen zu haben. Im Raum der Kirche kommt diese Aufgabe der Predigt zu. Sie tut es jeweils im neuen Hören und also im Wagnis neuen Gehorsams. Das Bild von Gott würde das jeweilige Anfangen erschweren, behindern oder gar vereiteln.[157]

Ein Teilnehmer des Gesprächs nimmt den Gedanken von Barth auf und verstärkt:»Es gibt eine Predigt Zinzendorfs über das zweite Gebot, in der er sagt: Das Bild Gottes ist jetzt der Heiland. Wir haben ihn, nichts daneben« (22).

48.   *1967*   in: Kirchliche Dogmatik IV/4, 1967, S. 68

In einem Exkurs innerhalb des 2. Teiles seiner Tauflehre (»Die Taufe mit Wasser«) bedenkt Barth die Gestalt Johannes des Täufers und insbesondere den Sinn der von ihm praktizierten Taufe mit Wasser (67–73). Das Wirken des Täufers ist qualitativ unterschieden vom Wirken Jesu[158] und in dieser bewußten Unterscheidung auf das Wirken Jesu bezogen: indem Johannes mit Wasser tauft, weist er hin auf jenen kommenden Täufer, der mit dem Heiligen Geist (und Feuer) taufen wird. Damit es diesbezüglich zu keiner Überschätzung des Johannes (und demzufolge zu einer Unterschätzung Jesu) kommt, bedeutet die Wassertaufe des Johannes ein Freihalten der noch leeren Stelle,[159] ein Hinweisen auf jenen, der kommen wird. So und in dieser Weise erfolgt die Charakterisierung des Johannes in stillschweigend vorausgesetzter Anspielung auf das Grünewaldsche Altarbild (aber unter ausdrücklichem Hinweis auf Joh 3,30): er »ist schlechterdings der Mann mit dem ausgereckten Finger« (68).

49. *(1961) 1976*   in: Das christliche Leben. Die Kirchliche Dogmatik IV/4, Fragmente aus dem Nachlaß. Vorlesungen 1959–1961, hg. von H.-A. Drews und E. Jüngel (GA , Abt. II), 1976, S. 431

Karl Barths ›Kirchliche Dogmatik‹ blieb unvollendet. Dem noch von ihm selbst 1967 herausgegebenen Fragment seiner im Rahmen der Versöhnungslehre im Sommersemster 1960 vorgetragenen Tauflehre (§ 75) KD IV/4 wurden 1976 der § 74 und (die im Sommersemster 1961) vorgetragenen §§ 76–78 im Rahmen der Gesamtausgabe vorgelegt. In der Hauptsache besteht dieser Band in der Auslegung des Vater Unser, die mit der Erklärung der zweiten Bitte abbricht. »In Entfaltung dessen, was Taufe, Vater Unser und – wie vorgesehen, aber nicht mehr durchgeführt – Abendmahl für Begründung und Zielsetzung christlicher Ethik bedeuten, war ursprünglich geplant, in Entsprechung zu dem KD III/4 bestimmenden Begriff der *Freiheit* den der Treue zu explizieren. Jedoch modifizierte Barth diese Konzeption dahingehend, daß er die der Weisung Gottes entsprechende freie menschliche Tatantwort und also die Ethik im Begriff der ›Anrufung Gottes‹ festmachte.«[160]

Im § 78 (Der Kampf um menschliche Gerechtigkeit) kommt Barth in Entfaltung der Bitte »Es komme dein Reich!« (399– 450) auf die Isenheimer Figur des Johannes und seinen »von sich selbst weg weisenden Finger« zu sprechen (431). In Anlehnung an Ps 2,4 bezieht Barth das »Reich der Unordnung«, in dem »die vom Menschen verschuldete Ungerechtigkeit« sich als solche »wohl von Gott lösen, sich ihm gegenüber selbständig machen und absolut setzen« möchte, auf die diesem Reich entgegentretende »*Grenze*« in der »Hoheit und Macht der Existenz eines anderen Reiches: als Gottes Reich . . . « Daß die Menschen in Gott »ihre Grenze haben, das wird aber schon mitten in ihrem Bereich schlicht darin sichtbar, daß der Christ, daß die christliche Gemeinde betet: ›Es komme dein Reich!‹« (399). In der Tat solcher »Anrufung« (400) bezeugt die Gemeinde die »Grenze, die dem Reich der menschlichen Unordnung gesetzt ist« (a. a. O.). In ihrem Zeugnis entspricht sie damit der geschenkten Freiheit, indem sie durch ihr Gebet »nicht in Fortsetzung jenes tief problematischen Kreislaufs« (401) die Unordnung nurmehr vermehrt, sondern gerade umgekehrt durch ihr Gebet als Tat der Anrufung das ganz andere Reich bezeugt, »das in Gestalt der

Bitte um sein Kommen nicht nur fern, sondern auch nahe, schon Gegenwart ist« (400). Indem sie so betet, ist ihr Gebet »Reflex des großen Neuen des Reiches Gottes inmitten und gegenüber der Unordnung und Dämonisierung des menschlichen Daseins: selber schon das prophetische Zeichen der ihr gesetzten Grenze« (403). Insofern ist dieses Gebet in seiner Gestalt als Bitte »unvermeidlich« (423), es richtet sich »ganz allein« (a. a. O.) an Gott und trägt als Bitte insofern in sich »die rückhaltlose Gewißheit ihrer Erhörung« (424).

»Und nun dürfte es auf die naheliegende Frage: Was denn im Neuen Testament mit der Gegenwart des Reiches Gottes, mit seinem schon Ereignis gewordenen Kommen gemeint sein möchte? doch wohl nur eine befriedigende Antwort geben« (429). Es geht in der Bitte um das Kommen Seines Reiches um die Geschichte Jesu Christi, als der Geschichte seines Lebens und Leidens, die Geschichte des Mittlers und als solche die Geschichte seiner Hingabe: Joh 1,14!

Diese »Erscheinung« (430) des Reiches Gottes in Jesus Christus bedeutet nun nach dem Zeugnis der Schrift nicht eine der endgültigen Überwindung der Ungerechtigkeit und Unordnung wohl entsprechenden, aber eben doch nur vorauslaufenden Erscheinung (was dann zu bedeuten hätte, daß die Frage des Johannes im Gefängnis am Ende ihre Antwort wäre, daß nämlich die Geschichte Jesu Christi eben nicht fundamental zu streiten, siegen und überwinden in der Lage gewesen ist und Jesus also im besten Sinne zum »Original« (431) des Reiches Gottes ein diesem gerecht werden wollendes »Bild« (a. a. O.) abgeben hätte und insofern bestenfalls ein Beispiel für den Glauben aber nicht als Grund des Glaubens gelten dürfte). Im Sinne der dreifachen Gestalt des Wortes Gottes wendet Barth ein: »In diesem Verhältnis (Original-Bild, R. M.) kann man sich die Beziehung zwischen dem Zeugnis der Apostel und dann auch zwischen dem Kerygma und Dogma der christlichen Gemeinde und dessen Gegenstand und Inhalt vorstellig machen« (431). Die Geschichte Jesu Christi also nur als eine dem noch ausstehenden Original entsprechende Erscheinung verstehen zu wollen, hieße jene in der Bitte um das Kommen seines Reiches gesetzte Grenze nicht mehr zu wahren und Jesus selbst auf jener Ebene stehen lassen zu wollen, wo er nicht mehr Subjekt gebietenden Glaubensgehorsams ist, sondern Objekt eigener (des Christen und der Gemeinde) Glaubensgeschichte. Es entscheidet sich in der Frage nach der Bedeutung und dem Inhalt dessen, was (wer!) Reich Gottes ist auch und besonders das Glaubensverständnis. Der Glaubensgrund konstituiert sich [»senkrecht von oben her« (402)![161]] nicht als Hypostase eines auf einen vorgestellten Erlöser projezierten Glaubens, der reziprok eben immer nur diese Projektion nachgerade fordern und fördern kann. Auf diese Weise findet allerdings keine Unterbrechung »jenes tief problematischen Kreislaufs« (401) statt, ja dieser Kreislauf wird geradezu künstlich am Leben erhalten. Die Grenze halten, bedeutet hier: sich in seinem Glauben bezogen wissen auf jenes Reich, das, indem um sein Kommen gebetet wird, schon nahe ist in der Geschichte Jesu Christi. Theologisch markiert Barth diese Unterscheidung zwischen Original und Bild in Anschauung des Altars (Erste Öffnung, Kreuzigung): »Nur Vorläufer und Herold des gekommenen und kommenden Reiches ist mit Johannes dem Täufer und seinem von sich selbst weg weisenden Finger eben die ganze Tätigkeit der Gemeinde von den Tagen der Apostel bis auf unsere Tage: ihr Predigen, Lehren und Unterrichten, ihre Taufe und ihr Abendmahl, ihre Seelsorge und Diakonie im engeren wie im weiteren Sinn dieser Begriffe. Das Alles ist ein einziges, großes« (431). Nicht aber bei Jesus Christus! »Hier – nur hier! – ist significare und esse nicht zweierlei, sondern Eines« (a. a. O.). »Im Verhältnis des Glaubensgrundes zum Glauben gehen ontische Transzendenz und noetische Immanenz zusammen, so zwar, daß beide Momente faktisch untrennbar verbunden sind, daß sie aber vom theologischen Denken genau zu unterscheiden sind, wenn es nicht entweder Theorie isolierter Heilsfakten oder zur Theorie des absoluten Glaubens kommen soll.«[162]

51. *30. September 1968* in: Brief an Frau N. N. in Württemberg. In: Briefe 1961–1968, hg. von J. Fangmeier und H. Stoevesandt (GA, Abt. V), 1975, S. 503

Barth kommt in seinem Brief an eine ungenannte Frau, die ihm von ihrer Zuneigung zu Mozarts Kirchenmusik geschrieben hatte, auf die Bedeutung der Mozartschen Messen zu sprechen, in deren Texten er seine »dogmatischen Thesen« zusammengefaßt sieht. So hing in seinem Studierzimmer eben auch ein Portrait Mozarts. Und – in Ergänzung dazu, weist er auf das ihm unmittelbar gegenüber an seinem Arbeitsplatz befindliche Grünewaldsche Passionsbild hin, das – so Barth – »zur optischen Nachhilfe seit 50 Jahren ... vor mir hängt« (503).

Wir haben versucht, den Weg der veröffentlichten Rezeption dieses Altars innerhalb dieser 50 Jahre anhand der Quellen nachzugehen. Das Wesentliche wird verborgen bleiben, weil die Unmittelbarkeit zwischen Betrachter und Bild nicht Gegenstand eines Nachvollzugs sein kann. Karl Barth hat sich dieser Nachhilfe gerne und reichlich gestellt. Als alt gewordener Mann (»ich selbst gehe im 83. Lebensjahr« [a. a. O.]) nimmt er seinen Platz vor jenem Bild ein wie schon vor 50 Jahren: als Lernender, als ein dieser optischen Hilfe Bedürftiger, als ein jeweils mit dem Anfang Anfangender. »Eben in dieser Umgebung entstand und bewegte sich mein bißchen Glaubenserkennen seit Jahrzehnten und Jahrzehnten« (a. a. O.), schreibt Barth und fügt Mk 9,24 an: »Ich glaube; hilf meinem Unglauben.«

Die Motive des Altars

1. Der Geschlossene Altar (Kreuzigung):

1.1. Crucifixus: Nr. 1. 2. 3. 6. 9. 13. 22. 23. 25. 26. 28. 33. 37. 40. 41. 45. 47. 50.

1.2. Johannes der Täufer: Nr. 2. 3. 9. 10. 12. 13. 27. 32. 33. 36. 37. 39. 40. 46. 48. 49.
– Blick: Nr. 2.
– Hand / Finger: Nr. 1. 10. 11. 13. 14. 18. 21. 26. 27. 29. 30. 33. 35. 37. 38. 39. 40. 45. 48. 49.
– Fuß: Nr. 31.

– Spruch: Nr. 1. 9. 12. 18. 32. 35. 45. 48.

1.3. Lamm: Nr. 3. 9. 27. 29. 39.

1.4. Maria: Nr. 1. 3. 9. 13.

1.5. Jünger Johannes: Nr. 3. 9. 13.

1.6. Maria Magdalena: Nr. 1. 3. 9. 13.

1.7. Salbbüchse: Nr. 3. 9.

2. Der Geöffnete Altar (Erste Öffnung)

*2.1. Linke Seite
(Engelskonzert):*
- Maria: Nr. 15. 26. 33. 34. 37. 40.
- Engel mit Szepter und Krone: Nr. 15.
- Wand: Nr. 26. 33. 40.
- Tempel: Nr. 26. 33. 34. 40.
- Propheten: Nr. 34.
- Vorhang: Nr. 26. 33. 34. 40.
- Engel: Nr. 26. 33. 34. 40.
- Glasgefäß: (Nr. 40)

*2.2. Rechte Seite
(Menschwerdung):*
- Gott-Vater: Nr. 9. 13. 26. 33. 37. 40.

- Kind: Nr. 9. 13. 15. 26. 33. 34. 37. 40.
- Maria: Nr. 9. 15. 26. 33. 34. 40.
- Anbetung der Engel: Nr. 5. 9. 13. 37. 40.

*2.3. Linker Flügel
(Verkündigung):*
- Engel: Nr. 13. 15. 43.
- Maria: Nr. 13. 15.

*2.4. Rechter Flügel
(Auferstehung):*
- Der Auferstandene: Nr. 7. 8. 13. 42. 47.
- Soldaten: Nr. 7. 8.

3. Grünewalds Kunst:
   Nr.: 1. 4. 6. 13. 15. 16. 17. 19. 20. 22. 24. 25. 28. 35. 37. 44. 47.

4. Reproduktion über dem Schreibtisch: Nr. 4. 28. 51.

Distanz und Hinweis

Die Sichtung der Bezugnahme Barths auf den Isenheimer Altar ergibt folgenden Eindruck: Barth bezieht sich auf den Geschlossenen Altar (ohne die beiden Flügel) sowie die Erste Öffnung (jeweils ohne Predella): Kreuzigung, Verkündigung und Menschwerdung (mit Engelskonzert) und Auferstehung. Eine Vielzahl von Bildern sowie Skulpturen bleibt unerwähnt: die Flügel des Geschlossenen Altars (Sebastian und Antonius) und die gesamte

Zweite Öffnung (vorrangig mit Motiven aus dem Leben des Antonius) mit Predella (Christus inmitten der Apostel). Barth beschränkt sich auf die Kunst Mathias Grünewalds und in dieser Kunst auf jene Teile, die in ihrer Unterscheidung und Bezugnahme Aussagen machen über das Christusverständnis, das Gottesverständnis und das Verständnis vom Menschen angesichts der Offenbarung. Mehr und mehr betrachtet Barth den Altar als eine Komposition von Bildfolgen, die in ihrer rechten Zuordnung zum Ausdrucksmittel theologischer (christologischer) Gedankenführung werden. Den Hauptertrag seiner Betrachtung hat er bis 1933 (Nr. 37) im wesentlichen formuliert. In seiner Homiletik-Übung formuliert Barth diesen Ertrag in bezug auf sein Predigtverständnis (die Bezugnahme in KD I/2 [1938, Nr. 40] ist im wesentlichen eine Wiederholung seiner Gedanken aus Nr. 26 und Nr. 33). Es ist bezeichnend, daß er aber im gleichen Atemzug, da er sein Ergebnis formuliert, zugleich die bildliche Darstellung Jesu in der Kirche problematisiert. Es geht ihm um die dem abgebildeten Gegenstand (in diesem Fall um das Geheimnis der Freiheit Gottes) gegenüber angemessene theologische Haltung. Wie soll gedeutet werden, was Offenbarung ist? Wer sind jene, die es uns verbindlich deuten in den Schriften Alten und Neuen Testaments? Wie deuten wir heute die Offenbarung angesichts der in der Bibel dokumentierten Deutung?

Man muß sich erinnern, zu welchem Zeitpunkt Barth den Isenheimer Altar für sich entdeckt. Das Versagen der liberalen Theologen gegenüber der Kriegspolitik Kaiser Wilhelms II. sowie die aktive Teilnahme der von Barth als fortschrittlich erachteten politischen Kräfte an der Kriegsführung bedeuteten zumindest eine Zäsur in seiner theologischen Arbeit.[163]

Zusammen mit Eduard Thurneysen wendet er sich dem Studium der Quellen, der Bibel[164], zu und entdeckt Weggefährten, die lange zuvor mit Leidenschaft an den gleichen Fragen interessiert waren, z. B. Fjodor M. Dostojeweski, über den Thurneysen ein damals vielbeachtetes Büchlein geschrieben hatte.[165] In diesem Büchlein hatte Thurneysen ebenfalls auf den Isenheimer Altar verwiesen, indem er die Kunst Grünewalds mit der Kunst Dostojewskis verglich. Wir spüren die Zeitenwende, in der damals der Isenheimer Altar für diese Theologie zu sprechen begann: »Gleich dem Antonius des Isenheimer Altars (Zweite Öffnung, rechter Flügel, R. M.), der nur mitten in der Hölle dämonischer Anfechtung Gottes Antlitz in der Höhe zu erblicken vermag, so bricht die Morgendämmerung des neuen Tages, die bei Dostojewski sichtbar wird, nicht anders als in der tiefsten Nacht menschlicher Fragwürdigkeit an. Dostojewskis eigenes Wort ist das Zeugnis: *Mein Hosianna ist durch das grosse Fegefeuer des Zweifels hindurchgegangen.* Darum bleibt es dabei: nicht irgendeine fertige Antwort und Lösung hat uns Dostojewski zu geben. Seine Lösung besteht in einer grossen Auflösung: seine Antwort ist eine Frage, die eine, brennende Frage nach dem Wesen des Menschen. Aber wer sich auf diese Frage einlässt, der wird erfahren, dass gerade diese Frage voller Antwort ist« (13).

Wie also kann so von Gott und also vom Menschen geredet werden, daß es nicht wieder zu jener »täppischen Vertraulichkeit« (Nr. 28, S. 152), jenem »vertraulich-distanzlose(n) Umgehen« (Nr. 25, S. 146) mit Gott, zu jenem Kombinieren und Amalgamieren kommt (vgl. Nr. 28, S. 152), an dessen Ende (und also doch am Anfang) wieder das Loblied auf jenen Typus von Mensch gesungen wird, der in die Beziehung mit Gott so viele gute Eigenschaften und Erkenntnisse mitbringt, daß Gott mehr und mehr unter diesen Eigenschaften verschwindet und jeweils als Erfüllungsgehilfe aufzutauchen pflegt für das, was der Mensch zu tun oder zu lassen gedenkt. Das Grauen des I. Weltkrieges (Thurneysen spricht von »der Hölle dämonischer Anfechtung«) soll gewiß nicht den Menschen *daraufhin* kleiner und Gott größer machen, sondern es soll der Unterschied wahrgenommen werden, ein Unterschied, aus dem sich Aussagen jeweils über das Wesentliche machen lassen. Es geht nicht darum, dem Menschen etwas zu nehmen, sondern ihm etwas zu geben: einen *Halt*, von dem aus er leben kann.

Wie finden die Figuren auf dem Isenheimer Altar ihren Halt? Was tuen sie in welcher Disziplin? Oder: was müssen sie unterlassen? Barth beschreibt sie als Figuren, die eine Distanz beachten, eine Subordination, eine strenge Nachordnung (Nr. 1. 5. 23. 25. 26. 33. 34. 37. 38. 40.).[166] In das Geheimnis der Offenbarung dringt niemand ein: »Nur der Vater in seiner unerforschlichen Höhe sieht den Sohn, und nur der Sohn selbst ... sieht den Vater« (Nr. 26, S. 186; Nr. 33, S. 340; Nr. 40, S. 137 [dort auch jeweils als Merkmal der Distanz der Hinweis auf die »hohe dunkle Wand« der Ersten Öffnung, linke Seite]; Nr. 9, S. 352). Der Altar wahrt in der Art der Darstellung an dieser Stelle eine Grenze.[167] Der Geschlossene Altar dokumentiert diese Grenze als eine »Todeslinie«: Das »opus alienum Dei«, »der unerbauliche Gekreuzigte« (Nr. 23, S. 82), offenbart Negation im Sinne der Verweigerung von fortwährender Bestimmung des Wesens Gottes als einer Kategorie menschlicher Geschichte (als z. B. einer *bewundernswürdigen* Geschichte eines *erhabenen* Leidenden und womöglichen Vorbildes *eigener* Erhabenheit[168]). Gott aber ist analogielos; zu dem Opfer, das er erbringt, ist der Mensch nicht fähig.

Erkenntnis über ihn – so Barth in Betrachtung des Altars – findet deshalb auch nur *indirekt* statt (Nr. 26, S. 186; Nr. 33, S. 340f.; Nr. 36, S. 277; Nr. 37, S. 31, Nr. 40, S. 138)[169]: den Vater erkennt man nur im Licht des Sohnes und umgekehrt (Erste Öffnung, Menschwerdung). Wie im Augen-Blick zwischen Vater und Sohn die denkbar größte Distanz überwunden ist, so sehr ist die Überwindung dieser Distanz das Distanz gebietende rettende Handeln Gottes, das – indem der Mensch angesichts dessen »zurückbleibt« (Nr. 1, S. 164), in »Ferne« bleibt (Nr. 5, S. 319), »abnimmt« (Nr. 12, S. 86), »im Abstand verharrt« (Nr. 26, S. 186), »wartet« (Nr. 14, S. 382, Nr. 17, S. 93, Nr. 34, S. 107)[170] – eben gerade menschliches Leben nicht aufhebt, sondern es erst recht begründet. Bevor von (theologischer) Haltung geredet werden kann (der I. Weltkrieg hatte das klägliche Scheitern eben gerade besonderer ethischer und theologisch motivierter Haltungen entlarvt – wie später ja doch auch der Nationalsozialismus in seiner Ideologie), macht der Altar in seiner Kunst deutlich, daß die Haltung *nicht* das Entscheidende ist, sondern daß *Gott selbst* das Entscheidende *tut* (Nr. 2, S. 277; Nr. 49, S. 431). In diesem Tun liegt der Anspruch auf Respekt (Rbr. II, S. 14; Nr. 27, S. 441; Nr. 43, S. 577) und Disziplin (Nr. 27, S. 441)[171]. Wer sich in dieser Zone bewegt, wird zum Wissenden (Nr. 9, S. 351; Nr. 13, S. 91; Nr. 32, S. 169; Nr. 34, S. 107; Nr. 39, S. 156).[172]

An zwei Gestalten führt Barth eine dem Wissen um die Offenbarung gemäße Haltung vor: Johannes der Täufer (Geschlossener Altar) und Maria (Erste Öffnung, linke Seite, Engelskonzert) demonstrieren in ihrer ganzen Haltung, daß sie dem Geheimnis in Aufmerksamkeit und Respekt gegenüberstehen (Nr. 26, S. 186f; Nr. 33, S. 341; Nr. 40, S. 138).[173] Der überlang ausgereckte Finger (Nr. 1, S. 164; Nr. 14, S. 382; Nr. 18, S. 106; Nr. 26, 186f; Nr. 27, S. 444; Nr. 29, S. 4; Nr. 30, S. 128; Nr. 33, S. 341; Nr. 37, S. 31; Nr. 38, Nr. 39, S. 156; Nr. 40, S. 138; Nr. 45, S. 3; Nr. 48, S. 68; Nr. 49, S. 431) wird zum Anlaß für sein diesbezügliches Kennwort »Hinweis« (Nr. 1, 164; Nr. 13,

S. 92; Nr. 15, S. 1775; Nr. 21, S. 135; Nr. 23, S. 82; Nr. 35, S. 114; Nr. 36, S. 277f; Nr. 37, S. 31; Nr. 46, S. 912). In seinem Vortrag »Der Christ als Zeuge«, den Barth am 7. August 1934 anlässlich einer internationalen Sommerkonferenz in der Nähe von Coppet im Kanton Waadt gehalten hatte[174], nimmt er im o. a. Sinne Bezug auf Johannes den Täufer, ohne direkt (aber eben doch *indirekt*) das entsprechende Altarbild zu erwähnen: »Johannes der Täufer, dieser wirkliche Zeuge, ist ganz und gar *Hinweis* ohne eigene Subsistenz, ohne eigene Wichtigkeit, als eben die, daß er zeugt, daß er hinweist. Das ist seine Größe, daß er von sich selber weg und auf diesen anderen hinweist. Joh 3,30: *Er muß wachsen, ich aber muß abnehmen*«. In seinem am 11. September 1934 vor einer Versammlung Schweizer Pfarrer im Kanton Neuenburg gehaltenen Vortrag »Der Dienst am Wort Gottes«[175] verstärkt Barth: »Der Apostel aber versteht unter *Lehre* ... den streng disziplinierten, weil ganz an seinem Gegenstand gebundenen Hinweis auf den Herrn des Menschen, sein Wort, seinen Willen, sein Handeln.«

Daß sich in diesem Zusammenhang einer der Subordination dieser Zeugen[176] im Sinne einer nachgeordneten Subordination der Kirche (Nr. 27, S. 441.444; Nr. 29, S. 4; Nr. 36, S. 273.277; Nr. 49, S. 431) die Frage ihrer Verkündigung und Predigt[177], ihres Zeugnisses stellt, gehörte ebenso zur wesentlichen Erkenntnis, die Barth aus der Betrachtung des Altars filtert. Was er christologisch an Erkenntnis gewinnt, findet eine homiletische Zuspitzung.[178] Der Ort nämlich, wo sich die Frage nach dem angemessenen Reden über Gott und den Menschen stellt, ist die Predigt. Barth selbst hat im Alter in diesem Sinne seine eigene theologische Arbeit gewichtet. In einer Predigt in der Basler Strafanstalt über 2. Kor 12,9 (Meine Gnade genügt dir) bemerkt Barth zu diesen vier Worten: »Sie genügen – was ich von meinen Büchern von ferne nicht sagen könnte. Was an meinen Büchern Gutes sein möchte, könnte höchstens darin bestehen, daß sie von ferne auf das hinweisen, was diese vier Wörtlein sagen.«[179]

Gegenüber einer sich verselbständigenden Kunst in der Kirche bleibt Barth deshalb zunehmend kritisch. Es geht nicht gegen die Kunst, es geht ihm (dafür soll ja die doppelte Subordination Sorge tragen) um die Freiheit Gottes und die auf diese Freiheit hinweisenden Zeugnisse der Bibel. Insofern die Bibel ein Dokument der Freiheit Gottes ist, beansprucht sie ihrerseits eine Auslegung, der gegenüber keine falschen Bindungen die Einzigkeit Gottes (als des wirklich freien Gottes) einzuschränken vermögen. Es geht also nicht um die Kunst im allgemeinen, es geht um die Funktion der Kunst im Raum der Kirche. So wenig für die Kirche in dieser Frage eine Zone bestünde, in der sie nicht zur Aufmerksamkeit und zum Respekt gegenüber dem ihr aufgetragenen Gegenstand aufgerufen wäre, so wenig kann sich die Kunst im Raum der Kirche dieser Nachordnung und dem damit verbundenen Anspruch entziehen. Die Zuständigkeiten von Kirche und Kunst gelten nicht als eigendynamisch wirkende Kräfte, sondern sind gebunden. Gerade die Kunst im Kirchenraum ist an dieser Stelle besonders gefährdet, weil die Bilder, die sie herstellt, zur Trägheit gegenüber der eigenen Verantwortlichkeit gegenüber der Freiheit Gottes führen können.

Der Altar und die Lehre vom Wort Gottes

Barth nimmt in seinen drei Dogmatikvorlesungen jeweils im Rahmen der Entfaltung der Lehre vom Wort Gottes Bezug auf den Altar. Innerhalb seiner Dogmatikvorlesungen behält Barth das in seiner ersten Vorlesung (1924) ausgeführte Strukturprinzip der dreifachen Gestalt des Wortes Gottes bei:
1. Kapitel: Das Wort Gottes als Offenbarung (§§ 3–7)
2. Kapitel: Das Wort Gottes als heilige Schrift (§§ 8–10)
3. Kapitel: Das Wort Gottes als christliche Predigt (§§ 11–13).
In seiner zweiten Vorlesung (1927) entfaltet Barth (wie schon 1924 nach einer vorausgehenden Ortsbestimmung zu Aufgabe und zum Auftrag dogmatischer Arbeit) das theologische Programm der »drei Gestalten des Wortes Gottes« in einem 1. Kapitel (§ 4) in umgekehrter Reihenfolge:
1. Das Wort Gottes als Predigt
2. Das Wort Gottes als Kanon
3. Das Wort Gottes als Offenbarung
4. Die Einheit und Dreiheit des Wortes Gottes.
Im 2. Kapitel expliziert Barth diese drei Gestalten des Wortes Gottes in konzentrischen Kreisen[180] von innen nach außen:
Die Offenbarung Gottes
Die heilige Schrift
Die Verkündigung der Kirche.

70

Ein neues Strukturmerkmal tritt allerdings hinzu: das aus der ersten Vorlesung übernommene Gliederungsprinzip wird ergänzt durch die Einbringung einer zweiten Ebene. Barth entfaltet jeweils die Gestalt des Wortes Gottes an dem ihm zugrunde liegenden trinitätstheologischen Gehalt. Damit die Lehre von der dreifachen Gestalt des Wortes Gottes nicht als formales (orthodoxes[181]) Prinzip mißverstanden werden kann, überbietet Barth seine Auslegung durch eine diese Gliederung durchbrechende und überlappende Dynamik. Zusätzlich zu den drei Kapiteln über die Gestalt des Wortes Gottes treten nun drei Abschnitte über den trinitätstheologischen Gehalt, wobei die jeweiligen Paragraphen die jeweilige Durchbrechung bzw. Überlappung von Gestalt und Gehalt zur Darstellung bringen. So ergänzt also Barth zu den drei Kapiteln 1927 folgende Abschnitte:

1. Abschnitt: Der dreieinige Gott (Kap. 2)
2. Abschnitt: Die Fleischwerdung des Wortes (Kap. 2)
3. Abschnitt: Die Ausgießung des heiligen Geistes (Kap. 2–4).

In der Kirchlichen Dogmatik (I/1 und I/2) behält Barth dieses dynamische Gliederungsprinzip bei. Nach einer Ortsbestimmung (§ 3: Die kirchliche Verkündigung als Stoff der Dogmatik) ist der § 4 überschrieben: »Das Wort Gottes in seiner dreifachen Gestalt«:

1. Das verkündigte Wort Gottes
2. Das geschriebene Wort Gottes
3. Das geoffenbarte Wort Gottes
4. Die Einheit des Wortes Gottes.

Analog zur 2. Dogmatikvorlesung (1927) bestimmt er im zweiten, dritten und vierten Kapitel das theologische Programm der dreifachen Gestalt des Wortes Gottes wieder von innen nach außen:

Die Offenbarung Gottes
Die heilige Schrift
Die Verkündigung der Kirche.

Wieder durchbricht er dieses Gliederungsprinzip bzw. läßt es überlappen durch die den trinitätstheologischen Gehalt entfaltenden Abschnitte:

Erster Abschnitt: Der dreieinige Gott
Zweiter Abschnitt: Die Fleischwerdung des Wortes
Dritter Abschnitt: Die Ausgießung des Heiligen Geistes.

Die Lehre von der dreifachen Gestalt des Wortes Gottes in der Theologie Karl Barths bedeutet keine starre Festlegung der Sukzession der drei Gestalten des Wortes. Gerade durch die trinitätstheologische Dynamisierung der Lehre von der dreifachen Gestalt des Wortes (repräsentiert durch die Überlappung der dreifachen Gestalt durch die Entfaltung des 3. Artikels in allen drei Gestalten des Wortes) kann die Sukzession nicht als voneinander abgesetzte und aufeinander folgende Sukzession verstanden werden. Vielmehr sind die auf die Offenbarung des Wortes folgenden Phasen durchdrungen vom ›Christus praesens‹. Sie sind »Ereignis des bevollmächtigten *Vikariates* Jesu Christi«.[182] Dieses Vikariat ist also »gewiß kein exklusives, sondern ein *inklusives* Vikariat ... Die Fleischwerdung ist keine Episode.«[183]

Die Erwähnung des Altars (Erste Öffnung, Engelskonzert und Menschwerdung – sowie Geschlossene Darstellung, Kreuzigung) findet jeweils im gleichen Zusammmenhang in der Darstellung der zentrifugal wirkenden innersten Gestalt des Wortes Gottes [1924: Das Wort Gottes als Offenbarung; 1927: Die Offenbarung Gottes; KD I/1 und I/2: Die Offenbarung Gottes] unter christologischem Aspekt statt (ab 1927 jeweils im 2. Abschnitt der trinitätstheologischen Entfaltung): 1924 (Die Menschwerdung Gottes), 1927 (Die Fleischwerdung Gottes) und KD I/2 (Die Fleischwerdung des Wortes). Jeweils äußert sich Barth zu dem Altar im Rahmen seiner Ausführungen zur Verhältnisbestimmung von »Christologie und Christus« (1927) bzw. über »Das Problem der Christologie« (KD I/2). Der Altar ist für Barth in viererlei Hinsicht von Bedeutung:

1. Der Altar stellt bildlich dar, was Barth in Entfaltung der dreifachen Gestalt des Wortes Gottes jeweils an zu beachtenden Distanzen und Beziehungsgeflechten zur Erläuterung seines theologischen Programms im Rahmen seiner Lehre vom Wort Gottes zur Darstellung bringt.

2. Der Altar stellt bildlich dar, wie Barth sich den christologischen Gehalt der zu beachtenden Distanzen und der Beziehungsgeflechte denkt. Insofern unterstützt der Altar in seinem Programm die von Barth gemeinte angemessene Verhältnisbestimmung von Christologie und Christus selbst.

(Zu 1. und 2. vgl. auch insbesondere Nr. 49!)

3. Der Altar dokumentiert für Barth die Dynamisierung der Lehre vom Worte Gottes durch die Darstellung ihres trinitätstheologischen Gehalts.

4. Wenn man innerhalb der Darstellung der Lehre vom Wort Gottes Barths dreimaligen Rekurs auf den Altar (und dem

vorgeordnet auf das beibehaltene [dynamische] Gliederungsprinzip seiner drei Dogmatikvorlesungen) berücksichtigt, bedeutet dies für die Frage nach der Einheitlichkeit der Theologie Karl Barths bis hin zur Entfaltung der den Begriffen »Distanz« und »Hinweis« entsprechenden Inhalte in der Versöhnungslehre eine positive Beantwortung.

Der Altar und die Aufnahme der Anliegen der Kennworte Distanz und Hinweis im Rahmen der Versöhnungslehre (KD IV/1)

Im Rahmen seiner Versöhnunglehre entfaltet Barth im § 62 (›Der Heilige Geist und die Versammlung der christlichen Gemeinde‹) die Bedingungen einer »subjektiven Realisierung der Versöhnung« (719) als einer Lehre von der Kirche in ausdrücklicher Voraussetzung u. a. der §§ 16–18 in KD 1/2. Damit ruft Barth die Lehre von der dreifachen Gestalt des Wortes Gottes in Erinnerung und reklamiert sie für seine Darstellung der Apostolizität der Kirche.[184]

Apostolizität ist »ein konkretes Kriterium« (796), »eine, die einzige nota ecclesiae« (797): »›Apostolisch‹ heißt: in der Nachfolge, in der Schule, unter der maßgebenden Autorität, Belehrung und Anleitung der Apostel, in Übereinstimmung mit ihnen, weil auf sie hörend und ihren Auftrag aufnehmend« (798). Indem die Apostel »das irdisch-geschichtliche Medium seiner (Jesu Christi) Selbstkundgabe sind . . ., in deren Mitte er auf Erden, in der Geschichte, als das Fleisch gewordene Wort Gottes gewohnt hat, die ihn in der Knechtsgestalt seines Fleisches, aber auch in seiner Herrlichkeit gesehen, gehört, betastet haben . . .« (802), wurden sie seine »unmittelbaren Zeugen« und »gehören . . . in besonderer, in einmaliger Weise mit ihm zusammen« und nehmen »teil an seiner irdisch-geschichtlichen Sonderstellung«, in der sie »der Fels« sind, »auf den er seine Gemeinde bauen wollte, gebaut hat und noch baut« (802) durch ihr Zeugnis, das sie von »Gottes Versöhnungstat« (721) geben.

Zweierlei demonstrieren die Apostel insofern: sie sind Zeichen für *Gottes* Erwählung, Berufung und Einsetzung (802f) und also für sein freies Subjektsein und: sie sind in dieser exklusiven

Erwählung Zeichen dafür, daß der Mensch »weder einen Arm, noch eine Hand, noch auch nur einen Finger hat, der als solcher zur aktiven Teilnahme an Gottes Versöhnungstat weder fähig, noch auch nur willig ist« (721). So wenig sie selbst der Versöhnungstat etwas hinzuzufügen hätten (sie haben sie in Christus eben nur »gesehen, gehört, betastet« [802])[185], so sehr kann in der Gemeinde das Zeugnis der Apostel von diesem Ereignis und Geschehen »gerade nur gehört, selbständig aufgenommen und weitergegeben, nicht aber überboten und durch kein anderes ersetzt werden ..., das sich im ganzen Sein, Aufbau, Leben und Werk der Gemeinde immer wieder als ihr, das apostolische Zeugnis, behaupten und bestätigen muß. Denn in ihm vernimmt sie *sein* Selbstzeugnis. Indem sie die Apostel zu sich reden läßt, läßt sie ihn in ihrer Mitte das Wort führen. Indem sie sich nach ihnen richtet, richtet sie sich nach ihm« (802). So wenig also die Apostel gegenüber der Versöhnungstat eine selbständige Haltung einnehmen könnten, so wenig der Gemeinde gegenüber.»Wer sie hört, hört ihn« (803)![186]

Barth hält an der Lehre von der dreifachen Gestalt des Wort Gottes fest[187]: »Was wir als die Apostolizität und so als das Merkmal der wahren Kirche kennen gelernt haben, ist natürlich in der Sache identisch mit dem, was man in ganz anderem Zusammenhang der Dogmatik die Autorität der Bibel als Quelle und Norm kirchlicher Existenz, Lehre und Ordnung[188] – das ›Schriftprinzip‹ zu nennen pflegt« (805).[189] In diesem Zusammenhang spricht Barth vom Respekt gegenüber dem Kanon (807),[190] von der strengen Konzentration (808) in z. B. der Predigt[191] auf die Erkenntnis von und das Bekenntis zu Jesus Christus. Beachtung, Respekt und Gehorsam (807) im Sinne einer Nachordnung [das Ereignis der Offenbarung haben wir eben nur »vermittelt durch die Botschaft jener ersten Zeugen« (814)] bedeutet tätige Wahrnehmung einer Platzanweisung: wer in diesem Sinne glaubt »befindet sich dann in der Mitte seines Daseins nicht da oder dort, sondern an diesem ganz bestimmten, mit keinem anderen zu verwechselnden Ort außerhalb seiner selbst« (830).

Die Lehre von der dreifachen Gestalt des Wortes Gottes profiliert sich in der Versöhnungslehre insofern, als sie ihre Pointe darin erfährt, daß sich unter ihrer neuerlichen Entfaltung die »Konstituierung des christlichen Subjekts« (837) beschreiben läßt.[192]

In Darlegung der »Tat des Glaubens« (846–872) als »Anerkennen«, »Erkennen« und »Bekennen« führt Barth uns wiederum »in die Schule des Schriftzeugnisses« (854): »Er ist der Herr, Er der Überlegene, Er der Meister, den weder die Propheten und Apostel durch ihr Wort von ihm ersetzen, dem sie mit ihrem Wort vielmehr nur dienen wollten, und den erst recht die Kirche nicht mit dem Wort ihrer Verkündigung ersetzen, dem auch sie und gerade sie mit ihrem Wort nur dienen wollen kann. Ihn anerkennt der christliche Glaube« (850). Es geht um jeweils »sich unterordnende Kenntnisnahme« (848). »Er (der Glaube) ist ihr (der Heilstat Gottes) grundsätzlich nach- und untergeordnet« (867) im Sinne einer doppelten Nach- und Unterordnung: in bezug auf die Aufgabe der Erkenntnis Jesu Christi hat diese Erkenntnis im Zeugnis der Schrift und in der Verkündigung der Kirche »wie ihren Grund so auch ihre Grenze und ihr Maß ... In dem damit abgesteckten Raum und nur dort ist sie vollziehbar« (853).[193]

Im Kennwort »Distanz« hatte Barth diese Nach- und Unterordnung, ihre Grenze und ihr Maß auch und gerade in Anschauung des Altars schon als Kriterium christlicher Predigt formuliert. Unter dem Aspekt der Apostolizität fokussiert Barth sein Kennwort im Hinblick auf die »Konstituierung des christlichen Subjekts« (837).

Indem solche Kenntnisnahme (anerkennend und erkennend) stattfindet, »ist sie sofort auch Kenntnisgabe«: »Er (der Lichtglanz Gottes) bricht gewissermaßen durch ihn (den Glauben) hindurch, indem er ihn selbst hell macht« (868).

Wie der Finger des Täufers (eben gerade umgekehrt als jener der auf S. 721 erwähnte Finger ...) auf den Lichtglanz Gottes in Gestalt des fleischgewordenen Wortes hinweist (»Alles im Hinweis auf diese Realität« [808]), so bricht durch Marias Glauben dieser Lichtstrahl hindurch, indem sie das helle Licht des Wunders der Menschwerdung Gottes selbst hell macht.[194]

Karl Barths Haltung zum Christusbild in der Kirche

Eingrenzung des Problems

»Wir sind immer noch das Land des Bildersturms«, hat Karl Barth einmal über »Die kirchlichen Zustände in der Schweiz« festgestellt.[195] Er selbst allerdings war *kein* Bilderstürmer.[196] Seine Absage an das Christusbild war keine Absage an die »Sinnenfreudigkeit«[197] und schon gar keine Absage an die Künstlerinnen und Künstler und ihre Kunst.[198] Vielmehr geschah sein Nachdenken in dieser Frage »in allem geziemenden Respekt vor dem Können der großen und vor dem guten Willen auch der kleineren Künstler«[199] und also entsprechend ihrer ausgeübten Kunst in »Ehrfurcht vor menschlicher Größe«[200], so daß in bezug auf den Künstler und sein Werk zu gelten hat, »daß die Abwertung und Negation des Menschlichen im einzelnen wohl gelegentlich praktische, zeichenhafte, aber nie grundsätzliche und allgemeine Bedeutung haben kann. Und auch nicht haben darf!«[201]

Aus diesen Bemerkungen wird aber auch deutlich, daß Barth aus einer gewissen Distanz heraus der (insbesonderen modernen) Kunst gegenübersteht. Er gesteht ein, daß er für sie »einfach kein Sensorium« hat[202], fügt aber gleichzeitig an: »Ein negatives Urteil ihr gegenüber habe ich nicht auf Lager, habe darum m. W. auch nie ein böses Wort über sie gesagt.«[203] So wäre Barth auch gegen seine Intention ausgelegt, wollte man aus seiner Theologie eine allgemeine Theorie von der Bedeutung oder – im kehrum – von der Bedeutungslosigkeit der Kunst in der Kirche herauslesen wollen. Sein ihn bewegendes Thema war in dieser Frage speziell und ausschließlich das Christusbild – nicht als Objekt künstlerischen Schaffens oder kunstwissenschaftlicher Betrachtung, sondern hinsichtlich dessen Standort und der sich damit verbindenden Funktion: es stellte sich ihm die Frage nach dem Christusbild im Raum der Kirche.[204] Sehr konkret wurde ihm diese Konstellation zum Problem: was war geschehen, daß die Kirche Künstlerinnen und Künstler nicht nur »nicht gewarnt, sondern aufgemuntert!«[205] hatte, sich am Gegenstand des

Christusbildes zu versuchen? Barth antwortet auf diese Frage streng theologisch im Rahmen seiner Lehre von der Kirche.[206] Damit stellt Barth nicht die Frage nach dem sich in der Verhältnisbestimmung von Kunst und Kirche stellenden *künstlerischen* Problem. Man mag das bedauern oder gar kritisieren[207]; Barth ist in bezug auf das Christusbild im Raum der Kirche um gedankliche Klarheit bemüht. Nicht nur die Kunst muß wissen, was sie tut (weiß sie es?!), wenn sie den Raum der Kirche betritt, auch die Kirche muß wissen, was sie tut (weiß sie es?!), wenn sie von der Kunst einen Beitrag erwartet. Nicht-Wissen in dieser Frage würde bedeuten, womöglich Konkurrenzen zu schaffen, die darauf hinauslaufen, daß man sich gegenseitig in seinem Tun neutralisiert. Barths Position, von der aus er die Frage stellt, ist alles andere als diffus: »Die Kirche ist für uns nicht der Ort für Stimmungen, sondern der Ort, wo geredet u. gehört wird.«[208] An diesem Ort rücken alle Begriffe in ein besonderes Licht: »Sie werden samt u. sonders eschatologisch, d. h. sie begreifen samt u. sonders das Vergehen dieser Welt u. das Kommen des Reiches Gottes ... Sie sind Antworten, indem sie Fragen sind. Sie sind Mitteilungen über Gott, indem sie Gott nach Maßgabe des 2ten Gebotes tunlichst verhüllen. Sie setzen Offenbarung voraus und sind Hinweis auf Offenbarung. Nicht weniger, aber auch nicht mehr.«[209]

Die Problematik des Christusbildes als Folge des Gottesbegriffes

Mit der Darstellung der Rezeption des Isenheimer Altars und innerhalb dieser Darstellung der Entfaltung der im Rahmen seiner Dogmatikvorlesungen in Anschauung des Altars getroffenen christologischen und homiletischen Grundentscheidungen wird eine Weichenstellung in der Art und Weise theologischer Arbeit sichtbar: »Was die moderne Gottesfrage geradezu methodisch unterschlägt, jenes Ereignis, um dessentwillen Altes und Neues Testament entstanden sind, das Ereignis der Zuwendung Gottes zum Menschen, in welchem Gott selbst sich aus einem *un*bekannten zu einem *bekannten* Gott gemacht hat, wird zum Ausgangspunkt, zum qualifizierten Anfang der Theologie Karl

Barths.«[210] Diese Behauptung könnte allerdings dahingehend mißverstanden werden, daß man sich auf Grund der Bekanntgabe Gottes ihm gegenüber in eine Unmittelbarkeit versetzt sehen dürfte in direkter Anschauung seiner Gegenständlichkeit. »Seine Gegenständlichkeit ist die besondere, die schlechthin einzigartige Gegenständlichkeit *Gottes*. Und dem entspricht: daß diese Erkenntnis die *besondere*, die schlechterdings *einzigartige* Erkenntnis des Glaubens ist.«[211] Einzigartig ist diese Gegenständlichkeit gerade darin, daß sie in der Menschheit Jesu Christi erst recht als »Gottes Selbsterniedrigung und Selbstentfremdung ... das Verdecktwerden seiner Gegenständlichkeit durch die so ganz andere Kreatur«[212] bedeutet. Er bleibt gerade als der menschgewordene Gott dem Menschen ein Rätsel. Diese Aussage bedeutet eben nicht einfach eine noetisch eingestandene Unzulänglichkeit gegenüber der ontischen Überlegenheit Gottes, sondern der Verborgenheit Gottes (der Begriff der Verborgenheit Gottes ist im Grunde ein Synonym für den Begriff der Freiheit Gottes) entspricht es, daß unser Erkennen sich selbst unter dem Verdikt der Verborgenheit Gottes vollziehen muß.[213] Das schließt das Mißverständnis aus, als ob Gott in seiner Selbstoffenbarung sich als des Rätsels Lösung seiner eigenen Verborgenheit ein quasi menschenfreundliches und für den Menschen in Anschauung des Menschen Jesus ein erkennbares Wesen gäbe. Indem Gott sich aber als der *Unbekannte* bekannt, als der *Verborgene* offenbar, als der *Unsichtbare* sichtbar macht, bleibt er wesentlich der, der er ist: »Zwischen Gott und uns steht Gottes *Verborgenheit*, in der er uns fern und fremd ist, sofern er nicht – aber das geschieht nicht in Aktualisierung unserer Fähigkeit, sondern im Wunder seines Wohlgefallens – von sich aus Gemeinschaft zwischen sich und uns stiftet und schafft.«[214] Gemeinschaft bedeutet hier nicht die Schnittmenge sich überschneidender Kreise von göttlichem Wesen und menschlicher Erkenntnis, sondern sich selbst in Wahrnehmung der besonderen Gegenständlichkeit Gottes sich seiner von ihr unterschiedenen und so auf sie bezogenen Gegenständlichkeit bewußt[215] werden.

Wir nähern uns der Problematik des Christusbildes. Barth verankert seine Anfrage daran sachlich in seiner Gotteslehre. Wo sich die Gegenständlichkeit Gottes gerade des unmittelbaren Zugriffs menschlicher Erkenntnis entzieht und das Fundament der Gemeinschaft von Gott und Mensch als Akt der freien Gnade Gottes festgemacht wird (»Weil die Gemeinschaft zwischen Gott und uns durch Gottes *Gnade* begründet ist und Bestand hat, darum ist Gott uns verborgen.«[216]), muß es um des Menschen willen etwas zu bedeuten haben, daß er im Glauben vor die begriffliche Unantastbarkeit[217] Gottes gestellt wird. Bilder, die wir uns von Gott machen (müssen[218]), Bilder aller Art, werden dann Gott in seinem Wesen (also in seiner Gegenständlichkeit) treffen, ihn also nicht verfehlen, wenn sie etwas vom Wesen dessen in sich tragen, den sie bezeichnen wollen. Das Bilderverbot hält so in Spannung: Wirklichkeit Gottes als Gestaltwerdung und Wirklichkeit Gottes als Grenze gestalthafter natürlicher Gotteserkenntnis. So sehr Gott nicht darauf verzichtet, in seiner Offenbarung Gestalt anzunehmen, so sehr verbirgt er sich auch in dieser Gestalt.[219] Die Krisis des Bildes liegt in dem, was als wirklich zu denken ist. Barths hermeneutische Forderung lautet deshalb: »Das Zeichen soll ja bezeichnen. Um zu bezeichnen, muß es selbst etwas von der Art dessen an sich haben, was es bezeichnet; es muß ihm noetisch und ontisch analog sein.«[220] Sofern die Verborgenheit Gottes den Inhalt des Glaubens bestimmt, bedeutet dies, daß Gott (»Deus definiri nequit ...«[221]) »unaussprechlich« ist.[222] So wie sich hier das Problem der Predigt stellt, so nun auch das Problem, wie im Raum der Kirche überhaupt angemessen auf die einzigartige Gegenständlichkeit Gottes Bezug genommen werden kann.

Barth hat ausdrücklich darauf hingewiesen, daß der Gedanke der Unantastbarkeit Gottes (ausgedrückt im Bilderverbot) den Menschen »näher und näher mit ihm selbst verbinden« will.[223] In der Unterscheidung und Zuordnung der Begriffe Urbild / Vorbild und Abbild / Nachbild bestimmt Barth diese Verbindung in ihrem materialen Gehalt: 1. Mose 1,27 und 1. Mose 5,1f beschreiben im Begriff der Gottebenbildlichkeit jenen Gott, der »den Menschen als ein seinem eigenen Wesen entsprechendes Wesen schaffen wollte – in der Weise, daß er selbst ... das Urbild und Vorbild, der Mensch aber sein Abbild und Nachbild sei.«[224] Schon die Begriffe deuten auf eine Unumkehrbarkeit hin: »Abbildliches und Nachbildliches im Wesen des Menschen verweisen auf Urbildliches und Vorbildliches im Wesen Gottes.«[225] So wie dieses Verweisen als Hinweis auf den Grund der Konstitution der Beziehung zu verstehen ist, so ist in diesem Hinweis jeweils jene Distanz mitgesetzt, die aus der Unumkehrbarkeit des Beziehungsgefälles nicht eine Analogie (im Sinne einer analogia entis) werden läßt, die die Konturen verwischt und schließlich das Gottesbild als »diejenige angeschaute oder gedachte Wirklichkeit (versteht), in der der Mensch jenseits oder auch in seiner eigenen Existenz ein Eigentliches, Letztes, Entscheidendes annimmt und behauptet und bedingt hält.«[226] Es handelt sich aber um eine »Entsprechung des Ungleichen«[227], um eine »analogia relationis«.[228] Gottes Wesen geht in keinem anderem Wesen auf und ist also in keinem anderen Medium gebunden als in sich selbst. So und in diesem Sinne ist Gott urbildlich. Das Gott entsprechende Bild ist Gott selbst. Aber gerade kraft dieser Urbildlichkeit bestimmt Gott sich selbst dazu (und als Ausdruck dieser Selbst-Bestimmung spricht Gott zu sich als Urbild seiner in sich selbst dargstellten Koexistenz): »Lasset uns Menschen machen in unserem Urbild nach unserem Vorbild!«[229] Gottes innertrinitarische Koexistenz wird zum »Rechtsgrund«[230] der Existenz des Menschen. Deshalb zielt dessen Existenz auf die in der Koexistenz Gottes und des Menschen intendierte »Existenz im Gegenüber von Ich und Du«[231], für Barth repräsentiert in der Gemeinschaft von Mann und Frau.[232] Die »Analogie der freien Unterscheidung und Beziehung«[233] der Koexistenz Gottes bedeutet in Entsprechung zur Existenz des Menschen dessen Bestimmung zur »Differenzierung und Übereinstimmung«[234] als Ich und Du. Der Ermöglichungsgrund dieser Entsprechung von ›analogans‹ und ›analogatum‹[235] ist »Gottes Ebenbild und also des Menschen Gottebenbildlichkeit«[236] in Gottes Geschichte in Israel und in Jesus Christus. In ihm wird sichtbar, »daß das Verhältnis ... zu seinen Jüngern kein originales, sondern das genaue Abbild des Verhältnisses ist, in welchem er zu seinem Vater und in welchem sein Vater zu ihm steht«.[237] Damit die Analogie als analogia relationis auch wirklich als Denkfigur die Koexistenz zwischen Gott und Mensch und Mensch und Mitmensch in rechter Unterscheidung und Beziehung, Differenzierung und Übereinstimmung beschreibt, tritt zwischen Ur- und Abbild Christus als das Ebenbild Gottes, das den Rechtsgrund der Abbildlichkeit offenbart und den Ermöglichungsgrund des Nachbildes vorbildlich stiftet.[238]

Das Urbild besteht also darin, daß Gott wohl eins ist mit sich.[239] Eins ist er mit sich aber darin, nicht nur frei, sondern »liebenswürdig«[240] zu sein: »Gott hat jene für sich selbst sprechende, jene gewinnende und überwindende Überlegenheit und Anziehungskraft eben darin, daß er schön ist.«[241] Diese

Schönheit, das Urbild Gottes, vorgestellt als die Koinzidenz von Freiheit und Liebe[242], schafft die Entsprechung des Unglei-chen[243]: »entsprechend dem Bilde Gottes ist der Mensch ge-schaffen.«[244] Dieses geschaffene Abbild ist dem Urbild dahin-gehend eine *Entsprechung* des Ungleichen, als es auf diese wesenhafte Unterscheidung und Beziehung hin (präfiguriert in den Wesensaussagen Freiheit und Liebe) geschaffen ist; es ist dem Urbild dahingehend eine Entsprechung des *Ungleichen*, als es diese Unterscheidung und Beziehung nicht für sich selbst (im Sinne des Urbildes) sein kann, sondern nur in Unterscheidung und Beziehung zu einem jeweils anderen Abbild. Der Mensch ist wesentlich – im fundamentalen Unterschied zu seinem Urbild – Mensch, sofern er diese Unterscheidung und Beziehung nicht in sich selber als freies und also sich zur Liebe selbst bestimmendes Wesen vorfindet, sondern sich dazu aufgerufen weiß, als Abbild jenes Urbildes sich sogleich als Ich angesprochen zu wissen, »in welchem der Mensch des anderen Menschen Du und eben damit und in Verantwortung diesem Anspruch gegenüber selber Ich ist«.[245] Dem Urbild entspricht nie nur ein Abbild; dem Vorbild nie nur ein Nachbild. Das wäre ein Widerspruch in sich selbst. Was an Christus sichtbar wird, soll in den Menschen selbst Gestalt gewinnen: »Menschsein heißt in der Verwirklichung, die es in ihm gefunden hat: den anderen Menschen verbunden und verpflichtet sein.«[246]

Daß es zu solchen Verbindungen und Verpflichtungen kommt, sichert der Begriff des Vorbildes, bzw. der des Nachbildes im Offenbarungsgeschehen von »Gottes Handeln in Israel und also in dessen Geschichte«[247] und (im Raum der Kirche:) im »Hei-landswerk des Menschen Jesus«.[248] »Der unsichtbare Gott selbst ist in ihm sichtbar geworden. Das Bild ist in ihm auf den Plan getreten, angesichts dessen die Frage nach dem Original schlechterdings und restlos beantwortet ist.«[249] In ihm erkennt der Mensch sich als Abbild des Urbildes und weiß sich in ihm als das Urbild, das vorbildich auf dem Plan ist, aufgerufen zum abbildlichen Nachbild. Deshalb kann Barth kurz und bündig erklären: »Jesus Christus macht die Bilder – die Bilder von Gott und die vom Menschen – und das Bilderverbot überflüssig«[250]: Barth zitiert 2. Kor 5,19 (»Gott war in Christus und versöhnte die Welt mit sich selber.«) und fügt an: »das ist das Bild, in dem Gott sich selbst zu erkennen gegeben hat.«[251]

Barth schließt also aus, daß die Menschwerdung Gottes in

Jesus Christus (als die Einheit von wahrem Gott und wahrem Mensch) die Möglichkeit einer bildlichen Darstellung[252] Gottes beinhaltet. Sicherlich intendiert die Verhältnisbestimmung von Bilderverbot und dem Gedanken der Gottebenbildlichkeit ein Spannungsverhältnis, weil das Bilderverbot auf den Gedanken der Unantastbarkeit Gottes und der Gedanke der Ebenbildlichkeit auf die Kreatürlichkeit des Menschen abzielt. »Ist aber der Mensch als Bild Gottes nicht weniger als die außermenschliche Kreatur, sondern in einem potenzierten Sinne Gottes Geschöpf (im Sinne der Urbild-Abbild-Relation, R. M.), so verleiht ihm seine Gottesebenbildlichkeit nicht die Möglichkeit, Gottes Bild selbst zu gestalten, sondern schließt sie grundsätzlich aus, sofern Gottes Bild nicht des Menschen, sondern Gottes eigenste Möglichkeit ist.«[253] Der Gedanke der Kreatürlichkeit schließt es geradezu aus, ein Gott gleichnisfähiges Bild machen zu können: im Sinne der Entsprechung des Ungleichen ist die Kreatürlichkeit unmöglich imstande ihr eigenes Urbild wahrzunehmen, es sei denn, mit der Kreatürlichkeit wäre auch eine Mitbeteiligung an Gottes Offenbarung vorstellbar. Da aber ihre Sinnmitte außerhalb ihrer selbst begründet ist, ist sie nur als »Umkreis dieser Mitte«[254] zu verstehen.

Das gilt erst recht für Jesus Christus, dem wahren Ebenbild Gottes (2. Kor 4,4; Kol 1,15): »Denn die Inkarnation hebt das zweite Gebot nicht auf, sondern ist dessen innere Begründung: Weil es Gott selbst ist, der sein Bild in der Welt aufgerichtet hat (vgl. 2. Kor 5,19, R. M.), liegt das Bild Gottes nicht im Bereich menschlichen Vermögens, muß der Mensch sich Gottes Bild nicht selbst schaffen wollen. Jesus Christus ist auch die Befreiung des Menschen vom Zwang der Verbildlichung Gottes, seiner Einbildung in die Welt des Menschen. Insofern ist die Inkarnation die positive Sinnerfüllung des Bildverbotes, welches das Bild Gottes aus der Möglichkeit des Menschen ausgrenzt, ohne ihn um die Wirklichkeit des Bildes Gottes ärmer zu machen; denn Gott selbst hat in Wirklichkeit vollbracht, wozu der Mensch keine Möglichkeit hat.«[255]

Gott spricht für sich selber. Im Sinne der Urbild-Abbild-Relation spricht er im Anspruch, gehört zu werden. Er wird in der Gemeinschaft der an ihn Glaubenden gehört. Indem sie dazu zusammenkommen, stehen sie vor Gott und voreinander in der Verantwortung. Dem sich so stellenden Bild-Problem ausweichen (also von der in der Urbild-Abbild-Relation gesetzten Verantwortung der Vorbild-Nachbild-Relation abzusehen), würde im Effekt bedeuten, daß jemand in eigenmächtig gesetzten Wahrnehmungsbildern die Aufmerksamkeit auf sich lenkt und damit nicht nur sich selbst täuscht, sondern auch »die Täuschung Anderer« betreibt.[256]

Die Problematik des Christusbildes und das Problem der Trägheit

Predigt, Theologie, Kunst etc. finden insofern in der Kirche ihren (nicht selbst-) bestimmten Ort und insofern ihre aus der ihr zugedachten Ortsangabe zugewiesene Aufgabe vor: wenn Gott nur dadurch erkannt werden kann, daß man ihn selbst in Anerkenntnis seiner Geschichte als einen lebendigen Gott bekennt, hat sie es in ihrem Denken mit einem freien Subjekt zu tun.[257] Gott *ist*, indem er uns als Subjekt seiner eigenen Geschichte gegenübertritt! Als Subjekt seiner eigenen Geschichte konstituiert Gott gleichzeitig (!) das christliche Subjekt in Entsprechung zu dieser Bewegung im Sinne eines Kreislaufes: So wie Gott Subjekt seiner Geschichte ist, so ist der Christ dadurch Christ, indem er Subjekt seiner sich der Geschichte Gottes anschließenden Lebensgeschichte ist und von seiner neu gewonnenen Lebensmitte her Wege geht, die in Entsprechung zu dem ursprünglich geschichtlichen Ort seiner Sinnmitte (im Sinne des Altars: die Kreuzigung und Weihnachten) an seinem jeweiligen Ort Hinweis sind auf den Weg des Sohnes Gottes in die Fremde,[258] der als solcher in sein Eigentum kam (Joh 1,11).[259] Ausgeschlossen ist damit ein Subjektbegriff, der eine wie auch immer geartete Selbst-Bestimmung des Christen meinen könnte (im Sinn einer Reduktion des Glaubens auf seine privaten Bedürfnisse): so wenig sich Gott selbst bestimmt im Sinne einer sich selbst genügenden Selbständigkeit (Gott bestimmt sich selbst zur Menschwerdung!)[260], so sehr ist das Selbst des Christen immer schon gleich an Gottes Selbst gewiesen (und insofern sich selbst im Sinne einer Privatexistenz entzogen). Gerade da, wo Selbst sich selbst bestimmen will, degeneriert es ja doch zum Objekt gottvergessener und selbstüberheblicher[261] Allmachtsphantasien. Konstituierung des christlichen Subjekts durch den als Subjekt seiner eigenen Geschichte freien und gnädigen Gottes bedeutet für den Christen eine Ortsangabe und eine dementsprechende Aufgabenstellung. Er steht nicht selbst im Geheimnis, er ist nicht Subjekt der Erlösung und so nicht der eigenen Konstituierung. Indem er diese Grenze hält, ist er erst recht frei und entlastet, hinzuweisen auf den lebendigen Gott.

Stehen bleiben wäre auf diesem Wege gefährlich. »Wir sind unterwegs.«[262] Der Glaube ist ja unterwegs in Entsprechung zur Verborgenheit Gottes zum verborgenen Ziel des Glaubens: »Das Gelingen unseres Unternehmens steht und fällt damit, daß wir *auf dem Wege* sind, daß also jedes erreichte Ziel der Ausgangspunkt zu neuem Gehen auf diesem Wege wird, auf dem uns die Offenbarung Gottes mit ihrer Wahrhaftigkeit jederzeit zukünftig ist. Jedes Wiederholen unseres Werkes kann bedeuten, daß wir nicht mehr *gehen* auf diesem Wege und daß wir dann auch nicht mehr unter der Verheißung seines Zieles und also des Gelingens stehen.«[263] Was wir in diesem Sinne tun, soll »ein seiner allein in Gott selbst vollzogenen Vollendung entgegenstrebendes Werk«[264] sein. »Die Verkündigung von Christus ist ein lebendiges Geschehen: Sie kann sich von Sonntag zu Sonntag, von einem Prediger zu anderen, auch von Jahrhundert zu Jahrhundert erneuern, erweitern, vertiefen, klären, von etwa eingedrungenen eigenmächtig geformten Bildern reinigen.«[265] Ein lebendiges Geschehen verträgt es nicht, in seiner Bewegung durch momentane Darstellung entstellt und dadurch in seiner Wirkung behindert zu werden. In seinem Korintherbrief-Kommentar von 1924 hatte Barth bereits die entscheidende Frage gestellt: »Kann man den Vogel im Flug zeichnen?«[266] Also: »jedes gezeichnete, gemalte, geformte Bild ist der Versuch, das dargestellte Wirkliche, welches sich als solches in einer Bewegung befindet, in einem bestimmten Moment dieser Bewegung festzuhalten, zu fixieren, seine Bewegung zu stoppen oder gerinnen zu lassen, es selbst aus dieser Bewegung herauszunehmen.«[267] So wird erst recht das Christusbild »starr« (a. a. O.). Diese Starrheit hat ihren Preis: die Vertikale der Bewegung, in der sich Christus befindet, kann unmöglich dargestellt werden. Hier stößt die Kunst an ihre Grenze, weil der Gegenstand sich der Anschauung (und also Reproduktion) entzieht. Es geht – wie in Anschauung des Isenheimer Altars für die Christologie als Ergebnis gesichert und homiletisch geortet – darum, gegenüber Christus Abstand zu halten. Ein darüber hinausgehender künstlerischer Anspruch »ist wegen seiner besonderen Zudringlichkeit untragbar« (a. a. O.) und somit »peinlich«[268].

In dem Augenblick, in dem die Kunst sich im zentrifugal wirkenden Einflußbereich der Lehre von der dreifachen Gestalt des Wortes Gottes bewegt, verliert sie durch die dieser Lehre innewohnende Zentrifugalkraft ihre Selbständigkeit und wird eine dienstbare Magd der Verkündigung. Im Bilde gesprochen: auf Grünewalds Isenheimer Altar befindet sich die christliche Kunst nach Barths Verständnis in keiner anderen Haltung als Maria zur Linken oder als Johannes der Täufer.

Im Band II/1 seiner Kirchlichen Dogmatik hatte Barth seine Bedenken bezüglich einer Darstellung der Selbstkundgabe Gottes im Christusbild präzisiert: »In dieser Selbstkundgabe umfaßt aber die Schönheit Gottes den Tod wie das Leben, die Furcht wie die Freude, das, was wir häßlich, wie das, was wir schön nennen möchten. Auf dem Wege vom Einen zum Anderen, in der Wende von der Selbsterniedrigung Gottes zugunsten des Menschen zur Erhöhung des Menschen durch Gott und zu Gott offenbart sie sich und will sie erkannt sein« (750f). Diese Wende aber ist das Geheimnis der Person Jesu Christi. Diese Wende ist ihm ins Angesicht gezeichnet: »Kein anderes erzählt ja zugleich von dem menschlichen Leiden des wahren Gottes und von der göttlichen Glorie des wahren Menschen. Das ist die Funktion des Angesichts Jesu Christi ganz allein« (751). Barth kommentiert: diese Schönheit »sollte keine menschliche Kunst wiedergeben können« (a. a. O.).[269]

Braucht es aber nicht gerade gegen die Müdigkeit unterwegs erst recht kleine Barmherzigkeiten? Barth verhandelt diese Frage als das »Problem der pädagogischen[270] Begründung der natürlichen Theologie.«[271] Was als Verstehenshilfe gedacht ist, mißrät zur Behäbigkeit (oder zur Hybris ...). Das Christusbild in der Kirche lehrt tendentiell nicht mit dem Anfang jeweils anzufangen und also unterwegs zu sein und zu bleiben, sondern die »Fixierung«[272] im Bild verführt gerade in ihrer »Zudringlichkeit«[273] zur Trägheit.

Der Begriff der »Trägheit« bezeichnet bei Barth in der Spitze die in des Menschen Ablehnung der »humanitas Jesu Christi«[274] wurzelnde Unterlassung zur Verbundenheit: »Ist ihm Gott entbehrlich, so ist es der Nächste erst recht.«[275] Damit ist der Gedanke der Urbild-Abbild-Relation aufgenommen. Wenn der Mensch sich der Erkenntnis seines Urbildes verschließt, kann er als vermeintlich niemandes Abbild keines Vorbildes Nachbild sein. Verweigert er sich der Nachbildung der humanitas Christi, entzieht er sich dem Du und reduziert sich auf sich selbst.[276] Die »Sünde«[277] besteht dann darin, diese Unterlassung geradezu herbeizuführen und sich seiner Einsamkeit wie einer Waffe zu bedienen.[278] Die Trägheit bedeutet im Effekt, »dem Prozeß der Verbürgerlichung des Evangeliums« hilfreich zur Seite zu treten: »Der als Absorbierung und Domestizierung der Offenbarung beschriebene Triumph der natürlichen Theologie im Raum der Kirche ist sehr schlicht der Prozeß der Verbürgerlichung des Evangeliums ... Der eigentliche Held dieses Vorgangs ist aber immer der Mensch ... In ihr redet niemand anders als der Christ als Bourgeois.«[279] Deshalb wendet sich Barth gegen den pädagogischen Kunstbegriff.[280] Er macht nicht ernst mit der Gefährdung der Trägheit und verharmlost zwangsläufig die Folgen. Barths Kritik am Christusbild in der Kirche bedeutet in seinem positiven Gehalt die Erinnerung an des Menschen Authentizität gemessen an der humanitas Christi: »Als authentischer Mensch leben würde heißen: sich selbst in Disziplin, auf der Höhe halten, auf die man als Mensch gehört, in Strenge gegen sich selbst sein wollen, was man als Mensch ist.«[281]

Zeitgeschichtlich trug Barth seine Forderung vor, als der politische Bildersturm und die reziprok daraus erwachsende neue Bilderverehrung[282] insofern einen kritischen, kontrollierten Umgang mit dem Bild erforderlich machte, als diese Art der Bilderverehrung (als Darstellung der Macht eines allmächtigen Erlösers in Gestalt Adolf Hitlers) dazu verführte, sich von diesem Erlöser einen *Begriff* zu machen, der am Ende das *Modell* auf die Wirklichkeit projeziert und schließlich einen Mythos für die Geschichte selbst ausgibt. Eine Gemeinde, die es nicht gelernt hat durch die Praxis ihrer Verkündigung im Hören auf die Schrift gegenüber der Bindung eines Bildes frei zu bleiben, wird am Ende auch nicht die Kraft haben, quasi-politischen und verdeckt religiösen Bildern der Welt zu widerstehen.[283] Im Sinne der Urbild-Abbild-Relation und der daraus erwachsenden Kritik am fixierten Christusbild geht es in der Ablehnung auch des pädagogischen Kunstbegriffs um die jeweilige Fähigkeit der Gemeinde zum (politischen) Zeugendienst im Sinne der Vorbild-Nachbild-Relation.[284]

Eine Verhältnisbestimmung von autonomer Kunst zur Kirche bedarf biblischer und theologiegeschichtlicher Erinnerung:

Auf die Bedeutung der (lokalen) Götter-Bilder im heidnischen Kult antwortet das Judentum mit dem Bilderverbot (2. Mose 20,4; 5. Mose 4,8f; 27,15). Gott – als Gott einer bestimmten Offenbarungs*geschichte* – verbirgt sich im Symbol des brennenden Dornbuschs (2. Mose 3), der Feuersäule (2. Mose 13) oder der Stiftshütte (2. Mose 25ff).[286] Offenbarung des ›Ich werde sein, der ich sein werde‹ (2. Mose 3,14) geschieht *unterwegs* als jeweils widerfahrende Befreiung. Im Vordergrund steht also nicht die Verehrung des (starren) Symbols[287], sondern das Symbol erinnert an den Grund des geschuldeten Gehorsams. Je prägnanter und aufwendiger die Symbolik (Stiftshütte!) gerät, desto größer ist die Gefahr, daß die Symbolik ihre Eigendynamik hin zur Verehrung des Symbols als Sache selbst entfaltet: unmittelbar nach Fertigstellung der Stiftshütte samt Regelung des handwerklichen und kultischen Umfeldes (2. Mose 31) muß vom goldenen Stierbild als Abfall vom wahren Gottesdienst und Rückfall in den heidnischen Kult berichtet werden (2. Mose 32).

Im frühen Christentum hat sich die Reserve gegenüber der Macht des kultischen Bildes erhalten. Christus – analog zum Offenbarungsverständnis des Judentums – bezeichnet Befreiungs*geschichte*. »Die Bekehrung zum Christentum ist sozusagen gleichzeitig auch eine Bekehrung zum Judentum.«[288] Das Bildproblem, das sich wie in einer Kompensation im Stierbild ankündigte, bleibt auch der frühen Christenheit als Aufgabe gestellt. In 1. Mose 1,26f; Kol 1,15 und 2. Kor 4,4 ist das Problem einer angemessenen Deutung des Ebenbild-Begriffes schon angelegt: wird der Bild-Begriff exklusiv theologisch / christologisch oder inklusiv anthropologisch verstanden? Begründet sich in der Menschwerdung Gottes in Christus auch die Erlaubnis zum Bild, weil in ihm der unsichtbare Gott sichtbar geworden ist?[289]

Seit dem frühen 3. Jahrhundert[290] bildet sich thematisch eine Kunst heraus als »anagogische Funktion in der Reduktion des Übersinnlichen auf das Sinnlich-Wahrnehmbare«.[291]

Das Bild als ›biblia pauperum‹[292], als Erziehungsmittel (»In dieser Geringschätzung [die Duldung einschließt] deutet sich schon der fakultative Umgang mit dem Bild an, für den Luther sich aussprechen wird.«[293]) wird in Abgrenzung zu einer unzu-

lässigen ›Verehrung‹ oder ›Anbetung‹ des christlichen Andachts-
bildes zum Argument im byzantinischen Bilderstreit des 8. und
9. Jh. der Karolinger (mit deren Erwiderung auf die Konzilsbe-
schlüsse von Nicaea: ›Libri Carolini‹[294]) gegen die griechischen
Bilderfreunde.[295] Im Ergebnis des Konzils von Nicaea 787
zeigte sich, daß der Konflikt nur vertagt worden war: wohl wurde
eine Erlaubnis zur Anbetung der Bilder abgewehrt, aber die
Verehrung der Bilder gerechtfertigt. Bei allen politischen Impli-
kationen des Bilderstreits zwischen Kaiser und Kirche bedeuten
die bilderfreundlichen[296] Beschlüsse des Konzils eben nicht das
Ende der *theologischen* Streitfrage, sie behält ihre Brisanz: »Das
Wort und die Bibel selbst werden ausdrücklich dem gleichgesetzt
und bildlich verstanden. Auf diesem Wege ist aber die Eigenart
der urchristlichen Heilsbotschaft und des evangelischen Glaubensgehorsams nicht mehr zu erfassen. Der Glaube selbst verliert
mit dem Wort seinen Vorrang, das Hören wird zu einer sublimen
Form der Schau, und die Begegnung mit dem Worte Gottes wird
zu einer Begegnung mit dem göttlichen Bild.«[297]

Indem Bild und Wort auf einer Linie zu stehen kommen,
kommt es zwangsläufig zur Konkurrenz und schließlich zur
Dominanz: das Bild hat gegenüber dem Wort den Vorrang.

Wie schon zum Bilderstreit des 8. und 9. Jh. entzündet sich
bei den Reformatoren die Kritik gängiger Praxis an deren Mißbrauch[298] – also u. a. am Reliquienkult.[299] In Aufnahme der
nominalistischen Kritik an der Identifikation von Wort und Bild,
von Über-Sinnlichem und Sinnlichem reflektiert Luther die
Frage der Funktion der Bilder als Adiaphora.[300] In der Ordnung der Stadt Wittenberg war unter Einfluß von Andreas Karlstadt[301] am 24. Januar 1522 u. a. festgeschrieben worden: »Nr.
13: Item die bild vnd altarien in der kirchen so(e)llen auch
abgethon werden, damit abgo(e)tterey zu vermeyden, dann drey
altaria on bild genug seind.«[302] In seinen Invokavitpredigten
vom Dienstag, 11. März 1522 und Mittwoch, 12. März 1522
äußert sich Luther[303] zur Funktion der Bilder: »Nu(o)n das wir
zu(o) den byldern kom(m)en vmb die bilder ist es auch so gethan
/ das sie vnno(e)ttig sonder [nicht notwendig sind, sondern, R. M.]
frey sein / wir mügen sie haben oder nicht haben / wie wol es
besser were wir hetten sie gar nicht. Jch bin jn auch nit holt /
vmb der bilder wil hat sich ein grosser streyt erhabe(n) zwüschen
dem Ro(e)mischen Keyser vnd dem Bapst / der Keyser meynet er
hett gewalt es solten keyne bilder sein / der Bapst aber / sie mü-

sten seyn / vnd haben beyde gefelt ... / warumb das / sie wolten auß der freyheit ein mu(o)ssen machen ... / wer wil nu(o)n in solichen wancken so kün sein / vnnd wil die bilde zu(o)reyssen / jch nit ... Allhie müssen wir bekennen / das man(n) bilder habe(n) vnd mache(n) mag / aber anbette(n) sol wir sie nit / vnd wen(n) man sie anbettet / so solt man sie zerreyssen [zerstören, R. M.] vnd abthu(o)n.« Und: »die bilder seindt weder sonst noch so (weder das eine noch das andere) / sie seindt weder gu(o)t noch bo(e)ße / man mag sie han oder nit haben.«[304] Es geht Luther nicht um die Kunst, sondern darum, daß die Freiheit des Christenmenschen von den Ikonoklasten (also Karlstadt) in ihr Gegenteil verkehrt wird, wenn aus der Befreiung von der Bilderverehrung ein Zwang zum Bildersturm, ein *Müssen* wird. Insofern sind sie in ihrem Bilderstürmen analog zum Bilderstiften »gleich so nerrisch als der Bapsts.«[305] Weniger die Bilderverehrung als die Meinung, daß man durch den Bildersturm ein gutes Werk vollbringe, bringt Luther in Gegensatz zu den Ikonoklasten. Grundsätzlich sind alle kultischen Handlungen »frei«. Entscheidend ist, daß alle Zeichen unter dem Wort erst werden, was sie bedeuten.[306] »Es geht also in der reformatorischen Auseinandersetzung mit der Bilderfrage wie in der alten Kirche[307] nicht oder nur am Rande um das Verhältnis zur bildenden Kunst als solcher, sondern um ihre kirchliche Funktion.«[308] Indem Luther die Bilder als solche frei gibt, können sie unter pädagogischem Gesichtspunkt (entgegengesetzt zu den Schweizer Reformatoren) ihren Dienst tun. Der »alte Gedanke der biblia pauperum (wird) von Luther mächtig aktiviert.«[309] In bezug auf das Bild selbst findet eine Entgrenzung statt. Es wird entlassen aus der Zone unmittelbarer Autorität für den Glauben (diese Stelle nimmt das Wort ein) und steht insofern als Teil der natürlichen Welt den Menschen offen.[310]

Im Dekret über Heiligen- und Bilderverehrung des Konzils von Trient (25. Sitzung, 3. 12. 1563)[311] versucht Rom im Anschluß an die Reformation zwei Ziele miteinander zu verbinden: die Verteidigung der Bilder hinsichtlich der ihnen gegenüber geschuldeten Ehrfurcht – man soll ihnen Verehrung erweisen; und es wird eine Anleitung zum rechten Gebrauch wie auch zur Verhütung unangemessener Darstellungsformen ausgesprochen.

Der Prozeß jedoch, in den die Kunst durch die Reformation geraten war, ist unumkehrbar. Sie ist zur autonomen Größe geworden. Die Reformation hat das kirchliche Monopol ihr gegenüber in ihre Hände zurückgelegt. Die Kunst verliert sukzessive ihren Auftraggeber. Die Inhalte der christlich-abendländischen Ikonographie lösen sich in ihrer ehemaligen Dominanz auf. Für die Kunst selbst bedeutete diese ›Säkularisierung‹ einen Traditionsabbruch. Dieser Bruch mit der christlichen Bildtradition als Folge der Reformation bedeutet in bezug auf die Kunst, daß sie selbst den Prozeß der Säkularisierung annimmt: sie »tritt ... aus dem Dienst der Kirche, sie wird autonome Kunst«.[312]

»Die Norm des Künstlers ist darum nicht die Wahrheit der im neutestamentlichen Text vertretenen Sache, sondern die Wahrheit des künstlerischen Engagements selbst inbezug auf das hervorzubringende Werk.«[313] Kunst nimmt mehr und mehr für sich in Anspruch: ›Voraussetzungslosigkeit‹[314], ›Subjektivismus‹ (Subjektivierung)[315], ›Eigengesetzlichkeit‹[316], also ›Autonomie‹.[317] Ihre Unabhängigkeit gegenüber und Freiheit von ihrer ehemaligen »kultischen Funktion« ...»zehrte von der Idee der Humanität.«[318] So unvermeidlich für die Kunst die Lossagung von kirchlicher Domestizierung war, so unvermeidlich »verdammt sie sich dazu, dem Seienden und Bestehenden einen Zuspruch zu spenden, der, bar der Hoffnung auf ein Anderes, den Bann dessen verstärkt, wovon die Autonomie der Kunst sich befreien möchte.«[319] Die grundsätzliche Frage nach einer autonomen Verhältnisbestimmung der Kunst zur Kirche und ihrer Verkündigung freilich kann nicht mehr zurückgenommen werden: für die Gegenwartskunst kann »die Verkündigung nicht Kriterium für die Einbeziehung der Kunst in die Kirche sein.«[320] So sehr allerdings die Vorsicht vor Verzweckungen verständlich ist, so sehr stellt sich heute auch der Kunst die Frage, wem oder was eine subjektive Ästhetik in ihrer Zweckfreiheit[321] dient. Sich in dieser Frage keine Rechenschaft ablegen zu wollen, würde bedeuten, genau in den Engpaß hinein zu geraten, den Kierkegaard in der Unterscheidung von ›ästhetischem‹ und ›ethischen‹ Leben festmachte: »Wer ethisch lebt, hat sich selbst als Aufgabe, wer ästhetisch lebt, läßt sich vom Gaukelwerk lockender Möglichkeiten zerstreuen. Solange du ästhetisch lebst, ist Dein ganzes Leben unwesentlich.«[322]

Die »Ungewißheit über das ästhetische Wozu«[323] wird auch nicht stimmiger gelöst, indem man (im Sinne Hegels) aus der Negation umschwenkt in Affirmation und Kunst als einen übergreifenden Prozeß von Vergeistigung versteht, der im Artefakt eben nicht das bloße Kunstwerk als Seiendes wahrnimmt, sondern als den im Geist des Kunstwerks sich manifestierenden Fortschritt des Bewußtseins. Bei Schleiermacher koinzidieren diesbezüglich Religion und Kunst[324]: im Begriff des Universums findet eine Entschränkung des Individuums hinsichtlich dessen Endlichkeit in Anschauung »der Totalität der Dinge« statt.[325] Das Wesen der Religion »ist weder Denken[326] noch Handeln[327], sondern Anschauung und Gefühl.«[328] Das bedeutet in der Konsequenz, daß der Mensch »selber ein Kompendium der Menschheit ist, daß man mit seiner Persönlichkeit in gewissem Sinn die ganze menschliche Natur umfaßt und daß diese in allen ihren Darstellungen nichts ist als unser eigenes vielfältiges, deutlicher ausgezeichnetes und in allen seinen Veränderungen verewigtes Ich, so daß man dann keines Mittlers mehr bedarf, sondern selber ein solcher wird für Viele.«[329] Der Gedanke der Automonie wird überführt in das Subjektive.

Die Suche nach einer Antwort und die Hilflosigkeit in dieser Frage dokumentiert die Aufgabenbeschreibung, die Günter Rombold der Kunst am Beispiel des Isenheimer Altars zumißt: »Der Prophet zeigt. Er verweist auf die wahre Wirklichkeit. Der Prophet und mit ihm der Künstler, der in unserer Zeit oft am deutlichsten diese Aufgabe des Propheten übernommen hat, durchstößt die Oberfläche; er erinnert an das Paradies, verweist auf die eschatologische Vollendung und preist das eigentliche Sein der Dinge.«[330] Hat nicht gerade Karl Barth in seiner Betrachtung des Altars deutlich gemacht, daß Johannes doch nicht einfach in die Luft zeigt?![331] Der Verweis auf das Zeigen des Propheten müßte eben auch den Gegenstand intendieren, auf den er (sich in Distanz[332] zu ihm befindend und sich über diese Distanz Rechenschaft ablegend) zeigt. Der Begriff der Eschatologie kann anders zur schön beklebten, aber eben leeren Dose werden, der am Ende nicht nur nichts ändert, sondern Bestehendes geradezu sanktioniert[333]: eine Autonomie, die wohl ahnt, daß sie da in die Krise gerät, wo sie nicht wahrnehmen wollte, auf wen hin sie in Wahrheit zu zeigen hätte, wenn sie denn als christliche Kunst verstanden werden will. Man kann hier auch vor eigenen Ängsten ablenken, indem man dem anderen »Angst vor dem Bild« unterstellt, das als »Störfaktor für Gemeindebequemlichkeit« ausgeschlossen bleiben soll.[334] Wie unbequem das Hören auf das Wort ist, hat Barth in Anschauung des Altars des Mathias Grünewald ein Leben lang studiert und ethisch[335] (d. h. entsprechend der humanitas Christi) demonstriert!

Kunst als Heimatlosigkeit

»Ist die von Barth entfaltete Wirklichkeitssicht wirklich so wirklichkeitsfremd, wie ihr von verschiedener Seite unterstellt wird?«[336] Die Fragestellung läßt sich gerade im Hinblick auf Barths Rezeption des Altarbildes und sein Verständnis von Kunst präzisieren. In seiner Ethikvorlesung 1928/1929[337] stellt Barth seine Betrachtung über die Kunst[338] »in den Zusammenhang eschatologischer Betrachtung« (437).[339] »Heimatlos im tiefsten Grunde ... bezieht sich (Kunst) als reines Spiel[340] auf Erlösung« (439) und stellt sich so unter das Wort aus Jes 65,17: »Siehe, ich will einen neuen Himmel und eine neue Erde schaffen, daß man der vorigen nicht mehr gedenken wird noch [sie] zu Herzen nehmen.«

Kunst »wagt sich als Malerei und Skulptur an die äußerste Gestalt des gegenwärtigen Menschen, der gegenwärtigen, scheinbar nur mit unseren gegenwärtigen Augen sehbaren Natur, immer in der Absicht, sie mit anderen Augen zu sehen und also in strengem Sinne verbessert neu zu schaffen, immer und notwendig futuristisch also« (441).[341] Insofern überbietet Kunst grundsätzlich »gegenwärtige Wirklichkeit« (443): »Das wagt doch der Mensch in der Kunst: die gegenwärtige Wirklichkeit in ihrem schöpfungsmäßigen Das-Sein, aber auch in ihrem So-Sein als Welt des Sündenfalls und der Versöhnung nicht letztlich ernstzunehmen, sondern neben sie eine zweite, als Gegenwart nur höchst paradoxer Weise mögliche Wirklichkeit zu schaffen, ohne von jener loszukommen« (440).[342] Sie kommt nicht von ihr los, aber sie »spielt ... mit der Wirklichkeit« (440) und läßt sie als letztes Wort nicht gelten.[343]

Was als generelle »eschatologische Möglichkeit« (441) gewürdigt wird, erfährt freilich in bezug auf den kirchlichen Ort der Kunst eine Einschränkung: nur um eine »Randmöglichkeit« (444) kann es sich im Rahmen kirchlichen Handelns (und also kirchlicher Kunst) handeln, »als menschliche Antwort auf den göttlichen Anruf an den allerdings notwendigen Rand des Gottesdienstes« (a. a. O.) gestellt »unter den Begriff der auf Gottes Wort antwortenden Gemeinde«. Nicht »verworren« (a. a. O.)[344] werden darf diese menschliche Antwort, die die Kunst im Raum der Kirche zu geben sucht mit der der Kirche »aufgetragenen Verkündigung« (a. a. O.).

Es geht um eine klare Unterscheidung der Zuständigkeiten: die Kunst ist für sich genommen ein Zeichen dafür, daß unsere Wirklichkeit nicht das letzte Wort hat. Die Kunst hält sozusagen eine Stelle frei, durch die die eschatologische Wirklichkeit jeweils auf dem Plan bleibt als die große Störung unserer Realitäten. In der Kirche jedoch geht es darum, daß dieses Zeichen klar und zuversichtlich gedeutet wird von der in Christus gesetzten neuen Wirklichkeit her. Kunst im Raum der Kirche ist nicht mehr nur Zeichen für das Überschüssige, sondern schon Antwort, Entsprechung und insofern subordiniert: die Kunst in der Kirche (wir kommen zurück zum Isenheimer Altar) tritt der Verkündigung helfend zur Seite, sie bestimmt aber entschieden nicht das Programm der Verkündigung.

Exkurs: Die Kunst Mozarts

Daß die Kunst generell im Rahmen der Eschatologie darzustellen wäre, erfährt freilich in bezug auf die Kunst Mozarts eine Einschränkung: Das »Besondere«[345] bei Mozart besteht darin, wie er seine Kunst ausübt.

Im Rahmen der *Lehre von der Schöpfung* äußert sich Barth zum Problem der Arbeit.[346] Sie soll in »Entkrampfung«[347] geschehen. Der Begriff ist in bewußter Anlehnung an die bei Mozart gerühmte Freiheit von allem Krampf gewählt worden.[348] Seine diesbezügliche »*Souveränität* echten *Dienens*«[349] bestand darin, daß er seine künstlerische Arbeit als spielerischen Ernst und ernstes Spiel versteht[350]: »eine kindliche Nachahmung und Abbildung dessen, was als das väterliche Tun Gottes das eigentliche und wirkliche Tun und Geschehen ist.«[351]
Mozarts Kunst wird für Barth zu einer Denkfigur der analogia relationis: eines »von den Gleichnissen des Himmelreiches«[352]: »Sein Ton ist ... ein freies Gegenbild zu dem ihm jeweils vorgegebenen Wort ... Er entspricht ihm ...«[353] Inhalt dieser Entsprechung ist das in der Schöpfung laut werdende Lob des Schöpfers, »die echte vox humana«[354], die die Grenze[355] und also Maß und Mitte[356] hält gegenüber »einem titanischen Aufruhr«[357] oder »alle(n) Dämonen.« Dieses »Anhalten vor den Extremen«[358] als Abbild einer »geordneten Welt«[359] (»auf dem Hintergrund der guten Schöpfung Gottes«[360]) bedeutet, daß die Kunst Mozarts ihr Zeugnis »in dieser Einfachheit und An-

spruchslosigkeit und eben darum in solcher Serenität, Glaubwürdigkeit und Eindringlichkeit – zur Sprache bringen durfte«.[361] Insofern repräsentiert Mozart in seiner Kunst den *freien* Menschen[362] gerade in seiner Reserviertheit gegenüber allem bloß Subjektiven[363] in einer exemplarischen[364] Weise.

Zusammenfassung

Barths bildkritische Theologie ist vom Bildproblem her bestimmt. Die Fixierung auf ein bestimmtes dargestelltes, geistiges Gottes- oder Christusbild kann nicht dem Urbild entsprechen: wenn Bilder Zeichen sind, »die ihrem Denotat, d. h. ihrer minimalsten Bedeutung, ähneln«[365], wenn das Bild als Modell einer Wirklichkeit das darstellt, was der Sinn dieser Wirklichkeit ist, würde die Fixierung im Christusbild am Ende auch bedeuten, daß die Konstituierung des christlichen Subjekts eben nicht als ein den Menschen widerfahrender und befreiender Akt der Freiheit und Liebe Gottes zu verstehen wäre, sondern daß das, was für Gott gehalten wird, unter das Diktat einer eigenmächtigen Pädagogik gestellt wird (oder es wird umgekehrt im Sinne bloßer Ästhetik auf jedwede Art von Verbindlichkeit im voraus verzichtet). In diesem Sinne hat das Bild eine Funktion: »Im Gegensatz zu einer idealistischen Ästhetik, die als Glaubensersatz vertröstet, will qualifizierte Kunst gewohnte Wahrnehmungsmuster durchbrechen, Ausdrucksmöglichkeiten erweitern und Spielraum für Entscheidungen gewinnen helfen, eine zutiefst provozierende Aufgabe.«[366] Im Isenheimer Altar entdeckt Barth eine Kunst, die in ihrer Sinnlichkeit Zuordnungen strukturiert, und damit Bedeutung freisetzt und im (durch theologische Interpretation geschärften) kontrollierten Umgang damit einer Wirklichkeit das Wort redet, die nicht im puren Dogma, aber auch nicht in bloßer Reproduktion des Menschlich-Allzumenschlichen daherkommt, sondern gerade durch die Art ihrer Darstellung das bleibt, was sie ist: überschüssig und frei, futuristisch, eschatologisch gar.

Barths zunehmende Reserve gegenüber der Kunst in der Kirche hat ihre Ursache in seinem Verständnis von Wirklichkeit: Da, wo Gott als Gegenstand der Theologie gedacht wird,[367] besteht die Versuchung, ihn so un-wirklich zu denken, daß er

sich »als Erfahrungsgedanke ... legitimieren ... muß«.[368] Wo
Gott aber so ineins mit der Natur gedacht wird – »wäre Theologie *dieses* Gottes dann nicht *Dämonologie* besser als Theologie zu
nennen?«[369] Denn der Gedanke der Erfahrbarkeit Gottes nimmt
keinen Bezug darauf, »daß sie Gnade ist, die Sündern widerfährt«[370], wie im Gegentypos dazu das idealistische Mißverständnis, Gottes Nicht-Gegenständlichkeit zu denken (in dem
berechtigten Anliegen, »den Gegenstand der Theologie vor der
Verwechslung mit anderen Gegenständen«[371] zu schützen),
selber nicht vor dem Mißbrauch der Ideologie geschützt ist.

Es ist hier zu erinnern an Luthers Unterscheidung zwischen
Glaube und Erfahrung (»Experientia«), wie er sie der Sache nach
z. B. in der ›Heidelberger Disputation‹ von 1518 vorgetragen hat:
Die Grenze unserer Gotteserfahrung liegt begründet in der
Verborgenheit Gottes wie in der Sünde des Menschen, so daß wir
allein »in nuda fiducia misericordiae eius« leben können.[372]
Theologia crucis[373] weiß sich gegenüber ihrem Gegenstand und
ihrer Aufgabe ontisch und noetisch rückständig. Nicht-Wissen in
dieser Hinsicht bedeutet aber nicht Unklarheit und Destruktion[374], vielmehr »bekommt Gott (dann) in uns recht, ... (er)
vermag ... das in uns zu sein, was er in sich ist«.[375] Deshalb
gilt: »Nec sic dicere, est desperandi causam dare, sed humiliandi
(et) querendae gratiae Christi studium excitare.«[376] An Christi
Werk allein lernt die Theologie ihren Gegenstand und ihre
Aufgabe zu erkennen. Andernfalls würde sie eben gerade nicht
zur Erfahrung Gottes führen, wie umgekehrt Gottes Werk durch
das Werk des Menschen zur Lüge gemacht würde. Denn: »Amor
Dei non inuenit, sed creat suum diligibile, Amor hominis fit a suo
diligibili.«[377] Indem die Liebe[378] an ihrem Gegenstand entsteht, ist das Werk »aus dem Begriff Glauben definiert«[379] und
nicht umgekehrt. Gott wirkt beides: den Glauben und das
Werk.[380]

So wenig Gott also einfach wirklich ist (im Sinne von erfahrbar), da »Gott sich nicht nur enthüllt, sondern auch verhüllt in
seiner Offenbarung, weil sie Offenbarung und nicht eine Offen-
bartheit ist«[381], so wenig verzichtet aber Gott auf die Tat seiner
Offenbarung. In der Haltung seiner Offenbarung gegenüber entscheidet sich, was im weiteren theologisch bedacht und verantwor-
tet werden kann. »Gott ist ontologisch und noetisch das Schicksal
des Menschen«[382] – und so auch des Künstlers, sofern er sich mit
seiner Kunst im Raum der Kirche bewegt. In Barths Verhältnisbe-

stimmung von Kunst und Kirche geht es dabei um die »methodische Überordnung des theologischen Innenaspektes«[383] der Kunst in der Kirche. Gottes freies und geoffenbartes Wort schafft eine Wirklichkeit eigener Art.[384] Ihr gegenüber kann man sich nicht zur Teilnahme im Sinne einer subjektiven Wahl entschließen: »Wort Gottes heißt Erwählung.«[385] Die Kirche ist jener Ort, wo diese Wirklichkeit im Geschehen der Predigt als Wahrheit zur Sprache kommt. Barths Reserve gegenüber dem Christusbild in der Kirche hat mit der Befürchtung zu tun, daß es eben auf Grund der Fixierung auf ein starres Bild nicht an dieser Wirklichkeit orientiert sein kann, sondern entweder an der bloßen Erfahrbarkeit dieser Wirklichkeit interessiert ist oder deren Wahrheitsgehalt ideologisiert, so daß »nur des Menschen eigenes Spiegelbild, der Schlußstein im Gewölbe seiner Kunst[386] und eben darum gerade kein ganz Anderes, sondern nur das letzte in der Reihe unserer eigenen Werke« sichtbar würde – »dieses ganz Andere kann doch dem Menschen nur zum Gericht ohne Gnade werden, weil er, gerade wenn er in ihm seinen Gott zu haben, sein letztes Wort gesprochen zu haben meint, offenkundig mit sich allein bleibt, eingeschlossen in das Gefängnis seiner Gottesferne, Gottesfremdheit und Gottesfeindschaft«.[387]

Aus dem Ernst dieser Sache heraus hat es »keinen Sinn, sich als Christ auszugeben, wenn man die Freiheit zu diesem Bekenntnis aus irgend einem Grund nicht zu haben meint«[388]. Barth warnt Kirche und Theologie in der Begegnung mit anderen Tätigkeitskreisen (und hier und jetzt z. B. die Kunst) – wie umgekehrt – sowohl vor Berührungsangst als auch vor dem »Minderwertigkeitskomplex«.[389] »Soll es in Zukunft zwischen uns Theologen und den Anderen so zugehen wie in jener Szene in Mozarts ›Zauberflöte‹, wo der Vogelfänger Papageno und der Mohr Monostatos mit den Worten ›Das ist der Teufel sicherlich! Hab Mitleid, verschone mich! Hu! Hu! Hu!‹ gegenseitig entsetzt voreinander die Flucht ergreifen?«[390] Die Flucht ergreifen oder jemanden domestizieren wollen, Weinerlichkeit oder Arroganz – die Wurzel des Übels ist die Furcht voreinander. Barths Haltung in der Frage nach dem Christusbild in der Kirche ist wohl exklusiv hinsichtlich der damit verbundenen theologischen Optionen. Aber sie ist inklusiv gestellt als Einladung an die Kunst, etwas vom Wesen des Christentums in dieser Fragestellung zu entdecken – das Bild Gottes unter den Menschen, Jesus Christus.

Homiletische Folgerung

Indem Barth die Bilder des Geschlossenen Altars und der Ersten Öffnung als theologisches Programm einer christologisch gefaßten Verhältnisbestimmung von Gott und Mensch deutet, entfaltet er demgemäß die Aufgabe der Predigt als eine von innen her und nach außen hin wirkende Konzentrizität:

1) Predigt ist ein *Rand*geschehen. Damit ist die Predigt *ent*lastet.

2) Predigt ist *das* Randgeschehen. Damit ist die Predigt *be*lastet.

Der Ermöglichungsgrund zum Predigen liegt nicht etwa in einer durch das Geschehen der Predigt vermittelten Nähe zu ihrem Gegenstand. Die Predigt hat keine konstitutive Bedeutung für den Glauben im Sinne etwa eines Sakraments.[391] Predigt in diesem Sinne wäre zwangsläufig ein Ausdrücken mit eigenem Inhalt und so am Gegenstand des Glaubens gemessen ein Ausdrücken ohne Inhalt. In den Extremen Kreuz und Auferstehung (öffnet sich der Geschlossene Altar, so zeigt sich auf der Rückseite des Gekreuzigten auf dem rechten Flügel der Ersten Öffnung der Auferstandene) bezeichnet das Zentralgeschehen eine exklusive, Gott selbst geltende Inanspruchnahme und setzt insofern damit den Inhalt der Predigt. Kreuz und Auferstehung dokumentieren diese Inanspruchnahme in Bewährung gegenüber und in Überwindung des extremsten Gegenstandes, des Todes und dem damit gestifteten Neuanfang des Lebens. Daß Gott lebt[392] (Erste Öffnung, Menschwerdung), bedarf zur Verifizierbarkeit keiner Predigt und also keines Predigers (deshalb erscheint Maria in der Deutung Barths wesentlich nicht als Mutter Gottes, sondern als Anbetende im Engelskonzert). Distanz diesem Zentralgeschehen gegenüber ist die diesem Zentralgeschehen entsprechende Form der Nähe zum Leben Gottes. Zentralgeschehen und Randgeschehen sind aber aufeinander bezogen im Sinne einer durch Gottes Leben konstituierten Gleichzeitigkeit (deshalb kann der vor Jesu Tod getötete Johannes der Täufer auf dem Geschlossenen Altar neben dem Kreuz Christi als lebendiger Zeuge Jesu Christi stehen, weil der Tod Jesu ihn in Gleichzeitigkeit zu ihm bringt). So wie die Unterscheidung von Gottes Leben und unserem Leben erst diese

Gleichzeitigkeit in Kreuz und Auferstehung konstituiert hat, so bewährt die Predigt sich in dieser Gleichzeitigkeit, indem sie ihre Aufgabe wahrnimmt als Hinweis auf das von unserem Leben unterschiedene, aber gerade so auf es bezogene Leben Gottes.

Weil insofern die Predigt auf ihren Gegenstand angewiesen bleibt, muß ihr Gegenstand (um der Predigt willen!) subsistent[393] sein, und darf also auf das Geschehen der Predigt nicht angewiesen sein. In diesem subsistenten Sinne bezieht sich der Gegenstand der Predigt auf die Predigt, fordert und fördert sie, indem er sich der Predigt konstitutiv verfügbar macht. Insofern bindet sich der Gegenstand der Predigt auch an die Predigt, weil nur durch die Predigt sich diese Subsistenz vermitteln will. Was als Distanz im noetischen Sinne erscheint, meint ontisch Subsistenz im Sinne von Transzendenz, die die Distanz als Wahrnehmung des höchstmöglichen Maßes an Nähe zum Gegenstand der Predigt qualifiziert, und entspricht dem Gedanken der Subsistenz im Kennwort Hinweis. Distanz und Hinweis gehören untrennbar zusammen, sind aber zu unterscheiden, um vor einem doppeltem Mißverständnis bewahrt zu bleiben: nämlich Predigt als abstrakte Behauptung einer Transzendenz (eine Distanz, die nicht mehr begründen kann, warum sie die höchstmögliche Form von Nähe ist) und Predigt als pure Konkretion (ein Hinweisen, das nicht mehr begründen kann, daß der Gegenstand des Hinweises fundamental subsistent ist und insofern erst eine Beziehung konstituiert). Distanz und Hinweis sind notwendig homiletische Kategorien, um »der Gefahr einer toten Rechtgläubigkeit und der Gefahr einer nur zu lebendigen Flattergeistigkeit«[394] zu wehren.

Anhand der beiden Figuren des Isenheimer Altars, Johannes des Täufers (Geschlossener Altar) und Marias (Erste Öffnung, Engelskonzert), macht Barth diesen Doppelaspekt der Predigt deutlich: die Entlastung der Predigt durch Wahrnehmung der Distanz gegenüber dem Leben Gottes und also die Entpflichtung der Predigt, ihren Inhalt selbst konstituieren zu müssen, und die Belastung der Predigt hinsichtlich der daraus resultierenden Gleichzeitigkeit zum Leben Gottes und also des geschuldeten Hinweises auf den lebendigen Gott.

Insofern partizipiert die Predigt an der Freiheit Gottes: Sie bindet sich nicht an ein anderes Geschehen als an das Zentralgeschehen (dokumentiert durch das Zeigen des Fingers des Johannes und die Haltung der Maria). So sehr sie bei ihrer

Sache bleibt, so wenig hat sie es nötig, anderes Geschehen zu idealisieren oder zu dämonisieren. Weder nimmt Barth also Bezug auf die Ordenslegende der Antoniter (rechter Standflügel und Zweite Öffnung) als Ausdruck positiver Glaubensdarstellung, noch nimmt er auf diese Ordenslegende Bezug als Ausdruck besonderer negativer Gefährdungen (Versuchung).[395] In allem Geschehen (auch und gerade allem kirchlichen und politischen Geschehen) weist die Predigt hin auf das allem Geschehen vorgeordnete Leben Gottes.[396] In diesem Hinweisen bleibt sie selbst als Predigt »ganz anspruchslos aber auch allen christlichen und unchristlichen Dämonen gegenüber ganz furchtlos.«[397] So wird in der Predigt über nichts entschieden, weil die Predigt ihrem Wesen nach ein unverfügbares Bezeugen ist, da sie die Unverfügbarkeit Jesu Christi zum Gegenstand ihres Bezeugens macht. Jesus Christus bekennt sich zu dem Wort, zu dem zu bekennen es ihm gefällt. Als sinnfälliger Ausdruck dieser Unverfügbarkeit deutet Barth den Augen-Blick zwischen Vater und Sohn, Erste Öffnung, Menschwerdung). Johannes und Maria repräsentieren ihr gegenüber die Haltung und Aufgabe der Kirche. So gibt es in der Kirche diesbezüglich keinen Wettbewerb hinsichtlich der Zuständigkeiten. Wo doch, gilt die Frage Barths: »Wo bleibt die *Distanz* zwischen *Christus* als dem Herrn, König und Richter und seiner *Kirche*? Sind nur die *Laien* seine *Zeugen* in der Welt, ist die ›Hierarchie‹ mehr als das? Ist nicht die *ganze* Kirche das Volk der *Zeugen*?«[398] Deshalb wäre Barth ganz und gar mißverstanden, wenn man gerade seine Auslegung des Beispiels der Maria als Plädoyer für einen Quietismus verstehen dürfte, der ja insbesondere in der Geschichte der Kirche durch die jeweilige der Maria und so der Frau und so den Laien aufgebürdet wurde. Die Distanz darf nicht kirchlich absorbiert und domestiziert werden, um im Kampf um die scheinbar besseren Plätze sich Vorteile zu verschaffen. Wer Barth recht verstehen will, muß gerade in seiner Auslegung des Beispiels der Maria ins Nachdenken kommen: »Ist Maria das *perfectum exemplar* des Laienapostolats – und als solches die *regina apostolorum* (also des Petrus und seiner Kollegen samt deren Nachfolgern), muß dann nicht geradezu von einer *Überordnung* des Laienapostolats über alle anderen Gestalten des Apostolats der Kirche gesprochen werden?«[399] Das Ziel der Predigt besteht in der Aufgabe des Zeugnisses der *ganzen* Kirche der Welt gegenüber.

Auf die Entscheidung Gottes zum Leben jeweils neu hinzuweisen und so zu ermutigen, in diese Entscheidung selbst einzuwilligen, ist die vorrangige Aufgabe der Predigt. Wo die Predigt um ihre Entlastung weiß, kann sie sich getrost belasten. Karl Barths in der Betrachtung des Isenheimer Altars entfaltete Auffassung von der Aufgabe der Predigt bedeutet die Fähigkeit und Willigkeit (in diesem Sinne bezeichnet Barth Johannes den Täufer, Maria und die Engel als Wissende ...) zur Wahrnehmung einer Ortsangabe. Wie die Christologie steht auch sie nicht im Geheimnis. Barths Homiletik ist eine Absage an vertrauliche Unmittelbarkeit, sie expliziert vielmehr Joh 3,30: *Illum oportet crescere, me autem minui.*

Anmerkungen

1 Josef Bernhart äußert sich in seinen »Erinnerungen« (I, S. 867) anerkennend zu Barths Beschäftigung mit Grünewald: »Ich sah, wie gründlich er sich damit befaßt hatte und nun eigene Erkenntnisse und Deutungsversuche mir zu bedenken gab. Was und wie er es sagte, auch in kleine Details eingehend, verriet mir den geschulten Theologen ...« Vgl. auch Nr. 15 sowie Anm. 97–100 (in Anm. 98 Bernharts Briefkarte vom 4. Januar 1921 an Barth).

2 Gehalten am 20. Januar 1920 im kunsthistorischen Seminar der Universität München vor der Kunstwissenschaftlichen Gesellschaft; vgl. Bernhart, Erinnerungen I, S. 865–867 und II, S. 1556f.

3 In: Bernhart, Erinnerungen II, Anhang 75, S. 1774f. Bernhart selbst hatte in seinen einführenden Bemerkungen des Vortrages darauf hingewiesen, daß er das Menschwerdungsbild »von einer Seite betrachten (möchte), die dem Kunsthistoriker nicht die vordringlichste ist« (Bernhart, Menschwerdungsbild, S. 3), vielmehr wolle er sich »auf das theologische Fach« beschränken (a. a. O., S. 4). Wie in seinem Brief an Bernhart äußerte sich Barth in seinem ›Dankbrief an Mozart‹ vom 23. Dezember 1955 analog in bezug auf die Mozartforschung: »Ich habe übrigens, auf die Resultate dieser Forscher gesehen, die ernste Sorge, daß ich, wenn ich jung wäre und dieses Studium aufnehmen könnte, auch mit einigen der Bedeutendsten von Ihren theoretischen Interpreten in ähnlicher Weise in Konflikt geraten würde, wie es mir vor vierzig Jahren mit meinen theologischen Meistern gegangen ist« (W. A. Mozart, S. 10f). Im Hinblick auf die Bedeutung Mozarts für die theologische Arbeit Karl Barths besteht kein Zweifel. Indem Barth sich zur Grünewald-Forschung analog äußert, besteht Anlaß, über Barths Grünewald-Rezeption im Zusammenhang seiner theologischen Arbeit *grundsätzlich* nachzudenken.

4 Erschienen 1921. Nachdruck München 1975 (Reihe der Akademie der Schönen Künste 15).

5 Vgl. z. B. Niemeyer, S. 12–14; Huysmans, S. 67 (31f); Schmid III, S. 136; Schmid Noerr, S. 167; Feurstein, S. 53.89–94.97.108f.152; Hagen (4. Aufl. 1923), S. 258; Knapp, S. 22; Zülch I, S. 32f und II, S. 9 (ohne Namensnennung) [zu Zülch in bezug auf Bernhart vgl. auch Bernhart, Erinnerungen I, S. 866 und Erinnerungen II, S. 1557]; Baur, S. 12.23 ; Fraenger, S. 263.299 und ohne Namensnennung S. 13.39; Ruhmer I, S. 120; Geissler, Geburt, S. 102 (ohne Namensnennung); Möhle, S. 6; von Einem, S. 6; Saran I, S. 198f.201.229; II, S. 113; Scheja, S. 34.41.43.73f; vgl. auch Bernhart, Erinnerungen I, S. 866f.

6 Vgl. das umfassende Werk von Lücking I, der sogar die Existenz eines Doppelgängers (S. 34ff) nachzuweisen sich in der Lage sieht (vgl. auch Lücking II, S. 10–12); neuerdings dagegen: Knappe, S. 281.

7 Lücking I (S. 35) zählt 9 mögliche Variationen des Namens auf; vgl. auch Hütt, S. 330–341.

8 Kapitel XXXVII der Teutschen Academie ist abgedruckt in: Schmid II, S. 300–302; Reichenauer, S. 213f; Lücking I, S. 261f; Fraenger, S. 300–303.

9 Zülch I, S. 13.

10 Zülch II, S. 12. »Ein Nithart ist ein neidischer, gehässiger Mensch« (Feurstein, S. 28); anders Fraenger, S. 150, der Nithart als »Spitznamen« deutet, »den Mathis sich ... selbst zu eigen machte ... Im Sprachgebrauch des 15. und 16. Jahrhunderts war dieser ursprüngliche Wortsinn noch durchaus geläufig, der alle zornmütigen Eigenschaften eines streitbaren Charakters und eines zwistigen und zänkischen Gemütes in sich schließt.«

11 Geissler, Meister Mathis, S. 43. Feurstein (S. 21) vermutet eine Beziehung zu den Antonitern in Roßdorf vor den Toren Hanaus.

12 Vgl. Saran I, dort im Anhang als Urkunde 1 das Nachlaß-Inventar (datiert »Frankfurt a. M., October 21/27.«) des ›Meister Mathis maler‹ (S. 210–213), S. 211: »(45) Item 27 predig Lutters ingebunden ... (58) Item das nu testament, ingebunden, und sunst viel scharteken luterich [*Scharteken* = wertloses Buch ..., R. M.].« Dazu Behling, Sp.1887: »Die Tatsache, daß im Nachlaßinventar G. s 27 Predigten Luthers, das NT und andere luth. Schriften verzeichnet sind, läßt lediglich vermuten, daß G. am Zeitgeschehen teilnahm.« Ähnlich äußert sich Saran I, 177f. Gemessen jedoch an der Art, wie Grünewald seine Komposition vorträgt (schon auf der Schwelle der durch die Reformation eingeleiteten Entpflichtung der Kunst aus der durch die Kirche monopolisierten Deutung der christologischen Bildbezüge [auffällig ist das Fehlen des Gerichtsmotivs, das z. B. auf dem Altar des Rogier van der Weyden im Beauner Hotel-Dieu, einem Isenheim ähnlichen Hospitz, die gesamte Komposition bestimmt]), gehört er mit seinem Bildprogramm schon in jene beginnende Phase des reformatorischen Umbruchs, die dem Künstler neuartige Bildfolgen gestattete; vgl. auch Feurstein, S. 31f.48; Schwebel I, S. 177; Schwebel II, S. 103; May II, S. 283. Auffällig ist ferner, daß Grünewald die reformatorische Gewichtung des Wortes Gottes im Zeugnis der Heiligen Schrift dadurch aufnimmt, daß er in allen Wandlungen das geschriebene Wort dominant vorkommen läßt: Geschlossener Altar (Kreuzesinschrift nach Joh 19,19b und Inschrift Joh 3,30 und aufgeschlagenes Buch in der linken Hand des Täufers [Text unleserlich]); Erste Öffnung (Jes 7,14 in aufgeschlagenem Buch vor Maria und Buch bei Prophet Jesaja [Text unleserlich] auf linkem Flügel [Verkündigung]); Zweite Öffnung (rechter Flügel [Versuchung] Beutelbuch und beschrifteter Zettel am Baumstrunk).

13 Lücking I (S. 250–260) will nachweisen, daß Grünewalds letzte Schaffensperiode zwischen 1527 und 1532 mit seinem Tod in Erbach endet, während sein Doppelgänger in der Tat nach Halle ging.

14 Vgl. dazu insgesamt Saran I.

15 Geissler, Meister Mathis, S. 62.

16 Vgl. Lücking I, S. 154–161; vgl. auch Lücking II, S. 18.

17 So Feurstein, S. 20; Winzinger, S. 790; Fraenger, S. 146.

18 Geissler, Meister Mathis, S. 64.
19 Reichenauer, S. 15.
20 Vgl. Haug, S. 10, Reichenauer, S. 15.
21 Insofern sind auch sämtliche Versuche, in den Bildnissen des Altars das Portrait Grünewalds (z. B. in Sebastian, linker Standflügel) entdecken zu wollen, im Ansatz und gemessen an Grünewald selbst untaugliche Versuche. So entzieht sich Grünewald angenehm jener unterstellten »wahre(n) Monumentalität und ein(em) unvergleichliche(n) Adel der Gesinnung« (Glück, S. 27; und S. 28: »Ohne Zweifel gehört Grünewalds Isenheimer Altar in allen seinen gemalten Teilen zu den größten Werken, welche die menschliche Einbildungskraft hervorgebracht hat.«), die dann bei Pinder II (S. 261) als Zeugnis eines »Nithartischen Geistes« gerühmt wird ... (vgl. diesbezüglich Barths Kritik, die er gegenüber J. Bernhart äußert: Anm. 2). Zum Problem des Selbstbildnisses bei Grünewald vgl. Fraenger, der Grünewald in Paulus, dem »nacktarmige(n) Waldbruder im Binsenrock« (S. 42) wiederzuerkennen glaubt (Zweite Öffnung, linker Flügel), S. 153–193. Als Selbstbildnis gilt eine mit Feder überzeichnete und mit Tusche behandelte Kreidezeichnung (Universitätsbibliothek Erlangen): vgl. Reichenauer, S. 13.209; Béguerie, S. 36; Fraenger, Abb. 60. Das Bildnis Grünewalds im knienden alten Mann des Maria-Schnee-Altars (Gründung von S. Maria Maggiore) erkennen zu wollen (so Fraenger, S. 88f. 179) setzt das Zugeständnis voraus, daß dieses Gemälde überhaupt Grünewald zuzurechnen ist.
22 Sten Nadolny in seinem biographischen Roman »Die Entdeckung der Langsamkeit« über den Entdecker John Franklin, [15]1989, S. 344.
23 Diese Bezeichnung führt freilich in ein »Labyrinth von Bezeichnungen und Defintionen« (Bauer, S. 20; vgl. auch Wickersheimer, S. 160). Generell wurden unter dem »ignis sacer« alle Formen des kalten und heißen Brandes verstanden (Bauer, S. 29).
24 Das Verdienst, Ursprung und Wesen dieser Epidemien wissenschaftlich geklärt zu haben, »gebührt einer von der Société Royale de Médecine de Paris eingesetzten Kommission ... Ihre ›Recherches sur le feu Saint-Antoine‹ ... wurden in der Sitzung vom 31. Dezember 1776 vorgetragen« (Wickersheimer, S. 165). Als erster Arzt hatte Tuillier, Leibarzt des Herzogs von Sully in Angers, »im Jahre 1630 die Kausalität Mutterkorn – Gangraen erkannt« (Bauer, S. 31, sowie a. a. O., S. 9f.38f.53; vgl. auch Mischlewski II, S. 350).
25 Mischlewski I, S. 102; vgl. auch Mischlewski II, S. 22–25.349–351 und Anm. 26. Grünewald hat ein solches Opfer einer Mutterkorn-Vergiftung auf dem rechten Flügel der Zweiten Öffnung (Versuchung des Antonius) abgebildet (vgl. Bauer, S. 6). Die Gestalt trägt an sich die wesentlichen Merkmale eines Ergotismus gangraenosus: der Leib ist grün-blau-schwarz (livid) verfärbt mit einer dünnen, durch Flüssigkeit stark hervorgewölbten und mit Blasen übersäten Bauchdecke. Der entzündliche Ascites rührt von einer durch das Mutterkorn verursachten »haemorrhagischen Enteritis her« (Bauer, S. 76), die Arme und

Hände sind wie mit einer pergamentartigen Haut überzogen. Die starke Atrophie der Extremitäten »ist ein typisches Merkmal des Ergotismus. Furunkulose und Pyodermie sind Zeichen der geschwächten Abwehr« (Bauer, a. a. O.). Die Erkrankung verläuft in verschiedenen Stadien: »Zunächst die glühende Hitze und Rötung, dann die eisige Kälte und die Ausbildung einer Gangraen« (Bauer, S. 19; vgl. auch a. a. O., S. 29f). Die Gangraen ist im übrigen auch ein Merkmal der Pest infolge der Eiterbeulen und insofern ein pathogenetisches Moment der Bezeichnung überhaupt. Deshalb konnte Grünewald guten Grundes Sebastian als »einen der in Pestzeiten am häufigsten angerufenen Fürbitter« auf dem Standflügel gegenüber Antonius darstellen (Wickersheimer, S. 169).

26 Zitiert nach Béguerie, Unterlinden, S. 5 (weitere Belege in: Mischlewski II, S. 22f; Bauer, S. 13–51; Saran I, S. 103). Das Roggen-»Mutterkorn‹ (die Bezeichnung ist mythologischen Ursprungs) ist ein der Form nach übergroßes Getreidekorn. Der hellbraune bis violettbraune Getreideparasit ist das Dauerstadium des Schlauchpilzes ›Claviceps purpurea‹ und wird als ›Sklerotium‹ bezeichnet. Die Sklerotien fallen zur Reifezeit aus, bleiben über Winter am Boden liegen und keimen im Frühjahr. Die Sporen des Pilzes werden durch Wind auf die Narben der Roggenblüten übertragen, so daß sich der Kreislauf der Entwicklung der Sklerotien wieder schließt bzw. neuerlich beginnt. »Allen Epidemien gemeinsam ist der Ausbruch im frühen Herbst, nämlich dann, wenn der Roggen der neuen Ernte vermahlen und verbacken wird (Bauer, S. 16; vgl. a. a. O., S. 13.36.41f und Mischlewski II, S. 23). Hauptalkaloid des Mutterkornpilzes ist ›Ergotamin‹ (franz.: ergot = Mutterkorn und Ammonium als Alkaloid). Bei entsprechend starker Dosis führte die Mutterkornvergiftung zu Gefäßverengung und Gewebstod in den Extremitäten (Ergotismus gangraenosus [vgl. Anm. 25]). Die Mutterkornvergiftung trat zudem in einer zweiten Manifestationsform auf als Ergotismus convulsivus: diese Form äußerte sich in heftigen und schmerzhaften tonischen Krampfanfällen, die zu Kontrakturstellungen der Extremitäten führten. »Die konvulsive Form, im Deutschen ›Kribbelkrankheit‹ (auch: ›Kornstaupe‹) genannt, wurde hauptsächlich in Deutschland und in Rußland beobachtet, die gangränöse, das eigentliche heilige Feuer, vorwiegend in Frankreich« (Wickersheimer, S. 166; Vogt, S. 257). Die fürchterliche Kausalkette von jeweiliger Roggenernte, Vermahlen und Verbacken und Ergotismus (ätiologisch auffällig der Zusammenhang von Ergotismus und schlechter Ernte, bzw. Hungersnot) wurde durch die Einführung der Kartoffel als Grundnahrungsmittel durchbrochen sowie durch verfeinerte Methoden der Vorratssicherung und des Mahlens des Korns. Vorsichtsmaßnahmen (»Überwachung des Mutterkornanteils im Brotgetreide und die Entfernung des Mutterkorns vor dem Mahlvorgang, ... Überprüfung des Mehls durch mikroskopische, colorimetrische und chemische Untersuchungen« [Bauer, S. 55f] gehören heute zum Standard und dürfen »zu keiner Zeit vernachlässigt« werden [a. a. O.].) Vgl. zum Problem des Ergotismus insgesamt die Studie von Bauer, die sich zur Ätiologie und Pathogenese beider

Formen des Ergotismus medizinisch, medizingeschichtlich und sozialgeschichtlich mit Belegen aus der zeitgenössischen Kunst (insbesondere Hieronymus Bosch) äußert.

27 Vgl. Reichenauer, S. 181f; Béguerie, S. 30; Brumter, S. 25; Hagen, S. 152; Heck, S. 51; Huysmans, S. 38.40f; Eschweiler, S. 79; Bauch, S. 2; Unterlinden, S. 78; Bauer, S. 14f.78; Fraenger, S. 46: »Links unten kauert in der Ecke eine entsetzliche Figur, der wahre Insasse des Isenheimer Hospitals.« Anders hingegen Schubring (S. 8), Schmid (I, S. 178.182.185), Josten (S. 54), Mayer (S. 32), Groner (S. 11), Niemeyer (S. 10), Schmid Noerr (S. 139f.143), Knapp (S. 30), Pinder (I, S. 11), Möhle (S. 6f), Hegemann (S. 18), Zülch (I, S. 42), Scheja (S. 30) und Geissler (Versuchung, S. 178), die diese Figur als ›Teufelsspuk‹ deuten. Im Hinblick auf die medizinischen Beobachtungen Bauers (s. o. Anm. 25), die eine solche Deutung ausschließen (um so bedauerlicher die Einschätzung Bauers selbst, der meint, man habe »sich schließlich darauf geeinigt, daß es sich um einen Dämon mit Symptomen eines an der Seuche des ignis sacer Erkrankten handelt« [a. a. O., S. 76]), ist es bezeichnend, daß diese Autoren den der Gestalt gegenüber in die rechte Ecke gemalten Zettel in seiner Bedeutung für die Gesamtkomposition des Altars vernachlässigt oder gar nicht erst berücksichtigt haben: »Ubi eras, bone Jhesu, ubi eras? Quare non affuisti ut sanares vulnera mea?« (»Wo warst du, guter Jesus, wo warst du? Warum bist du nicht erschienen, um meine Wunden zu heilen?«). Niemeyer (S. 10f) muß (in der Meinung, daß sich auf diesem Flügel um Antonius herum eine »Gespenstergesellschaft« versammelt hat) deshalb annehmen, daß dieser Zettel »nachträglich« (um die »in ihrer Deutlichkeit gewagte und befremdete Sachlichkeit Grünewalds im kirchlichen Sinn richtigzustellen«) hinzugefügt worden ist. Zülch (II, S. 11) fragt: »Hatte Guersi dem Maler das Zitat so neben die Arbeit gesteckt, und der malt es als Stilleben in den lauten Spektakel?«

Der Deutung dieses Details kommt m. E. eine Schlüsselfunktion in der Betrachtung des Altars zu. Die Frage nach der Nähe Jesu als Ausdruck der Theodizeefrage ist auch und entscheidend die Frage des Kranken. Antonius ist in diesem Altarflügel sozusagen das Modell, an dem diese Frage sich nicht nur stellt (wie z. B. beim Kranken), sondern wie diese Frage durch die Versuchung (verstanden als die Gefährdung, alle Hoffnung auf Gottes heilende Nähe fahren zu lassen) hindurch die Wendung erfährt. Man könnte also soweit gehen, den sog. ›Teufelsspuk‹ auf dem rechten Flügel der Zweiten Öffnung nicht *nur* (im Sinne der korrekten Wiedergabe der Ordenslegende) der Versuchung des Antonius zuzuschreiben, bzw. man könnte die sich dem Antonius darbietende Versuchung zumindest präzisieren hinsichtlich ihres materialen Gehalts: pharmazeutisch-chemische Untersuchungen über die Wirkstoffe des Mutterkorns haben ergeben, »daß ein Bestandteil des Mutterkorn-Alkaloids die Lysergsäure ist ... Nur ein kleiner chemischer Schritt, und in der Retorte ist das Lysergsäure-diäthylamid entstanden: LSD!« (Bauer, S. 115; vgl. auch a. a. O., S. 5). In den Schilderungen der

Wirkungen der Mutterkornvergiftung bei Bauer wird analog zu den anwachsenden psychiatrischen und neurologischen Erkenntnissen von Halluzinationen berichtet (z. B. a. a. O., S. 50; vgl. auch S. 40.42.45f.49).

Das Gefühlsspektrum solcher veränderter Wahrnehmungen reicht von einer farbenprächtigen Phantasiewelt bis zu Angst- und Horrorvisionen wie Grünewald sie auf dem rechten Flügel der Zweiten Öffnung mit der Darstellung von nahezu 30 Phantasiegestalten inszeniert hat. Grünewald gibt durch diesen Altarflügel zu erkennen, daß er »die Erregungszustände bis ins Letzte kannte, in denen ein in Schrecknisse getriebenes Gehirn den Körper durch die widersprüchlichsten Bewegungen umhergestoßen fühlt: die stoßhaften Verrenkungen veitstänzerischer Exaltation und epileptischer Zwänge. Er kannte die verhängnisvollen, visionären Stunden, vor deren Gliederkrampf die tollste Bilderflucht der Phantasmagorie das Hirn durchwütet, in welcher alle Sinne überschärft gespannt sind ...« (Fraenger, S. 47).

Es könnte sein, daß er in der Tat den Insassen des Isenheimer Hospitals sehr viel realistischer dargestellt hat, als wir erahnen. Sowohl der Dämon des Antonius-Standflügels trägt an beiden Händen Zeichen eines Ergotismus gangraenosus (Detailvergrößerung in Seidel I, S. 61 und Fraenger, S. 143) ebenso wie einige Dämonen auf dem rechten Flügel der Zweiten Öffnung (Versuchung). Grünewald ist der Schwere der Krankheit nicht ausgewichen. Das gilt erst recht in Entsprechung zur Kreuzigungsszene des Geschlossenen Altars, das gilt aber auch in Entsprechung zum Weihnachtsbild der Ersten Öffnung: Bett, Schaff und Gefäß, die »Utensilien der Wochenstube« (Hinz, S. 133) mögen ihre symbolische Deutung haben (vgl. z. B. Bernhart, Menschwerdungsbild, S. 8f; von Einem, S. 23f; Geissler, Geburt, S. 103; Scheja, S. 51; Reichenauer, S. 153–157) – Hinz macht (m. W. als einziger) jedoch zu Recht darauf aufmerksam, daß »ihr Anblick an dieser Stätte denen, die nach immer wieder neuer Selbstüberwindung ihren Dienst an den von ekligen Krankheiten Befallenen verrichten, eine wesentliche Hilfe gewesen sein (wird). Hatten sie doch diese Kranken mit ihren Schwären und ihren verfaulenden Gliedern auch zu waschen und abzutrocknen und sauber zu betten und für sie das Gefäß der Notdurft zu schwenken« (Hinz, S. 133).

Der Kranke selbst klammert sich mit seiner rechten Hand an ein sog. ›Beutelbuch‹ (auf dem ›Orlier-Altar‹ [ca. 1470] der Isenheimer Antoniterkomturei ist auf einem Seitenflügel Antonius mit einem Beutelbuch abgebildet [vgl. Unterlinden, S. 46]), dessen wertvoller Inhalt sich durch das schon zerrissene Leder in Entsprechung zum zerrissenen Lendentuch des Geschlossenen Altars (Kreuzigung) und der zerrissenen Windel der Ersten Öffnung (Menschwerdung) als Heilige Schrift [so auch Reichenauer, S. 182] (oder zumindest als Brevier [so Béguerie, S. 30]) erweist (in Entsprechung zum Schriftzug Joh 3,30 des Geschlossenen Altars [Johannes der Täufer] und Jes 7,14 der Ersten Öffnung [Verkündigung] als Hinweis auf den Grund christlicher Hoffnung im Leben und im Sterben).

Ist dann aber nicht anzunehmen, daß sich der Betrachter (der mittig durch den Lettner auf den Altar blickte – so jedenfalls nach der Rekonstruktionszeichnung von J. Harnest vorstellbar [vgl. Seidel I, S. 255; Seidel II, S. 62 und Seidel III, S. 65 sowie Anhang S. 152]) über die Gestalt des Kranken links unten (als Kranker sozusagen verbündet mit dieser Gestalt) in das Tafelbild hineinsah?! Das Licht (Gottvater und der kämpfende Engel), das auf den Kranken in einem kleinen Lichtstrahl fällt, wäre jenes Licht, das auch den Kranken im Spital umfängt und seinen Grund hat in jenem Buch der Bibel. Der zerrissene Beutel ist die gedankliche Brücke zur sich anschließenden Geschlossenen Darstellung: der zerrisssene Lendenschurz des Gekreuzigten (in Entsprechung zur zerrissenen Windel des Kindes) weist hin auf die Antwort auf die auf dem rechts am Baumstumpf lehnenden Schriftblatt enthaltene Frage.

Grünewald bildet theologia crucis ab: eine nur ästhetische Anschauung des Un-Ästhetischen dringt nicht vor zur ethischen Herausforderung der sich in der Abbildung des Kranken stellenden Aufgabe. Grünewalds Kunst ruht nicht in sich selbst, sie ist im wahrsten Sinne erbaulich: die Ästhetik stellt sich in den Dienst der Ethik.

Barths Zurückhaltung gegenüber einer Erwähnung der Zweiten Öffnung hat mit der in der Geschichte der Kunstwissenschaft zusammenhängenden Domestizierung gerade des rechten Flügels der Zweiten Öffnung für eine im Ästhetisch-Unästhetischen verweilenden Interpretation zu tun. Dämonisierung bedeutet jedoch im Effekt Entpflichtung gegenüber der Wahrnehmung einer bestimmten Verantwortung. 1945 – nach dem Zusammenbruch Deutschlands und einem ersten Besuch in Deutschland – äußert sich Barth dementsprechend in einem Gespräch:»Es ist bezeichnend, daß an den von mir besuchten Tagungen von den Theologen viel von Dämonen gesprochen wurde. ›Wir haben dem Satan in die Augen geblickt.‹ Solche Sätze wurden fast mit Enthusiasmus ausgesprochen ... Ich hörte mir das eine Zeit lang an. Schließlich konnte ich nicht mehr schweigen. ›Seid ihr damit nicht im Begriff, in ein magisches Weltbild hineinzurutschen?‹ fragte ich meine Freunde. ›Warum redet ihr immer nur von Dämonen? Warum sagt ihr nicht konkret: wir sind politische Narren gewesen? Erlaubt bitte eurem Schweizerischen Kollegen, euch zu einem rationaleren Denken zu ermahnen«« (zitiert nach Busch I, S. 341). Vgl. auch Barths Bezugnahme auf den Altar, Nr. 42 und Anm. 284.

28 Vgl. insgesamt: Mischlewski II, Erster Teil: Grundzüge der Geschichte des Antoniterordens vom Entstehen bis zu den Reformkonzilien (ca. 1095–1438), a. a. O., S. 17–167.

29 Mischlewski I, S. 102; vgl. auch Bauer, S. 20. Zu den therapeutischen Leistungen der Antoniter vgl. Mischlewski II, S. 29–33.

30 Vgl. Bauer, S. 65 und Mischlewski II, S. 29–33.

31 Heck, S. 2.

32 Mischlewski I, S. 103.

33 Zur Rekonstruktion der Apostelpredella (und also der Stellung und

Bedeutung des Jakobus innerhalb des Ensembles) vgl. Suckale, S. 176.
Zur Jakobus-Wallfahrt vgl. Mischlewski II, S. 33f.

34 Heck, S. 2.

35 Aus der Zeit der Antoniter ist».... heute noch das gotische Torhaus mit Spitzbogen-Pforte (vorhanden), darüber ein zerstörtes Wappen, bezeichnet 1777, über der Seitenpforte des gegen die Straße vorspringenden Baus eine Wappentafel, bezeichnet 1528; der gewölbte Klostergang mit geschmückten Schlußsteinen und Wappen, außerdem ein Teil des Hospitalbaus mit spätgotischen einfachen Fenstern ... Großes wohl im 17. Jh. erbautes mehrstöckiges Haus« (Hotz, S. 95).

36 Mischlewski I, S. 103; vgl. auch Mischlewski II, S. 36–38; Bauer, S. 71.

37 Mischlewski I, S. 103.

38 Heck, S. 2.

39 Vgl. Brunel, S. 140 (dort Bilddokument)–144.

40 Zu Jean d'Orlier vgl. Mischlewski III, S. 122–128.

41 Vgl. Mischlewski III, S. 125.»Nach den im Archiv zu Lyon erhaltenen Plänen war die Kirche eine dreischiffige gotische Basilika zu vier Jochen mit langgestrecktem dreiseitig geschlossenem Chor. An der Nordwest-Ecke ein kräftig verstrebter unausgebauter Turm. Die Hauptgebäude auf der Süd-Seite des Chors um einen oberen Hof gruppiert, wobei der östliche Flügel zugleich den anschließenden unteren Hof abgrenzte. Das Hospital befand sich an der Ost-Seite des Tors« (Hotz, S. 95).

42 Rieckenberg (S. 118f) möchte nachweisen, daß Grünewald selbst (womöglich mit Hilfe eines Schülers Hagenauers) als Bildschnitzer tätig geworden ist.

43 Vgl. Geissler, Der Altar, S. 12.

44 Zur Frage der Datierung vgl. Saran II, S. 89f. Mischlewski (III, S. 125) hält es für nicht sicher, aber doch wahrscheinlich, daß d'Orlier die Vollendung des geschnitzten Altarwerkes noch erlebt hat, wenn man die Fertigstellung des Schnitzwerkes für die Zeit um 1490 ansetzt.

45 Geissler, Der Altar, S. 15.

46 Ruhmer kommentiert zu einer Zeichnung Grünewalds (»Kopf eines Greises im Profil«, Weimar, Schloßmuseum): »Das Greisenprofil ... wird von den beziehungsfreudigen Ausdeutern der Grünewaldschen Biographie gern als Guido Guersi angesehen, der Auftraggeber von Isenheim« (II, S. 23 und Tafel 14); vgl. diesbezüglich Fraenger, Abb. 55, der den bei Ruhmer abgebildeten »Kopf eines Greises im Profil« betitelt: »Bildnis des Guido Guersi«. Bauch (auch im Konzert mit etlichen »beziehungsfreudigen Ausdeutern« ...) hält es diesbezüglich lieber mit der Zweiten Öffnung, Antonius und Paulus (linker Flügel): »Gegenüber sitzt Antonius vor dem steinalten Paulus in seiner Einöde. Er selbst trägt die Züge des greisen Guido Guersi, des Stifters« (S. 2). Ebenso: Winzinger, S. 789; Fraenger, S. 42.155f.183f.289f; Hotz, S. 96.

47 Fraenger, S. 183: »Acht goldene Lilien auf blauen Grund, dazu ein rotes Schrägkreuz mit fünf weißen Muscheln stellen das Angeviner Adelswappen Guido Guersis dar.«

48 Geissler, Der Altar, S. 15; vgl. auch Unterlinden, S. 81; dagegen: Heck, S. 26.

49 »Die Flügel sind nicht mehr wie in der Gotik geschoßweise in einzelne kleinere, die heiligen Geschichten nebeneinander aufreihende Bildfelder unterteilt. Sie zeigen vielmehr nun eine einzige, die ganze Bildwand ausfüllende und auf die Altarmitte bezogene Darstellung mit einheitlichem Blickfeld und einer einzigen Bildbühne« (Winzinger, S. 786f).

50 »Wie ein großes *Buch*, mit Schranktüren als Bilderseiten, schlägt man solch ein Altarwerk auf« (Fraenger, S. 10).

51 Brumter, S. 12; vgl. auch Saran II, S. 81, Mischlewski III, S. 122 und Reichenauer, S. 148. Bauer, S. 62: »Noch vor der Aufnahme wurde jeder Erkrankte einzeln auf die heiligen Evangelien Gottes vereidigt. Er mußte sich zu Gehorsam und Loyalität gegenüber dem Orden und seiner Oberen verpflichten, weiter zu einem frommen und ehrlichen Leben sowie zu einer sorgfältigen Wahrung des Ordensgutes.« Auch die Art der Kleidung war vorgeschrieben: 1517 wird in Straßburg das ›Feldtbuch der Wandtartzney‹ von Hanns von Gersdorff, einem Vertragschirugen der Antoniter, gedruckt. Dieses Buch enthält u. a. einen Holzschnitt, der einen Kranken abbildet, der ein Gewand aus Wollstoff trägt, auf dem das ›Tau‹ der Antoniter zu erkennen ist (a. a. O., S. 62, Abb. 27; vgl. auch a. a. O., S. 28, Abb. 12; vgl. auch Wickersheimer, S. 165.167, Abb. 3). In bezug auf die Gestalt des rechten Flügels der Zweiten Öffnung und der dort abgebildeten Gugel schreibt Bauer (S. 78): »In den Statuten des Antoniter-Mutterklosters in Saint-Antoine findet sich eine Vorschrift für die Spitalsinsassen, die besagt, daß sie mit einer solchen Gugel (Chaperon) bekleidet sein müssen.«

52 Fraenger (S. 12) vermutet inklusive der Wimperge eine »Höhe von sechzehn Meter(n)«.

53 Zeichnungen, die den Anblick auf den gesamten Altar wie in einer Rekonstruktion deutlich werden lassen in: Schmid I, Tafel 8 und Niemeyer, S. 5–7 [dort jeweils Zeichnungen von G. Ruthmann nach der Rekonstruktion von Theophile Klem, (auch in Josten, S. 23; Knapp, S. 19 – Bildteil und Zülch I, S. 37)], Seidel III [dort Zeichnungen von Joseph Harnest, S. 9.33.65]. Die Zeichnungen von J. Harnest befinden sich auch in: Seidel I, S. 253–255 und Seidel II, S. 58.60.62 (vgl. auch Anhang, S. 152); sowie Rekonstruktionen »bei freier Gestaltung von Raum, Sprengwerk und Mensa« von Winzinger, S. 789.797. Zum Standort des Altars in der Kirche vgl. Rekonstruktionszeichnung von C. Winkler (1907) in Heck, Les Bâtiments ..., S. 138.

54 Fraenger (S. 43; vgl. auch S. 259) macht in bezug auf die Konzeption z. B. der Kreuzigung (Geschlossener Altar) darauf aufmerksam, daß der »beträchtliche Größenunterschied der einzelnen Figuren« auffällt. »Es herrscht kein einheitlicher Maßstab, keine einhellige Proportion auf diesem Werk.« Fraenger deutet diese Verschiebung in den Proportionen vom Johanneswort (Joh 3,30) her: »In allersinnfälligster Weise sehen wir die Erfüllung dieses Wortes sich im Bild vollziehen.« Vgl.

auch Reichenauer (S. 19f), die von einer »›umgekehrten‹ Perspektive« spricht.

55 Geissler, Der Altar, S. 19; vgl. auch Glück, S. 27; Reichenauer, S. 143 und Saran II, S. 81.
56 Oellermann, S. 152.
57 Abgedruckt in: Schmid II, S. 329–338 (›Anzeige der Gemälde und Statuen der ehemaligen Antoniter Kirche zu Isenheim im Obern Elsaß‹); zu Lerse vgl. a. a. O., S. 105.
58 Geissler, Der Altar, S. 19.»Diese beiden kleinen Statuen, die zum Ensemble des Isenheimer Altares gehören, sind Besitz des Karlsruher Museums und befinden sich zur Zeit als Leihgaben im Museum in Colmar« (Unterlinden, S. 78) und Le retable d'Issenheim, S. 9 (Bilddokument: Les deux porteurs d'offrandes).
59 In der einzig erhaltenen Beschreibung des Altars vor dessen Zerstörung von Franz Chr. Lerse befand sich der Sebastian-Flügel auf der rechten und der Antonius-Flügel auf der linken Seite (a. a. O., S. 337); vgl. auch Geissler, Der Altar, S. 17; Reichenauer, S. 84.86f.88.105.107.196; Harnest, S. 100.115; Saran II; S. 82.94.113f; Fraenger, S. 297. Es ist in der Tat aus dreierlei Gründen nicht einsehbar, daß eine Versetzung der Standflügel vorgenommen wurde:
1) Da die Augen gewöhnlich einen Sehrhythmus von links nach rechts haben, liegt der Blickpunkt eines Tafelbildes vom Betrachter aus im linken Drittel. Ein Altar, der auch die Darstellung der Ordenslegende des Antonius zum Auftrag hat, wird zwangsläufig die Ordenslegende des Antonius der Legende des Sebastian vorordnen durch die Stellung innerhalb der Gesamtkomposition. Das erste Bild, das dem Betrachter ins Auge fällt, wird deshalb Antonius auf dem linken Standflügel gewesen sein. Reichenauer spricht deshalb zutreffend von Antonius als dem »Schreinwächter am des Altars« [S. 105].
2) »Die Grundform des Kompostionsschemas (des Geschlossenen Altars, R. M.) ist eine Ellipse« (Reichenauer, S. 88). Die Linienführung der Ellipse geht jeweils über die Führung der Mantelfalten bei Antonius (vorausgesetzt ist die ursprüngliche Anordnung der Standflügel: Antonius links, Sebastian rechts) hin zu der am Oberkörper leicht gebogenen Christusdarstellung der Predella, verlängert sich im Faltenwurf des Umhangs des Sebastian und schließt sich im gebogenen Querholz des Kreuzes.
3) Der Lichteinfall auf die beiden Gestalten Antonius und Sebastian fällt bei Rekonstruktion der als ursprünglich anzusehenden Bildanordnung von einer zentralen Lichtquelle auf beide Standflügel, deutlich hervorgehoben durch die leicht linksseitige und rechtsseite Drehung der Sockel, auf denen die Heiligen stehen, zum Betrachter hin.
Bilddokumente eines Vergleiches der ursprünglichen Anordnung zur jetzigen Aufstellung im Unterlinden-Museum, die bei Reichenauer (S. 86f.88) abgebildet sind, verstärken die Ansicht, daß die Gründe für eine Wiederherstellung der als ursprünglich anzusehenden Anordnung gewichtig sind. Als (noch vor der Umstellung photographiert, aber erst

unmittelbar nach der Umstellung herausgegebenes) Dokument der ursprünglichen Bildanordnung des Geschlossenen Altars vgl. auch: Strieder, S. 30.

60 Ein Bilddokument der Art damaliger Aufstellung im Unterlinden-Museum in: Béguerie, S. 8:»Das zerlegte Retabel im Museum Unterlinden, von 1902–1922.« Vgl. auch Josten, S. 22.

61 Unterlinden, S. 60.

62 Zur heutigen Art der Aufstellung vgl. als Bilddokument: Unterlinden, S. 60 und (ganzseitig) in: Le retable d'Issenheim, S. 6 (Présentation actuelle du retable d'Issenheim, vue depuis la tribune de la chapelle.).

63 Die protestantische Theologie im 19. Jahrhundert, [3]1960, S. 37.

64 Zitiert nach Schulze, S. 16f.

65 Woltmann, S. 253.

66 Die entsprechende Passage ist abgedruckt in: Huysmans, S. 63–66. Zur Bedeutung Huysmans für die Grünewaldforschung vgl. schon Josten, S. 76.78; Schmid II, S. 231; Schmid III, S. 137 (vgl. auch Hagen, S. 78; Pinder II, S. 261; Ruhmer I, S. 5–25; Scheja, S. 5; Lücking I, S. 16f und Schulze, S. 15f).

67 Vgl. Schulze, S. 8f.

68 Huysmans, S. 65. Berger, S. 74 spricht in bezug auf die Kreuzigungsszene von der Wiedergabe der »*empfundenen* Anatomie des Schmerzes.« Vgl. auch Hagen, S. 78.

69 Schulze, S. 37.

70 A. a. O., S. 39.

71 »Am 13. Februar 1917 wird der Altar unter dem Vorwand einer Restaurierung in die Münchner Pinakothek gebracht. Erst infolge langer Verhandlungen zwischen der deutschen Regierung und der Schongauer-Gesellschaft, die das Museum Unterlinden verwaltet, kehrt das Retabel am 28. September 1919 nach Colmar zurück« (Béguerie, S. 7). Vgl. Bernhart, Erinnerungen, S. 865: dort wird als Datum der 27. September 1919 genannt.

72 Zitiert nach Béguerie, S. 38; vgl. auch Mayer, S. 86; Hagen, S. 225. Auch der Titel seines 1876 erschienenen Buches ist zumindest mißverständlich: ›Geschichte der deutschen Kunst im Elsass‹.

73 Hagen, S. 10. (In späteren Auflagen fehlt dieser Passus ...)

74 Unter der Diktatur Adolf Hitlers hat sich dieser Versuch, den Altar für eigene Zwecke und also das eigene Land zu reklamieren, wiederholt. Wilhelm Pinder schließt seinen Artikel »Der Isenheimer Altar des Mathis Gotthardt Neithardt (Matthias Grünewald)«: »Wir dürfen aber auch, mit Dank und Stolz, nunmehr sagen, daß der Besitz dieses Werkes nicht mehr nur geistiger Art ist. Das siegreiche Jahr 1940 hat den Isenheimer Altar auch als körperliche Wirklichkeit uns wiedergebracht, zusammen mit dem herrlichen deutschen Lande, in dem er erstanden ist. Er ist nun wieder in den Händen des Volkes, aus dessen geschichtlicher Wesenheit er – immer auch ein größtes Werk abendländischer Kunst überhaupt – sich doch zuerst und zuletzt nur erklären kann« (Pinder I, S. 12).

75 Schulze, S. 38.

76 Max Beckmann in einem Brief vom 8. Juni 1915 (zitiert nach Schulze, S. 39).

77 Jakob Eschweiler erinnert sich in seinem Grünewald-Buch (»Der Isenheimer Altar«, S. 83) an die Wirkung der Ausstellung des Altars in München: »Wer es nicht selbst erlebte, wird sich schwerlich heute davon ein Bild machen können, wie gewaltig der Eindruck auf die hinpilgernden, nach Tausenden zählenden Besucher war. Mitten aus einem kaum gestörten, gesättigten Wohlleben, das sie über alles Widrige einfach hinwegzutäuschen beliebte, waren sie von der unversehens hereinbrechenden Not und dem Leid des Krieges an den Rand eines Abgrundes geschleudert worden, dessen leibhaftige Existenz in Vergessenheit geraten war. Betäubt und ratlos, von allen früheren Sicherungen entblößt, suchten sie einen Halt und festen Standpunkt, der vor dem völligen Versinken retten könne.« Vgl. auch Fraenger, S. 101.

78 Vgl. Niemeyer, S. 1; Fraenger, S. 101.296; Scheja, S. 5; Hinz, S. 131; Möhle, S. 1.

79 Eschweiler deutet diesen Andrang (vgl. Anm. 67) im Sinne der von Barth in der Ersten Fassung seines Römerbriefes abgelehnten Deutung des Kreuzigungsbildes: »Aus einer drückenden Last verwandelte er (Christus) sich zur Wesensvertiefung und Geistesbewährung im Leben des einzelnen wie des ganzen Volkes« (S. 84).

80 BwTh I, S. 279.

81 A. a. O., S. 288.

82 Gemessen an der Bedeutung dieses »Fundes« für die theologische Arbeit Karl Barths kann dem Eindruck H. Schmidts, dem Herausgeber der Ersten Fassung des »Römerbriefes« im Rahmen der Gesamtausgabe, bezüglich der Gewichtung des Unterschieds von Manuskript- und Druckfassung nicht zugestimmt werden: »Bei der Auslegung von Röm 5,1–11 sind inhaltliche Wandlungen nicht festzustellen« (S. 616). Schon in der ersten Bezugnahme Barths auf den Altar werden die Kennworte ›Distanz‹ und ›Hinweis‹ von der Sache (›zurückbleiben‹) und vom Begriff her (›hinweisen‹) eingeführt und bleiben in der Auslegung des Altars für Barths Theologie bestimmend.

83 Vgl. Abbildung Nr. 82 in Busch I, S. 433 und Bild 4 in Marquard II [dort Bilder 2 (Geschlossener Altar, Kreuzigung), 14 (Johannes der Täufer), 17 (Der Auferstandene) und 40 (Detail Johannes der Täufer)]. Eine Reproduktion der Kreuzigungsszene befindet sich auch in: Mit dem Anfang anfangen, S. 47.

84 Dise Kunnst von Gottes Gunst
Wanns Gott nit gunnt, so ists umsunst
Ein jeds dis Wercks Gott loben sott
Dann dise Kunnest kunnt von Gott.

Wie wohl d'Kunst Gaben Gottes seindt
Ist Unverstand ier größter Feindt
Darumb wer solches nicht verstaet
Allhie nichts zu urtheilen het.«

In: Schmid Noerr, S. 5. Der Autor merkt an: »(Alte Kritzeleien auf dem ehemaligen Schrein des Isenheimer Altares.)«
Josten (S. 36) zitiert den Vers des Hagerich von Chur im gleichen Wortlaut wie Groner; den Vers von Stymmer zitiert Josten in Übereinstimmung mit Schmid (II, S. 332). Bei Groner, S. 41f wird unter Hinweis auf Abel Stymmer und Hagerich aus Chur zitiert:

Wiewohl d'Kunst Gaaben Gottes seindt
Ist Unverstand ier grester Feindt
Darumb wer solche nicht verstaet
Allhie nichts zu urteilen het
...
Diese Kunnst kunndt von Gottes Gunst
Wanns Gott nit guntt so ist's umsunnst
Ein jeder dises Werck Gott loben soll
Dann dise Kunnst kunnt von Gott«.

U. U. griff Groner zurück auf den bei Schmid II, S. 332 abgedruckten Text:

Dise Kunst kumdt von Gottes Gunst
wanns Gott nit guntt so ists umsunst
Ein jeder dises Werck Gott loben sot
Dann diese Kunst kumt von Gott.
1578; Hagerich von Chur:
Wiewohl d'Kunst Gaaben Gottes sindt
ist Unverstandt jer gröster Feindt
Darumb wer solche nit verstät
allhie nichts zu urtheilen hat.
Abell Stymmer.

Schmid zitiert diese Verse im Rahmen seiner Dokumentation: »Anzeige der Gemälde und Statuen der ehemaligen Antonier Kirche zu Isenheim im Obern Elsaß, vermutlich von Franz Chr. Lerse« (zwischen 1777 und 1793) [Schmid II, S. 329–338]. Es handelt sich dabei um die einzig erhaltene Beschreibung des Altars vor dessen Zerstörung. Lerse kommentiert selbst: »Der Name Hagerich von Chur ist in der Geschichte der Kunst ganz unbekannt ... Aber Stymmer von Schaffhausen ist bekannt sowie seine drey Brüder ... Abel aber mahlte nur auf Glas und hat vermuthlich seinen Namen blos deswegen hinter den Altar geschrieben, weil einige meisterhafte Glasgemälde dieser Kirche von seiner Arbeit sind« (a. a. O., S. 332). Schmid (a. a. O., S. 104) merkt an: »1578 verewigten sich jener Hagerich von Chur und Abel Stimmer durch Lobgedichte auf der Rückseite des Altars.« Vgl. auch Woltmann, S. 261.
In seinem »Römerbrief« (2. Auflage), S. 119 (vgl. Nr. 20) zitiert Barth dann:

Diese Kunst kommt von Gottes Gunst.
Wenn's Gott nicht gunnt, so ist's umsunst,
Ein Jeder dieses Werk Gottes loben sot,
Denn diese Kunst kommt von Gott.

85 Stoevesandt I, S. 215. Vgl. schon sehr früh: Strauch (S. 28), der im Zusammenhang seiner Darstellung der Christologie Barths auf dessen Grünewald-Rezeption hinwies. Auf S. 23 definiert er die Religion im Sinne Barths »als Hinweis und Zeugnis auf das, was diesem Hinweis ewig voraus- und über ihn ewig hinweggeht«. Zum Kennwort ›Hinweis‹ vgl. auch Anm. 100.

86 »*Hinweis*, nur Hinweis auf Gottes eigenes Reden und Handeln zu sein ist nach Barth der Auftrag der Verkündigung und mit ihr der Theologie, wie er sich denn das Wesen beider gern an dem weisenden Finger des Täufers auf Grünewalds Kreuzigungsbild veranschaulichte« (Stoevesandt II, S. 234). Vgl. auch schon »Römerbrief« (Erste Fassung), S. 164 und »Römerbrief« (Zweite Auflage), S. 135; sowie: Die theologische Voraussetzung kirchlicher Gestaltung, S. 22.

87 Wörtlich dann ab: Nr. 25, S. 146; vgl. Der Römerbrief (Zweite Auflage), S. 145 (dort beklagt Barth »jene trunkene Verwischung der Distanzen« zwischen Gott und dem Menschen) sowie S. 482, wo die Begriffe ›Hinweis‹ und ›Distanz‹ von Barth in einem Sinnzusammenhang gebraucht werden.

88 Der Herausgeber merkt an: »Barth dürfte hier Matthias Grünewalds Kreuzigungsbild vom Isenheimer Altar vor Augen haben« (277). Da nachweisbar ist, daß Barths Bezugnahme auf das Altarbild in der Ersten Fassung des Römerbriefkommentars vor dem Konfirmandenunterricht des Advent 1918 liegt, wird er sich in der Tat auf das ihm bereits bekannte Kreuzigungsbild bezogen haben.

89 Jean Paul. Rede des toten Christus vom Weltgebäude herab, daß kein Gott sei. In: Visionen der Christenheit, Texte von Jean Paul, Feodor M. Dostojewski, Wladimir S. Solowjow und aus dem Neuen Testament. Hg. Günther E. Th. Bezzenberger, 1981, S. 13.

90 Vgl. zur bildlichen Darstellung Christi im Sinne »eines ästhetischen Heranholenwollens« im Gegenüber zum biblischen Bilderverbot Barths Homiletik, S. 33: »Von hier aus wird nicht nur das Christusbild in der Kunst, das Kruzifix in der Kirche, sondern auch die Errichtung geistiger Gottesbilder problematisch« (vgl. Nr. 37). Zum Begriff der Schönheit vgl. KD II/1, S. 733f: Gott selbst ist als der Liebende insofern schön, als er in der Tat seiner Liebe liebenswürdig ist.

91 Darauf, daß »Barths strenge Zurückhaltung in bezug auf bildende Kunst im kirchlichen Raum ... theologisch bedingt, *wort*bedingt« ist, hat Fangmeier I, S. 274f bereits aufmerksam gemacht.

92 Das gleiche Zitat gebraucht Barth später dann im Vorwort seiner Tauflehre (KD IV/4, S. XIII) unter Verweis auf Goethe, der sich mit diesen Worten nach einem Blick ins Innere des Vesuvkraters äußerte. In KD III/3, S. 609 zitiert Barth Goethe nochmals (diesmal wortgenau) zu dessen Blick in das »Innere des Schlundes«: »Der Anblick war weder

unterrichtend noch erfreulich.« Vgl. Johann Wolfgang v. Goethe, Italienische Reise. – In: Goethes Werke in sechs Bänden, Hg. Erich Schmidt, 6. Band, o. J., S. 148.

93 Vgl. in den 20er Jahren z. B. Schmid Noerr, S. 18: in diesem fiktiven Gespräch sagt der Kunstfreund zu Grünewald:»Ihr malet Ritterschaft verrostet und verknäuelt am Boden, wie lächerliche Igel!« Vgl. auch Schubring, S. 7; Fraenger, S. 262f, der von»rüpelhaften Purzelbäumen« schreibt (Fraenger nimmt hier u. U. Bezug auf Max J. Friedländer, der sich in der 1919 herausgegebenen Mappe – Barths Anschauungsmaterial im Konfirmandenunterricht! – folgendermaßen geäußert hatte:»Die Wächter, deren Rüstungen von blitzenden Lichtern getroffen werden, liegen unten verworren, wie durcheinandergepurzelt, in Dumpfheit, mit verschnürten Leibern – in Kontrast gegen den oben weit ausgebreiteten Leib des Ätherischen.«); sowie später: Kübler, S. 21, der von»den in peinlicher Sachlichkeit geschilderten Wächtern« schreibt oder Eschweiler, S. 33; anders z. B. Huysmans, S. 23f.

94 Vgl. schon dem Sinn nach Konfirmandenunterricht, S. 351.

95 Vgl. auch Strauch, S. 28.

96 Vgl. Anm. 1–5

97 »Über der Madonna schweben zwei Engel aus einem nebulosen, wolkigen Gebilde« (Bernhart, Menschwerdungsbild, S. 17); vgl. auch Anm. 112.

98 Hagen, S. 125 und 127 (dort untertitelt:»... krönende Engel vom Isenheimer Altar«). Bernhart antwortete Barth auf einer Briefkarte (Original im Karl Barth-Archiv Basel):»Hindelang-Gailenberg (Allgäu) 4.1.21. Sehr geehrter Herr Pfarrer! Verbindlichen Dank f[ür]. d[as]. fr[eun]dl[iche]. Wort Ihres Interesses. Dergleichen, u[nd] ist es auch Zweifel oder Widerspruch, hört man als Autor immer gern. Ihr Deutungsvorschlag hat mir auf den ersten Blick zu denken gegeben. Wenn ich nun aber die trotz allem doch starke Parallelität der beiden Gestalten, dazu die Erinner[un]g. ans Original mit den deutlichen Merkmalen der Geflügelheit u[nd] endlich das wenig Kongruente einer Wiederhol[un]g der Annunciatio eben an dieser Stelle, wo Krone u[nd]. Szepter doch auf Glorie deuten, wenn ich das alles erwäge, muß ich einstweilen doch bei meiner Deut[un]g bleiben. Richtig ist Ihr Hinweis auf die Unterschiede der beiden Gestalten, u[nd] Sie zwingen mich, die Frage nicht auf sich beruhen zu lassen. Es wird Sie interessieren, daß laut einer Mitteil[un]g aus F[ran]kf[ur]t, die mir eben zugeht, nächstens von anderer, mir fernstehender Seite eine Publikation erscheint, die manche m[einer]. Ergebnisse bestätigt. So werden die harten Nüsse wohl bald aufgeknackt sein. Nochmals dankend grüßt Sie Ihr Dr. Bernhart.«

99 Barth schreibt irrtümlich ›Adventswelt‹. Vgl. Bernhart, Menschwerdungsbild, S. 7.

100 Es ist zu vermuten, daß der zunehmende Gebrauch des Kennwortes ›Hinweis‹ aus der Wertschätzung des Bernhart-Vortrages heraus verstärkt wurde. Joseph Bernhart äußert sich in seinem Vortrag zu

Johannes als dem »hinweisende(n) Täufer ... (der) in einer Predigt des
hl. Bernhard schon *indicator* [Hinweiser] schlechthin genannt« worden
war (Menschwerdungsbild, S. 5; vgl. auch a. a. O., S. 10.12). Oskar
Hagen untertitelt in seinem Grünewaldbuch – die für Barth zweite
maßgebliche Quelle zur Grünewaldrezeption – eine Detailabbildung zur
Figur des Johannes (a. a. O., Abb. 24, S. 72): »Weisende Hand des
Täufers vom Isenheimer Altar.« Auch der Gedanke der ›Distanz‹ wird
durch Bernhart verstärkt, wenn er die Gestalt und Haltung der Maria
in Anlehnung an das Magnifikat beschreibt:»an der Schwelle des Alten
Bundes kniend, durch Sehnsucht und Zustand schon ganz dem Neuen
zugetan« (a. a. O., S. 14). Vgl. diesbezüglich insbesondere Barths
Bezugnahmen in Nr. 26.33 und 40.

101 BwThI, S. 364.459 (u. ö.).

102 A. a. O., S. 448.

103 BwThT, S. 451; zur Sache vgl. Unerledigte Anfragen an die heutige
Theologie, S. 3–24. Dort auch wie im Römerbrief (Zweite Auflage)
Hinweise auf Sokrates (9), Kierkegaard (14) und Jeremia (15). Zu
Overbeck und dessen Begriff der Urgeschichte vgl. auch: Die christliche
Dogmatik im Entwurf, S. 309–321.

104 Unerledigte Anfragen an die heutige Theologie, S. 7ff, folgende Zitate
S. 11; vgl. auch Römerbrief (Zweite Auflage), S. 5f; Auferstehung der
Toten, S. 59.

105 A. a. O., S. 13.

106 Zum Begriff der Gleichzeitigkeit vgl. Brinkschmidt, S. 38–41 (und
23–38.123.128); sowie Credo, S. 105.

107 Barth schreibt diese Zeilen Weihnachten 1920.

108 Stoevesandt III, S. 35.

109 Vgl. auch: Das große Aber, S. 20f.23; in seiner Korintherbriefauslegung
(Die Auferstehung der Toten) gebraucht Barth den Begriff »Todes-
schwelle« (S. 57). In Credo [1935] (Anhang: Fragebeantwortung, S. 159)
führt Barth aus: »Es trat mir aus Ihren Reihen die Klage darüber
entgegen, daß ich die Sprache des ›Römerbriefes‹ nicht mehr führe. Sie
sollten im Gegenteil dankbar sein, daß ich Sie heute nicht mehr mit
›Hohlraum‹ und ›Todeslinie‹ belästige!! Das hat damals seinen Dienst
getan. Heute wäre es verwirrend und langweilig, wenn ich dabei
beharren wollte. Ich hoffe sehr, daß ich in fünf oder zehn Jahren wieder
eine andere Sprache als heute sprechen kann und dann auch wieder
muß.« Vgl. auch Brechen und Bauen, S. 112f.

110 Vgl. zum Gedicht Anm. 84 (Nr. 1).

111 Vgl. zum Begriff der ›Ellipse‹: a. a. O., S. 95.128.247f und auch: Schleiermachers ›Weihnachtsfeier‹ (1924), S. 129f; und Schleiermacher, a. a. O.
(S. 136–189), S. 176 sowie: Die protestantische Theologie im 19.
Jahrhundert (§ 11 Schleiermacher [S. 379–424]), S. 385.415f.422. Von
der Sache her vgl. Nachwort zur Schleiermacher-Auswahl, S. 308.

112 Barth bezieht sich, wenn er in diesem Zusammenhang von Maria
spricht, auf jene leicht zu übersehende Darstellung auf der linken Seite
(also nicht linker Flügel – Verkündigung an Maria) des Weihnachtsbil-

des: das Engelskonzert. Dort kniet Maria eben in Distanz aber in Hinwendung zum Weihnachtswunder anbetend (vgl. O. Hagen, S. 128). Barths Interpretation der Maria des Engelskonzerts folgt der damals maßgeblichen Grünewaldinterpretation durch Bernhart: Es handelt sich um Maria, »die nach der Empfängnis in der Stimmung des Magnificat sich anbetend in das visionär vorausgenommene Ereignis versenkt. An der Schwelle des alten Bundes kniend, durch Sehnsucht und Zustand schon ganz dem neuen zugetan, erscheint sie ... als Tochter ihres Kindes« (Bernhart, Menschwerdungsbild, S. 14; vgl. Anm. 1–4). Vgl. auch a. a. O. (S. 27) und Hagen (S. 128), die in (teilweise) Übereinstimmung mit Mayer (S. 29), Huysmans (S. 31) [später dann Eschweiler (S. 51) sowie heute Heck (S. 34), Brumter (S. 20) und Béguerie (S. 25)] diese Gestalt als »Maria in Erwartung« deuten. Barth beschreibt sie in Anlehnung daran als »anbetende Maria« (Nr. 26, S. 186; Nr. 33, S. 341) oder als »Maria ... in Anbetung« (Nr. 40, S. 137). Diese Deutung jedoch war schon zur Zeit, da Barth sie von Bernhart und Hagen übernahm, nicht unumstritten: Josten (S. 44–48), Groner (S. 20), Niemeyer (S. 13) [später dann Feurstein (S. 89.105), Zülch I (S. 32.35), Zülch II (S. 9), Hegemann (S. 13f) und heute Geissler (Geburt, S. 104), Saran (II, S. 88) und Reichenauer (S. 134)] deuten diese Figur als praeexistente »Maria aeterna« (vgl. zu diesem Begriff und zum Begriff der ›Tempeljungfrau‹ den instruktiven Aufsatz von H. von Einem). Insgesamt dürfte Heck (S. 35) entgegen den zahllosen und zum Teil absonderlichen Deutungsversuchen des Engelskonzertes recht haben, wenn er schreibt: »Viele Fragen sind bis heute ohne Antwort geblieben.«

113 »Direkte Mitteilung von Gott ist keine Mitteilung von Gott« (Römerbrief, 2. Aufl., S. 298). Vgl. auch Die Theologie Schleiermachers 1923/1924, S. 133 und Unterricht, Band I, S. 78. In »Ein Briefwechsel mit Adolf von Harnack« (Theologische Fragen und Antworten [S. 7–31], S. 26f stellt Barth den von Kierkegaard (vgl. Einübung im Christentum, Ges. Werke, Hrsg. H. Gottsched, Chr. Schrempf, Bd. IX, 1912, S. 110–131) entlehnten Begriff der ›(in-)direkten Mitteilung‹ dem des Zeugnisses gegenüber. Vgl. auch dazu: Brinkschmidt, S. 35–38 (insbesondere S. 37f).124 und Stoevesandt I, S. 207; vgl. auch KD II/1, S. 223.

114 Vgl. BwTh II, S. 281.

115 Vgl. auch: Einführung in die evangelische Theologie, S. 40; Credo, S. 63.116.125.

116 Hier ist im Grunde schon die Auseinandersetzung mit E. Brunner um die Verhältnisbestimmung von Natur und Gnade präfiguriert: vgl. Nein!, S. 30f und KD 1/2, S. 41; vgl. auch Die Kirche – die lebendige Gemeinde des lebendigen Herrn Jesus Christus, S. 30.33.

117 In der offiziellen Barth-Bibliographie (Band 1: Veröffentlichungen von Karl Barth, bearbeitet von M. Wildi und hg. von H.-A. Drewes, 1984, S. 76, Nr. 155) ausdrücklich auf »Dezember 1923« datiert, im Text aber (S. 6) schreibt Barth: »Wir ... zählen 1924.«

118 KD IV/3, S. 671 (»Der Christ als Zeuge«) spricht Barth vom »Urvorgang«, S. 700 vom »Prototyp«.

119 Fraenger (S. 13) spricht sehr schön von »vierschrötiger Standfestigkeit«.
120 Unterricht, Bd I, S. 182.
121 Zur Aufnahme des Begriffes »Urgeschichte« vgl. auch Christliche Dogmatik, S. 309 (dort Anm. 1).
122 Auf das Wahren des Geheimnisses in der Christologie der Alten Kirche (ausgedrückt im Respekt vor dem Wunder der Jungfrauengeburt) weist Barth in seiner Utrechter Vorlesung über das Glaubensbekenntnis hin: Credo, S. 63.
123 Unter Hinweis auf Jes 60,3(2,2) merkt Barth an: »in ihm (dem Tempel) versammelt die Fülle der Heiden wie Jesaja geweissagt ...« Die Deutung des Engelskonzerts und insbesondere der Figuren im Hintergrund des Tempels ist in der Grünewald-Forschung strittig. Barth schließt sich hier der Interpretation Bernharts an.
124 M. E. verwendet Barth den Begriff der »heiligen Geschichte« in Anlehnung an den in Nr. 33 im Zusammenhang seiner Altarbetrachtung gebrauchten Begriff der »Urgeschichte«.
125 Vom Glauben gilt dann (KD IV/1, S. 831), daß er im Sinne von 2. Kor 3,18 die ›Herrlichkeit des Herrn‹ »widerspiegelt«. »Indem er dieses Werk tut, das anders denn als Entsagung gegenüber dem Werk des lebendigen Herrn Jesus Christus zunächst kaum zu beschreiben ist, tut er echtes, freies, sein eigentliches Werk.«
126 »Wir werden dann aber immer zu bedenken haben, daß diese Füllungen unser eigenes Werk sind, nicht zu verwechseln mit der konkreten Fülle des Wortes Gottes selbst, dessen wir gedenken und harren, sondern nur Hinweis darauf« (I/1, S. 145).
127 Der Gedanke der sich selbst verantwortenden Bibel hat seine Pointe darin, daß er Raum läßt für Gottes Gegenwart in der Verkündigung. Nur wo dieser Raum in der Verkündigung unbeschadet bleibt, ist diese Gegenwart dann auch also solche »Gottes Gnade, d. h. seine unergründlich freie jeweilige Tat, in der er sich zu jenem Hinweis bekennt ...« (I/1, S. 68, vgl. auch S. 53). Predigt ist also in diesem Sinne nur dann qualifiziert als Hinweis, wenn sie »Hinweis auf das göttliche Selbstwort« ist (I/1, S. 60; vgl. auch I/2, S. 845 und IV/2, S. 231).
128 Vgl. KD I/1, S. 59 und Stoevesandt I, S. 216.
129 Vgl. auch KD IV/3, S. 995, wo Barth von einer primären (zu Jesus Christus hin) und sekundären (zur Bibel hin) Bindung der Predigt spricht. Dort auch der Gebrauch des Begriffs »Hinweis«.
130 Vgl. dann später: Nr. 44, S. 296 und KD IV/3 (1959), S. 995.
131 »Prof. Karl Barth in Bonn abgesetzt!«, Basler Nachrichten Jg. 90 (1934), Nr. 349 vom 21.12.1934, S. 1.
132 Zur Sache vgl. Busch I, S. 268–275.
133 EG 289 und 35.
134 Barth in seinem innerhalb des Artikels abgedruckten Brief vom 18.12.1934 an den Rektor der Bonner Universität.
135 So die 4. Strophe (EG 289) des von Johann Gramann gedichteten Liedes.
136 So die 3. Strophe (EG 35).

137 »Maria ist mit Johannes dem Täufer zusammen zugleich die ins Neue
Testament hineinragende personale Spitze des Alten Testaments *und*
der erste neutestamentliche Mensch (Lk 1,38). Sie ist einfach: der
Mensch, an dem das Wunder der Offenbarung geschieht. Dieser Mensch
kann vielleicht Träger eines Amtes werden wie die Apostel, und es
kann dieses Amt in seiner Beziehung zu dem Amte Christi Gegenstand
einer Lehre werden. Aber das Amt, nicht die Person des Paulus, Petrus
oder Johannes! Um wieviel weniger die Person der Maria, welche ja
kein solches Amt hat, sondern ganz allein den den Herrn empfangen-
den zugleich alt- und neutestamentlichen Menschen als solchen
repräsentieren kann. Dieser Mensch braucht nicht anonym und nicht
unbeachtet zu bleiben. Die Mariagestalt ist gerade in ihrer Unbetont-
heit, gerade in ihrem so unendlich bedeutsamen Zurücktreten, gerade
weil sie nur als Empfängerin, als Begnadete wichtig wird, ein unent-
behrliches Element der biblischen Verkündigung« (KD I/2, S. 153f).
Man kann Johannes und besonders Maria in der Theologie Barths
geradezu als Prototypen seiner Anthropologie (und insofern auch der
Ekklesiologie: vgl. a. a. O., S. 157) bezeichnen, sofern sie sowohl bewahrt
bleiben vor einer Ideologisierung des Amtes (Johannes) und einer
Dogmatisierung der Haltung (Maria); vgl. auch a. a. O., S. 209. Zur
heute in dieser Frage offenbaren Problematik der Verhältnisbestimmung von Mann und Frau vgl. schon damals a. a. O., S. 211–214.

138 Daß sie als solche »über sich selbst hinausweisen« (854) muß, läßt sie
wohl im Hinblick auf sich selbst als leer erscheinen, aber gerade in
dieser Bereitschaft, liegt ihre ganze Würde: »Man wird hier daran
denken dürfen, daß zu den Mariensymbolen der mittelalterlichen Kunst
ein klargeschliffenes Glasgefäß gehörte. Und wenn damit angespielt
wurde auf Lk 1,38: ›Siehe ich bin des Herrn Magd, mir geschehe nach
deinem Wort‹ – so denken wir hinüber zu Mt 26,39: ›Nicht wie ich will,
sondern wie du willst.‹ Solche reinen Gefäße sucht, schafft und findet
der göttliche Logos auch in der Verkündigung der Kirche« (855). Es ist
sehr wahrscheinlich, daß Barth hier auch das Engelskonzert des
Isenheimer Altars vor Augen hatte: unterhalb der Maria im Tempel
weist ein solches Glasgefäß (eine Karaffe mit Wein) auf die anbetende
Maria hin (vgl. Bernhart, S. 6.9; Hagen, S. 130; Feurstein, S. 49.91;
Geissler, Geburt, S. 103; Heck, S. 34; Fraenger [dort auch Abb. 122],
S. 264; Winzinger, S. 787.789; von Einem, S. 5; Scheja, S. 49).

139 »Wir weisen nicht auf die Christologie hin ... Wir weisen, christologisch redend, auf Jesus Christus selber hin« (II/1, S. 284; vgl. auch
S. 283).

140 Im Kreuz hört Gott nicht auf, »Gott zu sein« (KD IV/1, S. 202).

141 KD IV/1, S. 276.

142 Busch II, S. 27 zitiert die Bemerkung Barths aus einem Brief Barths
an Jürgen Moltmann vom 17. November 1964 (Briefe 1961–1968, S.
274–277.558–560); vgl. auch Busch I, S. 505), der im gleichen Jahr sein
Buch »Die Theologie der Hoffnung« vorgelegt und ein Exemplar Barth
zugeschickt hatte: »Aber das Heil kommt nicht von der KD (davon bin

ich als Leser Ihres Buches ausgegangen), wohl aber von der Erkenntnis des ›ewig reichen Gottes‹, um die ich mich (problematisch genug) bemühen zu müssen meinte. *Ihr* Gott kommt mir – entschuldigen Sie! – ein bißchen pover vor« (Briefe 1961–1968, S. 276).

143 Vgl. auch Einführung in die evangelische Theologie, S. 43: »Evangelische Theologie ist Erkenntnis des ›ewig *reichen*‹ Gottes ...«

144 Im Register ist unter »Grünewald« irrtümlich die Seite 572 vermerkt.

145 Vgl. schon zur Problematik ThExh 22, S. 37.39.

146 Vgl. auch Barths Anspielung in KD IV/1, S. 809.

147 Vgl. zur Sache schon: Predigt über 2. Mose 20,4–6 (26. März 1935 in Siegen). – In: Vier Predigten, ThEx 22, S. 36–45.

148 Vgl. allerdings KD I/2, S. 55f sowie Credo (Anhang: Fragebeantwortung), S. 159.

149 zum ›Rückblick‹ Barths vgl. schon: How my mind has changed, 1928–1938 (1939), S. 181.185f.189; Brechen und Bauen: Diskussion mit Prof. Karl Barth am 5.8.1947, S. 112f (»Für mich war nie ein Bruch da!«); KD II/1, S. 714.

150 Der hätte Barth mißverstanden, der meinte, Barth hätte den Gedanken der Distanz zwischen Gott und Mensch sozusagen gemildert, wenn nicht aufgehoben. Barth hat diesen Gedanken zu einem Grundgedanken seiner Theologie erklärt. Worum es im folgenden geht, ist, den Gedanken der Distanz eben gerade als Ausdruck der *Menschlichkeit* Gottes denken zu lernen. Das »senkrecht von oben« wird nicht zurückgenommen (vgl. KD II/2, S. 770 und Das christliche Leben, S. 402; vgl. dazu insgesamt: Die christliche Dogmatik im Entwurf [1927], S. 248f, Anm. 6), es bleibt vielmehr in Geltung, um erst recht dem Menschen zu dessen *Menschlichkeit* zu verhelfen, *A*bbild zu werden des *einen* Urbildes.

151 In: Mit dem Anfang anfangen, S. 12 (aus: Einführung in die evangelische Theologie, S. 181f).

152 »Im Raum der Kirche sind wir nicht in einem leeren Raum« (Die protestantische Theologie im 19. Jahrhundert, S. 2). Und demzufolge gilt entsprechend der von Gott getroffenen Entscheidung für den Menschen und für des Menschen Entscheidung für Gott: »Der Christ existiert nicht im leeren Raum, sondern von dieser doppelten Entscheidung her« (Das christliche Leben, S. 239) [so daß schließlich für die Theologie gilt, daß auch sie nicht »im leeren Raum *spielende* Theologie« sein kann: Kirche und Theologie (1925). – In: Die Theologie und die Kirche (S. 302–328), S. 328].

153 KD I/1, S. 41; vgl. auch KD IV/3, S. 901.

154 KD IV/1, S. 264.

155 »Nicht ihr gleich werden!« mahnt Barth KD IV/3, S. 884.

156 Was Barth im Zusammenhang seiner Gotteslehre (§ 27: Die Grenzen der Erkenntnis Gottes) über die entsprechende Teilnahme an der Wahrhaftigkeit der Offenbarung Gottes in Anlehnung an die Begriffe ›Ehrfurcht‹ und ›Distanz‹ ausführt (KD II/1, S. 251), liest sich wie eine Würdigung der Arbeit Mathias Grünewalds: »*Ehrfurcht* bezieht sich nun eben auf die *Distanz* zwischen unserem Werk und dessen Gegen-

stand, gewiß auf die überwundene, aber eben allein durch Gottes Gnade überwundene Distanz zwischen hier und dort, unten und oben. In Ehrfurcht dankbar werden wir die Gnade immer wieder als Gnade gelten lassen und in Empfang nehmen, werden wir aus dem Empfangen nie ein Nehmen werden lassen, wird unsere Erkenntnis Gottes immer Gebet des Dankes, der Buße und der Bitte bleiben müssen.«

157 Barths Kritik an der pädagogischen Begründung des Biblia-Pauperum-Gedankens bzw. der Vorstellung, daß das Bild in der Kirche ein Adiaphoron ist, hat selbst einen pädagogischen Grund: »Die Augen kann man anders wohin wenden und schließen, die Ohren nicht« (Die Kirche und die Kultur (1926). – In: Die Theologie und die Kirche, S. 372).

158 Schon in seiner Erklärung des Johannes-Evangeliums (1925/1926) hatte Barth im gleichen Kontext wie jetzt auf die Unterscheidung von Wasser- und Geisttaufe im Hinblick auf Verheißung (Johannes der Täufer) und Erfüllung (Jesus Christus) festgestellt: »Diese beiden können nicht konkurrieren, gerade weil das Erste dem Zweiten, weil der Täufer Jesus schlechterdings subordiniert ist« (S. 227).

159 Barth führt in seinem im Herbst 1925 gehaltenen Vortrag »Kirche und Theologie« (in: Die Theologie und die Kirche [S. 302–328], S. 322) aus: »Es soll Klöster geben, in deren Refektorium der Ehrenplatz bei jeder Mahlzeit mit vollem Gedeck *zubereitet*, dann aber *unbesetzt* gelassen wird! Dieses Freibleiben der Stelle, wo das entscheidende Wort zu sprechen wäre, ist der Sinn der Dialektik in der Theologie.« Gegen die Intention Barths gleichwohl ein tröstliches Wort für die Praxis der Wassertaufe . . .

160 Marquard I, S. 760f.

161 So auch: KD II/2, S. 770.

162 Geyer II, S. 105.

163 Vgl. auch: Die Neuorientierung der prostestantischen Theologie in den letzten dreissig Jahren. (22. März 1940), S. 98–101; Evangelische Theologie im 19. Jahrhundert, ThSt 49, S. 6; Nachwort, S. 293f.

164 Vgl. Systematische Theologie (1960), S. 36.

165 Dostojewski (1921), 1963.

166 In seinem Vortrag »Der Christ als Zeuge«, S. 192 verstärkt Barth: »*Unterordnung heißt hier diese konkrete Disziplin*« (vgl. auch a. a. O., S. 213). In KD IV/3, S. 955 spricht Barth im gleichen Zusammenhang von »tätige(r) Unterordnung«.

167 Zum Begriff der »Grenze« vgl. auch: Gott erkennen, Gott ehren, Gott vertrauen nach Calvins Katechismus, S. 39; sowie (zusammen mit dem Begriff »Hinweis«) KD IV/3, S. 958 und Nr. 49.

168 Gerade gegenteilig führt Barth aus: »Das Menschliche ist das Relativum, das Zeugnis, das Gleichnis – also nicht . . . auf irgendwelchen Spitzen und Höhen der Entwicklung *selber* das Absolute! wohl aber der . . . *Hinweis* auf das Absolute!« (in: Ein Briefwechsel mit Adolf von Harnack, S. 26).

169 Zur Unterscheidung und Zuordnung von *direkt* und *indirekt* vgl. auch:

Das christliche Verständnis der Offenbarung, S. 16; Erklärung des Johannes-Evangeliums, S. 71 und Anm. 113.

170 Vgl. auch Erklärung des Johannes-Evangeliums, S. 71.

171 Vgl. Der Christ als Zeuge, ThExh 12, S. 13 und: Der Dienst am Wort Gottes, ThExh 13, S. 14f.21; vgl. auch: Das Wunder der Weihnacht (1927), S. 21.

172 Fraenger (S. 13) beschreibt Johannes in der Interpretation des Geschlossenen Altars als Wissenden und deutet so die Gleichzeitigkeit zwischen dem Gekreuzigten und Johannes im Sieg des Lebens über den Tod.

173 Vgl. auch zur Haltung des Johannes und der Maria (ohne Bezugnahme auf den Altar): Vier Bibelstunden über Lk 1 (1935), ThExh 19.

174 ThExh 12, S. 12.

175 ThExh 13, S. 14f.

176 Vgl. zum Begriff der ›Subordination‹ im Hinblick auf den Begriff des ›Zeugen‹: Erklärung des Johannes-Evangeliums, S. 130–134. 150f und 162 (dort: ›Unterordnung‹).

177 Reichenauer spricht bezeichnend in bezug auf den überlangen auf Christus weisenden Finger vom »Wortfinger« (S. 95).

178 Zur Verhältnisbestimmung von Theologie (Christologie) und Predigt (Homiletik) vgl. Ein Briefwechsel mit Adolf von Harnack (1923), S. 10: »Die Aufgabe der Theologie ist eins mit der Aufgabe der Predigt.« Überhaupt läßt sich von der bei Barth durchgängig positiven Verhältnisbestimmung von Theologie und Predigt die Einheitlichkeit seiner Theologie darlegen.

179 Predigten 1954–1967, S. 220; vgl. auch die nach dieser Textpassage betitelte Tonbildreihe: »Von ferne ... hinweisen« (Marquard II, S. 5f; in dieser Tonbildreihe wird bereits versucht, Barths Biographie in enger Bezugnahme auf den Isenheimer Altar zu entfalten: S. 5.11.24f). Vgl. auch ferner schon: Dogmatik im Grundriß, S. 137: »Verwechseln Sie nicht meine Theorie von der Versöhnung mit der Sache selber. Alle Versöhnungstheorien können nur Fingerzeige sein.« Vgl. auch im Sinne einer positiven Bestimmung: Die protestantische Theologie im 19. Jahrhundert, S. 399: »... daß Bibel und Dogma vielleicht verbindliche Fingerzeige zum Verständnis dieser seiner (des Geheimnisses) Selbstdeutung sein könnten.« Und in bezug auf den Namen Jesus Christus: Letzte Zeugnisse, S. 31 (siehe auch: Mit dem Anfang anfangen, S. 147): »Um was ich mich in meinem langen Leben bemüht habe, war in zunehmenden Maße, diesen Namen hervorzuheben, und zu sagen: dort ...!« Vgl. auch insgesamt Busch III.

180 In KD IV/3 (S. 137) vergleicht Barth »die Wahrheit des einen Wortes Gottes, das Jesus Christus heißt und ist, mit der Mitte und zugleich mit der ganzen von ihr aus konstituierten Peripherie eines Kreises ...« U. U. hat Barth hier Bezug genommen auf Kornelis Heiko Miskotte, der in der Festschrift zu Barths 70. Geburtstag (»Antwort«, 1956) in seinem Beitrag auf »die umfassende Lehre von der dreifachen Gestalt des Wortes« in KD I/1 zu sprechen kommt als der »Beziehung zwischen

Zentrum und Peripherie« (S. 35): »Die Messung des Umkreises, der Bezirke, der Lineatur der Teile vollzieht sich an dem kerygmatischen Zentrum: Immanuel ...« (a. a. O.). Barth hatte Miskotte am 12. Juli 1956 (Briefwechsel Barth – Miskotte, S. 81) ausdrücklich für dessen Beitrag gedankt: »Er gehört ... zu denjenigen Teilen dieses inhaltsreichen Buches, in denen ich mich nicht nur verstanden, sondern besser verstanden und jedenfalls dargestellt finde, als ich es selbst je tun könnte.«

181 Vgl. dann KD IV/1, S. 808: »Mit irgendeiner Orthodoxie hat das nichts zu tun. Die sog. Orthodoxie hat darin nicht zu viel, sondern zu wenig getan!«

182 KD I/1, S. 97.

183 Weber, S. 12.

184 Vgl. auch KD IV/2, S. 773.

185 So sehr die Apostel exemplarisch die Botschaft von der Versöhnung subjektiv realisieren durch ihre eigene Ausrichtung, so sehr bleibt ja doch Christus das Subjekt der Versöhnung. Das gilt entsprechend für die Gemeinde, die sich in ihrer Verkündigung »genau auf der Linie Johannes des Täufers« (KD IV/3, S. 958; KD II/1 [S. 112–114] spricht Barth von der »Hauptlinie«) bewegt, der – indem er »hinweist« – die »Grenze nach oben« hält (a. a. O.). Das Gegenbild dazu wäre der Mensch »in der Linie Adams« (KD IV/2, S. 48), der Subjekt seiner eigenen Selbständigkeit sein und bleiben will und auf Grund seines Anspruches auf Mitwirkung am Werk der Versöhnung durch Direktheit und Unmittelbarkeit eben keine Grenze hält und also nicht hinweisen kann. Für ihn wäre dies vielmehr ein fundamentaler Selbstwiderspruch wie umgekehrt für Johannes (oder Maria) der Gedanke einer Mitwirkung (vgl. KD IV/3, S. 687f) im Sinne der Konstituierung des christlichen Subjekts ein fundamentaler Selbstwiderspruch sein muß. Von Adam zu Johannes führt theologisch gesprochen die Linie allein durch die vertikal auf die horizontal vorgestellte Lehre von der Sünde treffende Christologie, so daß im Schnittpunkt das Rechtfertigungsgeschehen die eine Linie unterbricht und eine andere neu weiterführen läßt (als Fortsetzung der Lehre von der Sünde dann die Lehre von der Kirche) [vgl. KD IV/1, S. 718]. In seiner Studie ›Christus und Adam‹ deutet Barth diese Unterbrechung als Konstituenz einer allein möglichen »negativen Entsprechung«: weil wir »unten und nicht oben« sind, tun wir »auch in unserer Schuld und Strafe nichts Originelles«, sondern haben eben nur: »hin(zu)weisen« (S. 81). Das Kennwort ›Hinweis‹ bezeichnet die in der Standortbestimmung »unten/oben« gesetzte ›Distanz‹ als allein mögliche Haltung, den Bruch der Linien wahrzunehmen und in seiner durch Gott vollzogenen Überwindung anzunehmen. Wie es um den Menschen bestellt ist, ist allein »dem Bilde Christi« zu entnehmen (S. 96).

186 Gleichlautend auch: KD I/2, S. 598; vgl. auch Die Schrift und die Kirche, S. 5.17; Die Kirche – die lebendige Gemeinde des lebendigen Herrn Jesus Christus, S. 24.

187 Vgl. auch explizit KD IV/3, S. 127 mit entsprechendem Hinweis auf KD I/1 und I/2.

188 Vgl. auch Das christliche Leben, S. 297 (sowie S. 327f):»Das Wort Gottes bringt aber *Ordnung* in des Menschen Leben: Überordnung und Unterordnung.«

189 Vgl. auch: Der Begriff der Kirche (1927), S. 292.300f.

190 Vgl. zum Problem des Kanons (»Respekt« ihm gegenüber und »um der wirklichen Autorität des biblischen Kanons willen«) die Frage nach seiner Unabgeschlossenheit: KD I/2, S. 531f.671).

191 Vgl. auch KD IV/3, S. 994–997.

192 In seinem im Frühjahr 1928 gehaltenen Vortrag »Der römische Katholizismus als Frage an die Protestantische Kirche« (in: Die Theologie und die Kirche [S. 329–363]) bestimmt Barth die Konstituierung des christlichen Subjekts in der »Wiederherstellung der Autorität *Gottes* gegenüber der Autorität der Kirche«, aus der »die Wiederherstellung der Freiheit des Gewissens als eines nicht nur seelsorgerlich geduldeten, sondern in aller Form als kirchenbegründend zu anerkennenden Faktors« zu folgern ist (S. 346). Das bedeutet aber in bezug auf den Begriff des ›christlichen Subjekts‹ in Entsprechung zum Begriff der ›Freiheit des Gewissens‹: »Die autoritäts- und bindungslose Denkweise und Haltung des neuzeitlichen Menschen hat mit der protestantischen Kirche nichts zu tun« (S. 347).

193 »Die Überordnung der Schrift über die Gemeinde, die Unterordnung der Gemeinde unter die Schrift garantiert diese Begegnung (zwischen Gott und Mensch, R. M.). Darum darf diese Überordnung und Unterordnung keinen Augenblick aufhören, aktuell zu sein« (Die Schrift und die Kirche, S. 15).

194 KD II/2, S. 471 gilt dies auch für Johannes den Täufer: »In dem Licht, in welchem sie, von jener Grenze her gesehen, stehen, werden und sind auch sie hell, werden und sind auch sie ihrerseits Zeugen dieses Lichtes. Nur in diesem Lichte! Nur indem der, den sie bezeugen, ihnen seinerseits zuerst sein Zeugnis gibt.«

195 In: Vorträge 1922–1925 (S. 14–38), S. 30

196 »Schade um die vielen schönen Dinge, die ... im ›Bildersturm‹ der Reformation (gewiß allzu konsequenzmacherisch) geradezu zerstört worden sind« (Offene Briefe, S. 295). Aber schon im übernächsten Satz merkt Barth im Hinblick auf die Intention dieser »konzequenzmacherischen« Explikation an: »In der Intention haben die vielgescholtenen ›Bilderstürmer‹ eben doch recht gehabt.«

197 KD I/1, S. 340. Vgl. KD III/4, S. 434: »Wohl dem, dessen Augen und Ohren nach der *ästhetischen* Seite des Daseins offen sind.« Vgl. Andresen, S. 225: »Seine sinnliche Wachheit und Aufgeschlossenheit, seine fast schrankenlose Rezeptionsfähigkeit hat Zeitgenossen immer wieder erstaunt.« Andresen bietet in seinem Aufsatz eine Fülle von Beispielen für Barths ›Sinnenfreudigkeit‹.

198 In seiner Predigt über 2. Mose 20,4–6 (2. Gebot) führt Barth aus (Vier Predigten, ThExh 22, S. 38): »Nicht gegen die menschliche Kunst ...

und nicht gegen die Sichtbarmachung als solche richtet sich der göttliche Unwille, der aus diesem Gebot redet.«

199 KD IV/2, S. 114.
200 KD I/2, S. 328.
201 A. a. O.
202 Brief vom 22. Juni 1963 an Privatdozent Pfarrer Dr. Kurt Lüthi. – In: Briefe 1961–1968 (S. 144–146), S. 145.
203 A. a. O.
204 Zum Begiff »Raum der Kirche« vgl. Nr. 46 und Anm. 152.
205 KD IV/2, S. 114; vgl. auch Offene Briefe, S. 296: »Sicher hätte die Kirche die Kunst niemals zu solchen Versuchen ermuntern und geradezu mit solchen beauftragen sollen.«
206 In KD IV/2 (S. 114) gibt Barth den Ort innerhalb seiner Dogmatik an, wo diese Frage sachgemäß zu behandeln ist: »in der Lehre von der Kirche«. In KD IV/3 (S. 994–997) behandelt Barth dann das Problem dementsprechend im Rahmen seiner Darstellung der verschiedenen Dienste der Gemeinde unter (2), der Predigt (S. 995).
207 So Kurt Lüthi (Moderne Malerei), der im Hinblick auf Barth anmerkt: »Von Seiten der Theologie möchten wir ... nicht in einem flachen Sinn das Bilderverbot der Bibel auf die Christusdarstellung ausdehnen« (S. 323). Gemessen an den von Lüthi ins Feld geführten »kubistisch aufgebauten Darstellungen« von Léger muß Theologie zwangsläufig solange als *flach* erscheinen, als man nicht die Frage stellt, welchem ›Aufbau‹ die Theologie in der Kirche (und so dann auch die Kunst in der Kirche) zu dienen hätte (vgl. auch KD IV/2, S. 114) ...
208 Die Kirchlichen Zustände in der Schweiz (1922). – In: Vorträge 1922–1925, S. 31. Diese Einschätzung hat Barth bis ins hohe Alter beibehalten: »Der Wirklichkeit der Person und des Werkes Jesu Christi kann nur die in Gebet, Predigt, Taufe und Abendmahl und also im ›Gottesdienst‹ im engeren Sinn des Begriffs, dann aber und vor Allem die im Leben handelnde Gemeinde selbst entsprechen ...« (An die Monatsschrift [1959]. – In: Offene Briefe 1945–1968 [S. 466–468], S. 468); vgl. auch a. a. O., S. 296; zum liturgischen Programm des Gottesdienstes bei Barth vgl. Vorwort (1962), S. 8f.
209 ›Über die Kirche‹ (1922). – In: Vorträge 1922–1925 (S. 1–4), S. 3.
210 Link I, S. 288.
211 KD II/1, S. 13. Das bedeutet in der Konsequenz für Barths Verständnis von Wirklichkeit, daß die Gegenständlichkeit Gottes durch dessen Immanenz nicht konstitutiv ausgedrückt werden kann und daß demzufolge auch der Erkenntnismöglichkeit des Menschen eine Grenze gesetzt ist. Indem sich der Glaube allein an die Verborgenheit Gottes hält, hat er Anteil an Gottes Wirklichkeit. Vgl. zur Sache: Jüngel I, S. 9.76; Dalferth, S. 404.406.
212 A. a. O., S. 59; vgl. KD I/2, S. 40: »Eben sein Eingang in diese Sichtbarkeit bedeutet ja nun wohlgemerkt, den Eingang des ewigen Wortes Gottes in die Verhüllung, in die Kenose und Passion.«
213 »Der dem Menschen in seiner Offenbarung begegnende Gott ist

durchaus keine nichtgegenständliche oder in ihrer Gegenständlichkeit nur intendierte Größe, sondern vielmehr der Inbegriff aller Gegenständlichkeit, und wenn er dem Menschen als der Verborgene begegnet, dann betrifft diese seine Verborgenheit nicht nur das menschliche Wahrnehmen und Verstehen als solches, sondern auch das bei diesem Wahrnehmen und Verstehen stattfindende Intendieren bezw. unser Vermögen dazu; sie betrifft den Akt menschlicher Erkenntnis *und* seine Intention, sie betrifft uns *selbst*« (KD II/1, S. 205).

214 D II/1, S. 204.

215 Gerade im Glauben werden wir sagen müssen, daß unsere Erkenntnis Gottes allen Ernstes beginnt mit der Erkenntnis der *Verborgenheit* Gottes« (a. a. O., S. 205). Erkenntnis der Verborgenheit heißt ja nicht, Erkenntnis im Diffusen, Ungenauen. Gotteserkenntnis geschieht nicht in der Nacht, in der alle Katzen grau sind. Sondern der Gotteserkenntnis geht voraus eine von Gott initiierte unumkehrbare Sicht vom Menschen, deren Explikation der Mensch Jesus ist. Er ist als solcher »Real- und Erkenntnisgrund« (KD II/1, S. 34; KD IV/3, S. 860; Die Botschaft von der freien Gnade, S. 14) menschlicher Gotteserkenntnis (vgl. auch KD I/1, S. 202; KD I/2, S. 8.29; KD IV/1, S. 127.721; Fides quaerens intellectum, S. 39.50.174). Daß Gott uns erkennt, bedeutet für die Erkenntnis des Menschen zu Gott hin, daß sie nur dann das Ziel der Erkenntnis nicht verfehlt, wenn der Mensch sich als bereits Erkannter auf einen bereits vorgezeichneten Erkenntnisweg begibt. Weicht er von diesem Weg ab, kommt es zu keiner Gotteserkenntnis, dann lauert vielmehr die »Sünde« (Römerbrief. Zweite Auflage, S. 171), die Barth im Römerbrief auch gerne als ›Titanismus‹ oder in der Kichlichen Dogmatik als ›Hochmut‹ und ›Trägheit‹ beschreibt. Die Folgen verfehlter Gotteserkenntnis sind fatal: sie führen in die Entpflichtung zur Mitgeschöpflichkeit. »In Jesus Christus *erkennen* wir, wer wir sind, indem wir in ihm als die, die wir sind, erkannt *sind*« (KD IV/1, S. 264; vgl. auch KD I/1, S. 257; KD IV/1, S. 17.21 kann Barth diesbezüglich geradezu von einem »Erkenntnisprinzip« sprechen). Indem Gott dem Menschen in Jesus Christus zuvorkommt, ist sowohl entschieden über den Weg der Erkenntnis als auch über den Inhalt: es ist der »solidarisch(e)« Gott (a. a. O.), der in seinem »durchgehende(n) Zug nach unten« (a. a. O., S. 207) eben »zu diesem Weg in die Fremde fähig, willig und bereit ist« (a. a. O., S. 173), so daß gilt: »Nicht du hast Gott erkannt, sondern Gott erkennt dich« (Die Auferstehung der Toten, S. 24.39). Gottes Solidarität ist Gnade: sie (als das Gegenwort, die Gegenmacht zur ›Sünde‹, »ist das Erkennen des Erkanntseins des Menschen durch Gott« (Römerbrief. Zweite Auflage, S. 188.170). So ist das Ziel rechter Gotteserkenntnis nicht einfach ein bloßes, womöglich souveränes Erkennen, sondern das Leben unter der Gnade Gottes. Rechte Gotteserkenntnis bedeutet in ihrer Konsequenz, daß sich der Christ und die Kirche eben auch in bezug auf das, was zu tun bleibt im gegenüber zur Welt eben nicht »in einer Nacht, in der alle Katzen grau sind« befinden (Rechtfertigung und Recht, S. 21).

216 A. a. O., S. 211; vgl. auch ThExh 22, S. 41.

217 »*Wir* können Gott nicht begreifen, weil und indem wir ihn schon nicht *anschauen* können, weil er nicht Gegenstand eines unserer Wahrnehmungsbilder werden kann, auf die sich dann unsere Begriffe, unsere Denkbilder und zuletzt unsere Worte und Sätze beziehen« (a. a. O., S. 208) Und: »Es bleibt dabei, daß unsere Wahrnehmungsbilder, Denkbilder und Wortbilder als solche keine Bilder sind und auch nicht sein können. Sie *werden* es. Sie *werden wahr*. Aber sie werden es nicht aus sich selber; sie werden es ganz und gar von ihrem *Gegenstande* her, nicht durch ihr eigenes Vermögen, sondern durch das ihres Gegenstandes« (a. a. O., S. 218).

218 »Die Bilderstürme, die in der Bibel und in der Kirchengeschichte stattfanden, richten sich immer gegen etablierte Herrschaftsverhältnisse und sind begleitet von politischen Revolten ... Das Problem besteht nun darin, daß eine politische Revolte und auch ein Bildersturm nicht auf Dauer gestellt werden können. Soll etwas erreicht werden, muß irgendwann von Destruktion und Kritik auf Konstruktion umgeschaltet werden. Es reicht nicht, Bilder abzuschaffen, es müssen Gegen-Bilder, andere Bilder an deren Stelle treten« (Neuhaus II, S. 5). Das Bilderverbot selbst schließt eine Ästhetik (verstanden als »Lehre von der sinnlichen Wahrnehmung und dem daraus resultierenden Handeln« [Grözinger II, S. 42]) nicht aus, sondern fordert geradezu eine *theologische* Ästhetik, d. h. eine an der Befreiungsgeschichte Israels (Altes Testament) bzw. an der Inkarnation (Neues Testament) orientierte Wahrnehmung des dem Menschen verborgenen Gottes, der aber auf die Erfahrbarkeit und also Versinnbildlichung seiner den Menschen befreienden Offenbarung nicht verzichtet (vgl. Neuhaus I, S. 88). »Im Gedanken des Bilderverbotes konvergieren ... das theologische und ästhetische Interesse« (Grözinger I, S. 89.104.132: dort spricht Grözinger vom Sein Gottes »in der ästhetischen Dialektik von Präsentation und Entzug«).

219 Link II, S. 67: »Was Gott ins Menschliche übersetzt, das verbirgt ihn zugleich als Gott.«

220 KD I/2, S. 198.

221 KD II/1, S. 216f.220.227.

222 A. a. O., S. 213. Denn: »Gott hat nie jemand gesehen; was jemand von sich aus gesehen hat, das war immer etwas Anderes als Gott« (a. a. O.).

223 ThExh 22, S. 41 (vgl. auch KD II/1, S. 211).

224 KD III/1, S. 222; vgl. auch KD III/2, S. 260–264.

225 A. a. O., S. 220.

226 KD I/2, S. 330; vgl. auch ThExh 22, S. 38f.

227 KD III/1, S. 220; vgl. auch KD III/2, S. 261.

228 KD III/1, S. 219; vgl. auch KD III/2, S. 262.264.

229 KD III/1, S. 205.221.

230 A. a. O., S. 205.

231 A. a. O., S. 207; KD IV/1, S. 220.

232 A. a. O., S. 206–210.

233 A. a. O., S. 207.

234 A. a. O., S. 209.

235 Vgl. a. a. O., S. 31.

236 A. a. O., S. 225.

237 KD III/2, S. 263.

238 Vgl. KD IV/1, S. 630; KD IV/2, S. 36.

239 Barth warnt ausdrücklich vor dem Mißverständnis, Gottes Einheit so zu denken, »daß (sie) gleichbedeutend mit Fürsichsein, mit Verschlossenheit und Gefangensein in einer einzigen Seinsweise (sei), Einheit heiße also Einzelheit und Einsamkeit.« Gemeint ist vielmehr die Einheit »eines Ursprungs mit einer Folge« und insofern eine »dynamische ... Einheit« (KD IV/1, S. 220f).

240 KD II/1, S. 734; vgl. auch KD IV/1, S. 222.

241 A. a. O., S. 733f.

242 A. a. O., S. 361; vgl. auch KD IV/1, S. 204.222.

243 Oder wie Barth KD III/2, S. 391 schreibt: »als Gleichheit in der Ungleichheit«.

244 KD III/1, S. 222.

245 A. a. O., S. 222.206–210; vgl. auch KD III/2, S. 386f.389.

246 KD IV/2, S. 487.

247 KD II/1, S. 225.

248 KD III/2, S. 262.

249 KD III/1, S. 227.

250 A. a. O., S. 227.229.

251 Offene Briefe, S. 295f.

252 Barth unterläßt es nicht, immer wieder darauf hinzuweisen, daß mit der Überflüssigkeit der Herstellung von Christusbildern natürlich und erst recht das Entwerfen geistiger Gottes- und Christusbilder gemeint ist (Offene Briefe, S. 296; Homiletik, S. 33; KD I/2, S. 330; KD III/1, S. 229; ThExh 22, S. 38f u. ö.).

253 Geyer II, Sp. 162.

254 KD III/3, S. 58.

255 Geyer II, Sp. 162; vgl. Barth selbst: KD III/1, S. 229.

256 KD II/1, S. 234.

257 Dieser Subjekt-Begriff gründet in Barths Verständnis von Wirklichkeit bzw. dem seinem Verständnis von Wirklichkeit zugrundeliegenden Wahrheitsverständnis im Gegensatz zu dem, was er als ›natürliche Theologie‹ kritisierte im Sinne eines autonomen Subjektivismus des Menschen vor Gott. Barth diesbezüglich zu unterstellen, daß er »in dem Bewußtsein Theologie betrieb, eine besondere Mission zu haben« (Rendtorff, S. 305; im Zusammenhang mit Barmen spricht Rendtorff [a. a. O.] von einem »persönliche(n) theologische(n) Sendungsbewußtsein«) und z. B. Barmen 1934 so denken zu wollen, daß Barth »die Geschichte zu Hilfe (kam), um der angestrebten ›theologischen Revolution‹ kirchliche Plausibilität und Akzeptanz zu verschaffen« (Gestrich, S. 18; vgl. auch Rendtorff, S. 305), bedeutet, Barth eine Strategie (vgl. Rendtorff, S. 306) zu unterstellen, die als Unterstellung

selbst ein strategisches Motiv ist, um für das je eigene Ziel einer Revozierung der ›Absage an die Neuzeit‹ Barths eigentliches Motiv als Karikatur für den eigenen Zweck zu instrumentalisieren. Es geht Barth weder um eine kirchliche oder kulturgeschichtliche noch um eine politische Plausibilität; es geht um die Frage, inwieweit die *Menschwerdung* Gottes in Jesus Christus nicht nur Wesensaussagen über Gott, sondern auch über den Menschen impliziert, die auf Grund des *besonderen* Offenbarungsweges (die Exklusivität der Offenbarung in der Geschichte Israels und in der Person und im Werk Jesu Christi) inklusiv auch den *Erkenntnisweg* bestimmen. Barths Bemühung zielt auf eine biblisch-theologische Plausibilität. Wenn man Barths Theologie so verstehen will, daß sie »für ihre eigene Wahrheit und Plausibilität nicht des Anschlusses an eine universal kommunizierbare Totalität bedarf, weil hier gleichsam Totalität im Einzelfall als Faktum in sich selbst existiert« (Rendtorff, S. 313), so bleibt umgekehrt die Frage, inwieweit man der Versuchung erliegt, Repristination einer kulturgeschichtlichen Fragestellung zu betreiben und so die Pointe der bei Barth intendierten *ethischen* Zuspitzung des in der humanitas Christi gründenden Subjektbegriffes zu verfehlen. *Wie* soll die Nähe Gottes in Jesus Christus gedacht werden? Barths im Anschluß an Hans Ehrenberg geäußerte Kritik an Ludwig Feuerbach, daß er ein »Nichtkenner des Todes« und ein »Verkenner des Bösen« gewesen sei (Feuerbach, S. 31), bedeutet, daß eine »unverschämte Identitätstheologie« (a. a. O.) nicht wirklich zum Menschen spricht. Insofern geht es bei Barth um etwas *anderes* als um »hauseigene Scholastik« bzw. die »theologische Weigerung, ›von aussen‹ ... lernen« zu wollen (so die Kritik Gestrichs, S. 29). Korsch hat darauf aufmerksam gemacht, daß Barths Lehre von der dreifachen Gestalt des Wortes Gottes »nichts anderes (ist) als die gedankliche Vertiefung der Faktizität des in der Verkündigung kommunikativ sich vollziehenden Geschehens« (Korsch, S. 45). Die »schon immer in Christus gegründete Evidenz des Glaubens« wird nicht im Sinne einer Orthodoxie gegen die »immer schon vertraute Fraglichkeit des Lebens« (a. a. O., S. 50) ausgespielt, sondern ist (unter Einbeziehung gerade einer *getrosten* – und nicht verzweifelten – Erinnerung »an das Böse und den Tod« [Feuerbach, S. 32]) der Erkenntnis- und Ermöglichungsgrund für des Menschen Menschlichkeit.

258 Vgl. KD IV/1, §59,1: »Der Weg des Sohnes Gottes in die Fremde«.
259 Indem Barth in diesem Zusammenhang die Geschichte Gottes als Vollzug der Zuwendung so wirklich denkt, wird das, was gemeinhin als Wirklichkeit verstanden werden will, nachgeordnet. Nicht im Sinne einer Orthodoxie, sondern im Sinne einer »Hermeneutik der Gleichzeitigkeit« (Jüngel II, S. 85; vgl. auch Dalferth, S. 408) gewinnt das christliche Subjekt Kontur und Profil, verliert die »historische Frage« an Bedeutung (im Hinblick auf eine mögliche Relevanz für die Konstituierung des christlichen Subjekts), bekommt Theologie gegenüber einem abstrakten geschichtlich-empirischen Wirklichkeitsverständnis etwas geradezu Anarchisches und weiß sich gegenüber ihrem

Gegenstand in die Pflicht genommen, jeweils »mit dem Anfang an(zu)fangen‹, d. h. aufgeschlossener und sachlicher als zuvor die Bibel selbst in unserem Denken und in unserer Verkündigung maßgeblich zu Wort kommen zu lassen« (in: An Prof. Albert Schädelin, Bern 1949. – In: Offene Briefe, S. 191). »Mit Gott neu anzufangen« bedeutet also jene Wirklichkeit vorzuordnen, die als Wirklichkeit Gottes »mit dem Tod und mit der Auferstehung Jesu Christi und mit der in ihm offenbaren und tätigen freien Barmherzigkeit« (a. a. O., S. 52 [An die deutschen Theologen in der Kriegsgefangenschaft 1945]) sich ja doch gerade »den Elenden« (a. a. O.) zuwendet!

260 Das ist geradezu die Pointe der Trinitätslehre in Barths Dogmatik, daß Gott die Entsprechung in sich selber immer wieder ist als »wunderbare, immer wieder rästelhafte und auch immer wieder in sich klare Einheit von Identität und Nicht-Identität, von Einfachheit und Vielfachheit, von Innen und Außen, von Gott selbst und von der Fülle dessen, was er als Gott ist« (KD II/1, S. 741).

261 Vgl. KD III/4, S. 634, wo Barth »Selbstüberhebung und Gottvergessenheit« im Zusammenhang von Arbeit und Spiel als jenes »krampfen« versteht, das unbedingt dem Werk Gottes helfend (und dann doch im Effekt störend! [a. a. O.,S. 635]) zur Seite treten will. Vgl. auch Mit dem Anfang anfangen, S. 119–123 mit Verweis auf Barths Bezugnahmen auf Mozarts Kunst (der Entkrampfung), sowie Exkurs: Die Kunst Mozarts.

262 KD II/1, S. 235.

263 A. a. O., S. 241.

264 A. a. O., S. 234.

265 Offene Briefe, S. 296.

266 Die Auferstehung der Toten, S. 63. Vgl. auch Römerbrief, Erste Fassung, S. 384.391; Römerbrief, Zweite Auflage, S. 178; Konfirmandenunterricht, S. 263.324.

267 KD IV/2, S. 113.

268 KD II/1, S. 751.

269 Barth formuliert eher vorsichtig. Es könnte sein, daß er deshalb so zurückhaltend an dieser Stelle kommentiert und nicht direkt zum Verzicht auf die Wiedergabe solcher Schönheit auffordert, weil er selbst in Anschauung des Isenheimer Altars diesbezüglich nicht nur eines *Besseren*, sondern des *Guten* belehrt wurde. Könnte es nicht sein, daß gerade in bezug auf die Kunst Grünewalds gilt, was Barth einmal in bezug auf das Predigtproblem gesagt hat: »Wir sollen als Theologen von Gott reden. Wir sind aber Menschen und können als solche nicht von Gott reden. Wir sollen Beides, unser *Sollen* und unser *Nicht-Können*, wissen und eben damit Gott die Ehre geben« (Das Wort Gottes als Aufgabe der Theologie [1922]. – In: Vorträge 1922–1925, S. 151)?! Gilt das nicht erst recht für die Kunst im Raum der Kirche, sofern sie als eine unmögliche Möglichkeit zu verstehen ist? Gilt nicht für z. B. einen Mathias Grünewald das, was im Wissen um die Unaussprechlichkeit Gottes für dessen Kunst zu gelten hat: wir sollen Beides, unser Sollen und unser Nicht-Können, wissen und eben damit Gott die Ehre geben?!

Grünewald hat den Gekreuzigten auf jenen Altarflügel gemalt, der beim Aufklappen auf seiner gewandelten Ansicht den Blick auf den Auferstandenen freigibt; und er hat den Auferstandenen so gemalt, daß er in seiner Gestalt nicht fixiert werden kann. »Der Auferstandene (so hatte Barth selbst angemerkt) ist bei Grünewald nicht sichtbar« (Nr. 47). Hans Urs von Balthasar teilt mit Barth die Sicht des Problems, aber er wagt sich (in Anlehnung an die Kunst Grünewalds) weiter vor (›weltliche Schönheit und göttliche Herrlichkeit‹): »Gott wollte seine ganz-andere Herrlichkeit unter den Menschen nicht durch ein Über-Bild, sondern durch ein Unter-Bild erscheinen lassen – in Erfüllung der Weissagung, daß der Knecht Jahwes ›weder Gestalt noch Schönheit‹ haben werde (Jes 53,2) – weil Jesus die Mißgestalt der Weltsünde auf sich selbst laden und ›hinwegtragen‹ sollte, um in so die unfaßliche, unvermutbare Herrlichkeit der absoluten (dreieinigen) Liebe in der Welt und ihrer Geschichte zum Leuchten zu bringen« (S. 515). Von Balthasar weist hin auf die »abgrundtiefe Problematik der Transformation *dieser* Herrlichkeit ... in weltliche Schönheit ... « (a. a. O.) und fährt fort: »und nun soll diese weltliche Schönheit doch zum ›Zweck‹ haben, die ihr überlegene, ganz andere Herrlichkeit Gottes – die zudem im Paradox der Gestaltlosigkeit des Kreuzes erscheint – abzubilden. Kann so etwas wie ›christliche Kunst‹ überhaupt gelingen? Der durch die Geschichte immer neu aufflackernde Ikonoklasmus wird nein sagen, zumindest das Fragezeichen unterstreichen« (S. 515f). »Es wird hier einer ganz scharfen Unterscheidung der Geister bedürfen. Wann und wie wird christliche Kunst wirklich transparent auf das, was in Wahrheit dargestellt werden soll: durch Schönheit hindurch die dreieinige Liebesherrlichkeit? Und wann absorbiert sie gleichsam die letztere in sich selbst, um ihre eigene allzu irdische Selbst-›Herrlichkeit‹ zu steigern? Hier Diagnosen zu stellen ist ein fürchtenswertes Geschäft« (S. 516). Von Balthasar fordert: »Unterscheidung der Geister nicht nur für den Betrachter der Kunst und zu seinem Heil, sondern schon objektiv für das Kunstwerk selbst. Verlangt ist dabei vom Betrachter eine zugleich ästhetische und religiöse Erziehung. Schließen wir mit einem letzten Beispiel: die Colmarer ›Kreuzigung‹ Grünewalds. Höchstes Können (Kunst kommt von Können) in den Dienst des höchsten Grauens gestellt, aber seltsam genug wird hier – im Gegensatz zu so vielen Grauen-Kruzifixen – eine Demut des Malers fühlbar, der hinter dem alleinigen Kunstwerk Gottes verschwindet, und diese christliche Qualität läßt es zu, daß durch das Gräßliche, durch die scheinbare Abwesenheit aller Schönheit das flammende Rätsel der göttlichen Liebesherrlichkeit hervorbricht: *fulget crucis mysterium*. Selten gelingt dies, aber es kann gelingen« (S. 516f). Die Darstellung der Rezeption des Altarwerkes im Werk Karl Barths läßt zu dieser Auffassung keinen Dissens in der Sache erkennen. Barth richtet sich nicht gegen das Christusbild in der Kirche wegen der in diesem Bilde ausgedrückten Schönheit. So selten dies gelingt, bei Grünewald rühmt er ja doch immer wieder, daß es gelungen ist. Was aber von der Sache her Einverständnis verdient, bedingt von der Lage her (und das heißt im Konkreten: vom Mißbrauch her!) Zurückhaltung. Von Balthasar trägt das Problem als ein *ästhetisches* Problem vor; für Barth hat sich dessen Darstellung (spätestens seit seiner Homiletik-Übung 1932/33) *ethisch* festgemacht an den fatalen Folgen *geistiger* Gottesbilder.

270 »Entdeckt nämlich der Gesprächspartner, daß der Glaube sich ihm gegenüber der berühmten ›Hinterlist der Idee‹ bedienen will – daß man ihn insofern gar nicht ernst nimmt, als man ihm das, was man eigentlich sagen und vertreten will, vorenthält, daß man sich ihm nur scheinbar hingibt, daß also auch das, was man ihm sagt, nur ein scheinbar, ein uneigentlich Gesagtes ist, dann wird er sich nicht mit Unrecht – wenn auch in Verkennung der freundlichen Absicht, die uns dabei leiten könnte – mißachtet und betrogen und sicher doppelt mißachtet und betrogen vorkommen« (KD II/1, S. 102). Zu Barths Vorbehalten gegen die Pädagogik vgl. Fangmeier I, S. 495.

271 A. a. O., S. 100.

272 Vgl. KD III/1, S. 225; KD IV/2, S. 113; KD IV/3, S. 995.

273 Vgl. KD I/1, S. 340; KD IV/2, S. 113.

274 KD I/1, S. 341; KD III/1, S. 229; KD III/2, S. 261–264; KD IV/2, S. 459.

275 KD IV/2, S. 473.

276 »Privatexistenz heißt Räuberexistenz« (KD IV/1, S. 870). »Eine Privatperson ... erräubert es sich und hält das für Freiheit, ihr Leben für sich, ohne den Mitmenschen ... leben und führen zu wollen« (Der Einzelne in dieser Zeit, Sp. 226); vgl. auch Das christliche Leben, S. 216f.

277 Unter der Überschrift »Des Menschen Trägheit« entfaltet Barth in KD IV/2 (§ 65,2) den Begriff der ›Sünde‹ (S. 452).

278 »Der einsame Mensch ist der potentielle und ... aktuelle *Feind* aller anderen« (a. a. O., S. 474; dort und S. 492 in der Konsequenz die Erwähnung des Krieges als Folge der »Gefährlichkeit des unmenschlichen Lebens ...« Vgl. auch Die Aktualität der christlichen Botschaft: »Menschlichkeit ist Mitmenschlichkeit. Was nicht Mitmenschlichkeit ist, ist Unmenschlichkeit« (S. 8).

279 KD II/1, S. 157; vgl. auch a. a. O., S. 183; Die protestantische Theologie im 19. Jahrhundert, S. 71; Der Einzelne in dieser Zeit, Sp. 225f; Erbe und Verantwortung der Jugend, S. 2 (Mit dem Anfang anfangen, S. 108). Vgl. auch Steck, S. 18. Mit seiner Kritik an der Verbürgerlichung des Evangeliums erinnert Barth an die Anfänge seiner (dialektischen) Theologie: sie steht im bewußten Gegensatz zur neuprotestantischen Kulturtheologie, in der die Übereinstimmung von christlichem Offenbarungsverständnis und europäischer Kulturgeschichte ihre Ausprägung gefunden hat in einem Idealismus, der Gottes Gottsein identifiziert mit einem philosophischen Geistbegriff und einem Individualismus, der das Wesen des Menschen als Innerlichkeit der Seele des Einzelnen bestimmt. Barths Wirklichkeitsbegriff ist eschatologisch gefaßt im bewußten Gegensatz zum liberalen Kulturprotestantismus. Seine Kritik am pädagogischen Kunstbegriff wurzelt in jenem eschatologischen

Dualismus, der die *Heils*geschichte eben nicht als mit einem Kulturbegriff der *Welt*geschichte amalgamiert und kombiniert versteht, sondern die Heilsgeschichte tritt (anti-idealistisch und anti-individualistisch) ein in diese Welt- und Kulturgeschichte als deren Krisis.

280 Barth unter Hinweis auf die ›reformierten Väter‹: »Und auf die kluge Frage, ob diese Bilder denn nicht allenfalls einen pädagogischen Wert haben möchten, ob sie nicht als die Bücher der des Lesens der Schrift unkundigen Laien zu dulden seien, haben sie schroff und trotzig in der Frage 98 [›Mögen aber nicht Bilder als der Laien Bücher in den Kirchen geduldet werden?‹] des [Heidelberger] Katechismus geantwortet: »Nein, denn wir sollen nicht weiser sein als Gott, welche seine Christenheit nicht durch stumme Götzen, sondern durch die lebendige Predigt seines Wortes will unterwiesen haben« (ThExh 22, S. 37). In seiner Vorlesung zum Heidelberger Katechismus (Die christliche Lehre nach dem Heidelberger Katechismus, S. 107) nimmt Barth unter Hinweis auf die Fragen 94–103 Bezug auf die »Unvergleichlichkeit und Unnahbarkeit« Gottes als Grenze menschlichen Tuns.

281 KD IV/2, S. 511.

282 Barth in seiner am 26. März 1935 zur Eröffnung der zweiten Freien Reformierten Synode in der Nikolaikirche in Siegen gehaltenen Predigt zum Bilderverbot: »Und nun sind wir in unseren Tagen ernstlich erschrocken angesichts der fast unzweideutig gewordenen Tatsache, daß im deutschen Volk wieder einmal eine mächtige Bewegung entstanden ist zur Herstellung, zur Anbetung und zum Dienst eines eigenmächtig entworfenen Gottesbildes« (ThExh 22, S. 43).

283 Barth im April 1948 in seinem Vortrag ›Erbe und Verantwortung der Jugend‹ vor der studentischen Jugend in Budapest und Sarospatak im Rückblick auf die »letzten fünfzehn Jahre«: »Es hat wenig gebraucht, um uns offenbar zu machen, daß der vielgerühmte Kulturmensch ein Wesen aus dem Dschungel ist. Die Kunst ist weithin zum Mittel geworden, die Auflösung noch ästhetisch zu verklären« (S. 1). In einem Gespräch mit Heinz Knorr und Rudolf Rohlinger (WDR), das mit Barth anläßlich seines bevorstehenden 80. Geburtstages am 2. Mai 1966 im Studio Basel aufgenommen wurde, führt Barth aus: »Also was man nun so Offenbarung außerhalb der Bibel nennen könnte und gerne nennt, das könnte nun etwas so sein wie auf der Linie Hitler, nicht?! Da passieren immer wieder die Irrtümer, wenn die Menschen nun meinen: Ha, jetzt hab' ichs! Hier! Dort! da wird's wohl für uns dabei bleiben müssen, bei aller Offenheit für die Welt, für die Schönheit des Frühlings, der uns da draußen umgibt, auch für das, was in der Geschichte geschieht, bei aller Offenheit entschlossen und geschlossen dorthin zu blicken, wo Gott unzweideutig für sich selber gesprochen hat in Jesus Christus, der *wahrer* Gott und *wahrer* Mensch gewesen ist . . . und sein und bleiben wird!« (Marquard III; S. 27). Barths Warnung vor jedweder Form von »selbstherrliche(r) Subjektivität« (Denken heißt: Nachdenken, S. 7) geschieht aus der Sorge der Enthumanisierung des Menschen heraus.

284 Vgl. dazu nochmals Barths Bezugnahme auf den Isenheimer Altar Nr. 42: das Auferstehungsbild wird weder *pathetisch* ausgelegt (im Sinne eines politisch-messianischen Idealismus in vermeintlicher Entsprechung zum Auferstandenen) noch *apathisch* (in Anschauung der Soldaten als Ausdruck dämonischer Kräfte), sondern nüchtern (im Sinne geschuldeter Verbundenheit zu und Verpflichtung gegenüber denen, die in die Irre geführt werden, das Not-Wendige zu tun in Entsprechung zur humanitas Christi). Es geht um das, was Barth in seiner Schrift »Rechtfertigung und Recht« (1938) den »politischen Gottesdienst« nennt (S. 5; vgl. auch Christengemeinde und Bürgergemeinde, S. 67): »Sicher ausgeschlossen ist ... die Entscheidung für die Indifferenz, ein apolitisches Christentum« (Christengemeinde und Bürgergemeinde, S. 55). Vgl. auch dazu Anm. 27.

285 In diesem Exkurs geht es weniger um eine vollständige Darstellung der Entwicklung der Bilderfrage bis hin zur gesamten reformatorischen Theologie (also einschließlich Zwingli und Calvin; hierüber informiert insgesamt die ausführliche Arbeit von *Stirm*, S. 138–153.162–223; vgl. auch Schwebel II, S. 105–109 [zu Zwingli]; von Loewenich, S. 551–553; Neuhaus I, S. 90–92 [zu Zwingli und Calvin]), sondern um die Nachzeichnung jener Linie, auf der sich der Begriff der ›autonomen Kunst‹ entfaltet. Auf dem Hintergrund der sich im Begriff ›autonom‹ abzeichnenden Ansprüche und Probleme tritt das Anliegen Barths zur Problematisierung des Christusbildes in der Kirche nochmals deutlich hervor.

286 Das Bilderverbot beinhaltet einen Doppelaspekt: zum einen schützt es die Exklusivität Gottes gegenüber den *Göttern*, zum andern betont es dessen Personalität gegenüber den Götter-*Bildern* (vgl. Welten, S. 520). Gott tritt im Symbol verborgen Mose und dem Volk als Akt seiner Selbstoffenbarung gegenüber.

287 4. Mose 21,8f wird von der ehernen Schlange berichtet, die Mose hoch aufrichten muß, damit die, die an ihr emporblicken (zu Gott), gerettet werden. Das Symbol hatte keinen Wert an sich. An sich war es nur geformtes Eisen. In 2. Kön 18,4 mußte Hiskia die aufbewahrte eherne Schlange des Mose zerschlagen lassen, »denn bis zu dieser Zeit hatte ihr Israel geräuchert«.

288 Von Campenhausen I, S. 217.

289 Vgl. dazu May I, S. 58.

290 Thümmel I, S. 526.

291 Sprenger, S. 52; vgl. v. Campenhausen II, S. 363: »Die klassische Bildtheorie der lateinischen Kirche war von jeher nicht das griechische Urbild-Abbildschema gewesen, sondern die Lehre von den heiligen Bildern als der ›bibliapauperum‹. Das heißt: die Bilder werden nicht sakral, als unmittelbare Vergegenwärtigung des Heiligen verstanden, sondern sind um ihres erzählenden, gleichsam worthaften Sinnes und um der in ihnen steckenden Rede willen kultisch legitimiert.«

292 Der Gedanke hat seine Wurzel zu großen Teilen in der Einschätzung der christlichen Kunst durch Greogor I. d. Gr. als Hilfe für die

Analphabeten (Thümmel I, S. 529; May I, 58; von Campenhausen I, S. 230f).

293 Hofmann, S. 11.

294 Vgl. Thümmel II, S. 535.

295 Vgl. dazu Schade II, S. 600; Hofmann, S. 68f; von Campenhausen I, S. 247f.242:»Die ikonoklastische Polemik gegen das Christusbild verläuft nun in der schon bei Epiphanios erkennbaren Richtung, d. h. der Gedanke der Einheit, ›die Tiefe des Dogmas von der Einheit der zwei Naturen Christi‹, wird so stark betont, daß eine isolierte Darstellung des Menschen Jesus danach verboten erscheint. Es besteht also eine gewisse Tendenz der bilderfeindlichen Theologie.« Vgl. auch Thümmel I, S. 530.

296 Die Bilder wurden dogmatisch sanktioniert; das Konzil brachte als »Ergebnis ... einen gewaltigen Aufschwung der Bildkunst mit sich« (Thümmel II, S. 537).

297 Von Campenhausen I, S. 251.

298 Formen des Mißbrauchs im Zusammenhang des Bilderstreits im 8. und 9. Jh. bei von Campenhausen I, 236f.

299 Vgl. von Campenhausen II, S. 364f; Hofmann, S. 69; May I, S. 59.

300 Hofmann, S. 60.70.83f; von Campenhausen II, S. 385f.

301 Luther, Studienausgabe, Band 2, S. 522.»Die ›Bildfrage‹ entstand ..., als im Januar 1522 (während Luthers Aufenthalt auf der Wartburg) Karlstadts Schrift ›von Abthuung der Bilder‹ erschien, in der er die »›geschnitzten und gemalten Ölgötzen auf Altären‹ heftig verurteilte« (Karcher, S. 84; vgl. auch von Loewenich, S. 547).

302 Luther, Studienausgabe, Band 2, S. 526.

303 Zu Luthers weiteren Schriften im Zusammenhang der Bilderfrage vgl. von Loewenich II, S. 549f.

304 Luther, Studienausgabe, Band 2, S. 541f.545.

305 A. a. O., S. 548 (Predigt vom Donnerstag, 13. März 1522).

306 Vgl. Luthers Kleinen und Großen Katechismus zu den Sakramenten: »Sie (die Taufe, R. M.) ist nicht bloßes gewöhnliches Wasser, sondern ein Wasser, das in Gottes Wort und Gebot eingefaßt und dadurch geheiligt ist ... Denn das ist der Kern in diesem Wasser: Gottes Wort oder Gebot, und Gottes Name ... Das Sakrament ist Brot und Wein, aber nicht bloß Brot und Wein, wie man es sonst auf den Tisch bringt, sondern Brot und Wein in Gottes Wort gefaßt und daran gebunden. Das Wort ist es, sage ich, was dieses Sakrament ausmacht und unterscheidet, so daß es nicht bloß Brot und Wein, sondern Christi Leib und Blut ist und heißt ... Wenn du das Wort davon wegtust oder es ohne das Wort ansiehst, so hast du nichts als bloßes Brot und Wein« (Der große Katechismus [1529], Vierter Teil: Von der Taufe; Fünfter Teil: Vom Altarsakrament, Calwer Lutherausgabe, Band I, S. 132f.147f); und Der Kleine Katechismus, [19]1980, S. 13: »Was ist die Taufe ? Die Taufe ist nicht allein schlicht Wasser, sondern sie ist das Wasser in Gottes Gebot gefaßt und mit Gottes Wort verbunden.«

307 Vgl. von Campenhausen II, S. 364.

308 May I, S. 59.

309 Von Campenhausen II, S. 395.

310 Hofmann, S. 71f: »Von Luthers Adiaphora-Position, welche die Gesamtheit der künstlerischen Äußerungen gleich-gültig und fragwürdig machte, führt ein direkter Weg zu Kant und seinem ›interesselosen Wohlgefallen‹, der Einstellung also, mit der wir uns heute verstehen, wenn wir in Museen und Ausstellungen vor Kunstwerke treten.« Vgl. zu Kant: Adorno, S. 22f.496.

311 Text des Dekrets bei Karcher, S. 82f.

312 Rombold, S. 235; vgl. auch Schwebel II, S. 1; Schwebel I, S. 170 definiert: »Autonomie der Kunst meinte eben jenen theologisch überwiegend negativ bewerteten Schritt aus der christlich geprägten Bildwelt in eine vermeintliche, als Niemandsland gedeutete Freiheit.«

313 Schwebel II, S. 4.

314 Vgl. Maier, S. 146.

315 Vgl. Maier, S. 149; Schwebel II, S. 1f.4: »Das subjektiv-existentielle Moment steht am Anfang und bleibt das Beherrschende.«

316 Vgl. Maier, S. 146; Schade I, S. 156.163 (dort Zitat von Werner Hofmann).166.

317 Vgl. Maier, S. 149; Schade I, S. 156; Schwebel I, S. 170.

318 Adorno, S. 9. Auch wo Kunst an ihrem emanzipatorischen Anspruch gescheitert ist, bleibt ihre Autonomie »irrevokabel« (a. a. O.).

319 A. a. O., S. 10.

320 Schwebel I, S. 178; in bezug auf das Christusbild in der Kirche präzisiert Schwebel (II, S. 141) das Problem: »Der ›Dienst‹, den die Christuskunst gegenüber der Verkündigung leisten könnte, besteht also nicht darin, der Verkündigung zu entsprechen, sondern darin, eine Vielfalt subjektiv authentischer Erfahrung mit der Christusfrage zutage zu fördern.«

321 Vgl. Schade I, S. 87.

322 Zitiert nach Rombold, S. 230; (vgl. auch Volp II, S. 260.263.271; III, S. 277). Vgl. Kierkegaard, Entweder/Oder. Zweiter Teil, S. 177–180. 189–191.240–247.268–283.307–312. Zu Kierkegaard vgl. auch Grözinger I, S. 125f und H. Luther, S. 31–35, der der von Kierkegaard ausgeführten Behauptung der Unverantwortlichkeit ästhetischer Einstellung widerspricht und ›die Wahrnehmung des Anderen‹ nicht als einen ethischen Akt, sondern als ›ästhetische Erfahrung‹, als »unmittelbare(s) Betroffensein und Angegangensein von einem Gegenüber« deutet (S. 37). Adorno präzisiert den Begriff des Ästhetischen im Hinblick auf »das Asoziale der Kunst«: es ist »bestimmte Negation der bestimmten Gesellschaft. Freilich bietet durch die Absage an die Gesellschaft … autonome Kunst ebenso als Vehikel der Ideologie sich an: in der Distanz läßt sie die Gesellschaft, vor der ihr schaudert, auch unbehelligt« (Adorno, S. 335). Neuhaus (I, S. 92–95) bestimmt auf diesem Hintergrund als »angemessene(n) Rahmen, in dem die Bilderfrage erörtert werden muß, eine Kritik der politischen Theologie« (S. 93) im Sinne einer Ideologiekritik. Konstruktiv bedeutet die Kritik Ermutigung zu

einer der Botschaft des Evangeliums entsprechenden *Gestaltung*. Damit greift er ein elementares Anliegen Barths auf: vgl. Anm. 269.284.

323 Adorno, S. 10.

324 »Religion und Kunst stehen nebeneinander wie zwei befreundete Seelen ... Sie zusammenzuleiten und in einem Bett zu vereinigen, das ist das Einzige, was die Religion auf dem Wege, den wir gehen, zur Vollendung bringen kann ... Sehet da, das Ziel Eurer gegenwärtigen höchsten Anstrengung ist zugleich die Auferstehung der Religion!« (Schleiermacher, Über die Religion, S. 120f).

325 Die Theologie Schleiermachers, 1923/1924, S. 449. Vgl. auch Schleiermacher, Über die Religion, S. 119.

326 Im metaphysischen Sinne: Nachdenken über die Endlichkeit.

327 Im ethischen Sinne: Streben nach Unendlichkeit.

328 Schleiermacher, Über die Religion, S. 49.

329 Die Theologie Schleiermachers. 1923/1924, S. 449f. Vgl. Schleiermacher, Über die Religion, S. 68–72.

330 Rombold, S. 231.

331 Johannes »könnte ja auch in die reine Luft zeitloser Ideen oder auf den Himmel projizierter Wunschträume hindeuten. Tatsächlich weist er aber auf die ewige Wahrheit, die auf Erden geschieht ... « (Busch III; S. 326).

332 Gottes Gottsein schafft diese Distanz wie das durch die Sünde geschaffene Faktum der Grenze zum Gegenstand des Glaubens. Vom Paradies zu reden, ohne die Freiheit aufgeben zu wollen und die Sünde zu kennen, bedeutet gegenüber dem Problem der Kunst in der Kirche Rückständigkeit.

333 So sehr Barths Theologie das Bild Gottes (als Christusbild) als menschliche Möglichkeit verneint, so sehr wird damit das Bild freigesetzt als Element dieser Welt. Eine Kunst, die bei ihrer Sache bleibt (Kunst, die sich nicht als subjektive Ästhetik leichthin instrumentalisieren läßt zur Sanktionierung bestehender Verhältnisse), reproduziert nichts als die Welt. Aber wo ihr »Feststellung und Überschreitung im selben Vollzug der Verwandlung des Weltmomentes ins Bild gelingen« (Geyer I, Sp. 164), »erkennt der Glaube *das tiefe Recht* der K., die durch ihn die geschöpfliche Natur wie das Reich der Erlösung in ihrer utopischen Transzendenz enthüllt und als dem Versuch der Identifikation der Welt mit ihnen entzogen aufdeckt« (a. a. O., Sp. 165). Wo Kunst nicht an solchem utopischen Überschuß orientiert ist, werden die »Kulturgehalte ... pädagogisch, erbaulich, zu etwas Entspannendem – ein Vehikel der Anpassung« (Marcuse, S. 155). Eine solche Kunst geriete in Konflikt mit dem Verständnis vom biblischen Menschenbild, als es ihr an gebotener Humanität mangelte. Im Grundsatz (auch bei intendierter Humanität) besteht ein sachlicher Konflikt in bezug auf den Gehalt und so das Ziel der Humanität: Utopie meint etwas anderes als das Eschaton. Das Eschaton ist die Auflösung aller Differenz in der Person und im Werk Jesu Christi.

334 So Roters, S. 23.

335 In seinem Roman ›Stiller‹ läßt Max Frisch die Romanfigur Julika zu
    Stiller sagen: »Du hast dir nun einmal ein Bildnis von mir gemacht, das
    merke ich schon, ein fertiges und endgültiges Bildnis, und damit Schluß
    ... nicht umsonst heißt es in den Geboten: du sollst dir kein Bildnis
    machen! Jedes Bildnis ist eine Sünde. Es ist genau das Gegenteil von
    Liebe ... Wenn man einen Menschen liebt, so läßt man ihm doch jede
    Möglichkeit offen und ist trotz allen Erinnerungen einfach bereit, zu
    staunen, immer wieder zu staunen, wie anders er ist, wie verschie-
    denartig und nicht einfach so, nicht ein fertiges Bildnis ...« (a. a. O., S.
    113f). In Analogie zu dem, was Barth theologisch sichern will, be-
    schreibt diese Passage sehr schön, worin die ethische Explikation einer
    solchen theologischen Intention besteht.
336 Dalferth, S. 409. Dalferth spricht von der »eschatologischen Wirklich-
    keitsauffassung« Barths (a. a. O., S. 407): »Diese Wirklichkeitskonzep-
    tion Barths ist mehr als eine Zumutung. Sie ist – um mich in seiner
    Terminologie zu bedienen – ein Attentat auf (nicht nur) unser neuzeit-
    liches Wirklichkeitsbewußtsein: Was uns konkret erscheint, bezeichnet
    er als abstrakt, und was wir für abstrakt halten, nennt er konkret«
    (a. a. O., S. 410).
337 Ethik II, S. 437–444.
338 Vgl. auch Exkurs über die Kunst Mozarts.
339 Vgl. auch: Die Kirche und die Kultur (1926). – In: Die Theologie und
    die Kirche, S. 364–391; bes. S. 377f.381.383f.
340 Vgl. auch a. a. O., S. 384.
341 Vgl. auch a. a. O., S. 377.
342 Insofern ergibt sich eine nicht unbeträchtliche Schnittmenge zwischen
    Kunst und Kirche. Auch die Kirche steht »in diesem Äon« im Gegen-
    über zur »Macht« und also in der »Heimatlosigkeit« (Rechtfertigung und
    Recht, S. 11).
343 Dieses Verständnis von der Bedeutung und dem Ort der Kunst wurde
    von Barth im Alter bestätigt. In einem Brief an K. Lüthi vom 22. Juni
    1963 (Briefe 1961–1968, S. 145) schreibt er: »Mir stand immer fest, daß
    das ganze Problem der Kunst bzw. der Künste im Zusammenhang mit
    der eschatologischen Apokalypsis zur Sprache kommen müßte. Und
    etwas Derartiges habe ich denn auch in der ältesten Fassung meiner
    Ethik tatsächlich im Umriß versucht.« Dieser Brief ist zudem aus
    einem anderen Grund in anderer Hinsicht von Interesse: Welche
    Motive haben Barth dazu bewegt, gegen das Christusbild im Raum der
    Kirche zu plädieren? Die Kunst selbst gibt das Motiv dafür nicht her:
    »Ein negatives Urteil ihr gegenüber habe ich nicht auf Lager, habe
    darum m. W. auch nie ein böses Wort über sie gesagt.« Die diesem
    Kapitel zugrunde liegende Fragestellung nach dem Verhältnis von Bild
    und Wort würde gewiß gelassener angenommen werden können, wenn
    nicht voreilig und leichtfertig (aber eben bequem) Kirche und Kunst
    ihre Streiter als Bilder*stürmer* und Bilder*verehrer* aufmarschieren
    ließen, um dann jeweils die fehlende Aufmerksamkeit dem eigenen
    Anliegen gegenüber zu beklagen. Barth macht es den Künstlern

schwerer: er spricht über sie und ihre Kunst *kein* böses Wort ... Wer sich an dieser Stelle nach dem *guten* Wort sehnt, das Karl Barth ihm in dieser Frage verweigert, muß sich selbst fragen lassen, ob nicht diese Sehnsucht die selbstbetonte Autonomie untergräbt ...

344 Vgl. auch Offene Briefe, S. 468.

345 W. A. Mozart, S. 32.43.

346 KD III/4, S. 633–636 (vgl. auch Mit dem Anfang anfangen, S. 119–122).

347 A. a. O., S. 633; das Gegenwort ist ›krampfen‹ und »heißt arbeiten in Selbstüberhebung und Gottvergessenheit« (a. a. O., S. 634).

348 »Er war wunderbar frei von dem Krampf, selber durchaus etwas sagen zu müssen oder zu wollen« (KD III/3, S. 338); vgl. auch W. A. Mozart, S. 41.

349 W. A. Mozart, S. 38; Barth kann diesbezüglich auch von der »große(n) freie(n) Sachlichkeit« sprechen (A. a. O., S. 36); und in bezug auf den Zeugen Jesu Christi und im Anklang an Mozart:»Wohlverstanden: kein äußerer Zwang, sondern gerade seine Freiheit, die er der in göttlicher Freiheit erwählenden Gnade seines Herrn verdankt, hindert ihn daran, sich von diesem zu emanzipieren. Er ist dazu erwählt, immer wieder ihn und seinen Dienst zu erwählen« (KD IV/3, S. 762).

350 Vgl. KD III/3, S. 338; W. A. Mozart, S. 8.35. Diese gelöste Spannung von Spiel und Ernst »ist dann auf dem Plan, wenn der vollen musikalischen Freiheit gegenüber das nicht aufzuarbeitende und auch durch kein irdisches Spiel aufzuhebende Rätsel der menschlichen Existenz wieder sichtbar wird und wenn dann das Spiel der ganz Ton gewordenen, der ganz humanisierten Klänge, wie das Meer an ein Felsenufer zu branden scheint, immer noch das Meer, aber nun das Meer nicht in einer letztlich doch nur scheinbaren Unendlichkeit, sondern in seiner wirklichen Endlichkeit« (Die protestantische Theologie im 19. Jahrhundert, S. 53).

351 KD III/4, S. 635; deshalb auch immer wieder Anklänge an das Kindliche in dieser ›Souveränität‹ oder ›Sachlichkeit‹: a. a. O.; W. A. Mozart, S. 8.18–20. Vgl. auch KD III/1, S. 465.

352 W. A. Mozart, S. 43.

353 A. a. O., S. 26; diese Entsprechung (oder wie Barth auch sagt: ›Nachahmung‹) ist das Schöpferische an Mozart (a. a. O., S. 34).

354 A. a. O., S. 41; KD III/3, S. 339.

355 A. a. O., S. 8.22f.40.45. Vgl. auch Die protestantische Theologie im 19. Jahrhundert, S. 53.

356 A. a. O., S. 8.18f.20.40; a. a. O., S. 42 kann Barth geradezu von der »mozartische(n) Mitte« sprechen.

357 A. a. O., S. 40. »Es ist ... in der Musik Mozarts ... etwas von der Majestät und von dem Frieden des Todes ...« (Die protestantische Theologie im 19. Jahrhundert, S. 239).

358 A. a. O., S. 41.

359 A. a. O., S. 11.

360 A. a. O., S. 22.

361 KD III/3, S. 338.

362 Vgl. W. A. Mozart, S. 38.40f.43.46.

363 »Das Subjektive wird bei ihm nie Thema« (a. a. O., S. 36); der Gedanke der Anspruchslosigkeit ist radikal gedacht, so daß gilt: »Es gibt *keine* mozartische Metaphysik« (a. a. O., S. 39); bzw.: »Mozarts Musik ist ... keine Botschaft« (a. a. O., S. 25).

364 A. a. O., S. 40; Barth kann deshalb in bezug auf sein Verhältnis zu Mozart schreiben: »Er wurde mir je länger je mehr zu einer Konstante meines Daseins« (a. a. O., S. 7). Diese Konstante gestatte Barth einen aufschlußreichen ›Abbruch‹: Eberhard Busch (III, S. 329) macht zu Recht darauf aufmerksam, daß der von Barth 1966 unternommene »Fehlversuch mit seiner eigenen Autobiographie« von Barth als untauglicher Versuch einer Beschäftigung mit sich selbst gedeutet wurde im Anschluß an Mozarts Freiheit. Aus der »Distanz zwischen dem Schenker und seinem Geschenk« (KD III/4, S. 765) erwächst ja gerade nicht »Selbstbestaunung und Selbstbelobigung«, sondern »Humor« – auch und gerade solchen Versuch(ung)en gegenüber (a. a. O.).

365 Volp I, S. 559.

366 A. a. O., S. 563.

367 »Also Gott ist die Wirklichkeit, durch die und in der unsere Selbst- und Weltwirklichkeit Wirklichkeit ist, causa prima, ens realissimum und actus purus, die Wirklichkeit aller Wirklichkeit, aber eben so, in similitudine, Gegenstand unserer Erfahrung – Erfahrung immer in jenem doppelten Sinn von äußerer und innerer Erfahrung verstanden« (Schicksal und Idee in der Theologie [1929]. – In: Theologische Fragen und Antworten [S. 54–92], S. 66).

368 A. a. O., S. 67.

369 A. a. O., S. 72.

370 A. a. O., S. 67.

371 A. a. O., S. 77.

372 Disputatio Heidelbergae habita, S. 201 (Ausführung zu Conclusio IIII) [MA, S. 133: »in bloßem Vertrauen auf seine Barmherzigkeit«].

373 Vgl. Conclusio XX, a. a. O., S. 208 (MA, S. 140).

374 Erfahrbar und zu wissen ist im Sinne Luthers ja gerade die Gottesferne, die also solche verzweifeln läßt (vgl. von Loewenich I, S. 88).

375 Iwand III, S. 61; vgl. auch Iwand II, S. 11–14.

376 Disputatio Heidelbergae habita, S. 207 (Conclusio XVII) [MA, S. 139: »So reden heißt nicht Anlaß zur Verzweiflung geben, sondern zur Demut, und Ansporn die Gnade Christi zu suchen.«].

377 A. a. O., S. 212 (Conclusio XXVIII) [MA, S. 144: »Die Liebe Gottes findet ihren Gegenstand nicht vor, sondern schafft ihn sich. Die Liebe des Menschen entsteht an ihrem Gegenstand.«].

378 Der Erfahrungsbegriff wird positiv gefüllt mit dem Begriff der Liebe: »Et iste est amor crucis ex cruce natus, qui illuc sese transfert, non ubi inuenit bonum quo fruatur, sed ubi bonum conferat malo (et) egeno« (a. a. O., S. 212, Ausführung zu Conclusio XXVIII). [MA, S. 145: »Solcher Art ist die Liebe des Kreuzes, die aus dem Kreuz geboren ist,

daß sie sich nicht dorthin wendet, wo sie das Gute findet, um es zu genießen, sondern wo sie es dem Armen und Dürftigen zuteilen kann.«]

379 Iwand I, S. 12.

380 Iwand (I, S. 14) zu Luther: »Er macht nicht den Fehler, die Glaubenserfahrung vom Glaubensakt aus zu erklären und zu definieren, sondern er definiert vom Glauben aus den mit der Glaubenserfahrung verbundenen Akt.«

381 Schicksal und Idee in der Theologie (1929), S. 70

382 A. a. O., S. 62.

383 Die Kirche und die Kultur (1926). – In: Die Theologie und die Kirche, S. 368.

384 A. a. O., S. 381 und 383 nennt Barth diese eigene Art die dem Wort Gottes eigene »eschatologische Form«. Dieser Vorbehalt gilt auch gegenüber der Kirche selbst. Insofern kann Barth absichtslos fragen: »Warum sollte uns die Relativität der Kirche hindern, die Kirche ohne alle Überheblichkeit, aber in aller Gelassenheit als menschliche Möglichkeit ebenso ernst zu nehmen wie die Künstler ihre Kunst, wie die Wissenschaftler ihre Wissenschaft?« Da, wo man sich selbst überhaupt nicht mehr ernst nimmt, läuft man Gefahr, etwas anderes als sich selbst ernst nehmen zu müssen. Und entsprechend gilt umgekehrt: wo man sich selbst nur noch ernst nimmt, muß man etwas anderem den Ernst absprechen. So wenig es um »Heiligsprechung der Kulturarbeit« (S. 377) gehen soll, so wenig ist die Theolgie »Spielverderberin« (S. 384). Die Frage, die Barth in seiner Problematisierung des Christusbildes in der Kirche in bezug auf die Kunst stellt, ist die Frage nach ihrer Gleichnisbereitschaft und Gleichnisfähigkeit im Sinne ihres im Raum der Kirche »abbildliche(n) und letztlich absichtslose(n) Tun(s), das seinen Sinn nicht in seinen erreichbaren Zwecken hat, sondern in dem, was es bedeutet ...« (S. 384). Da, wo man methodisch andere Aspekte der Kunst vorordnet (und warum sollte das nicht möglich sein!), muß man zwangsläufig zu anderen Ergebnissen kommen. Aber wie sollen Künstlerinnen und Künstler über die Kirche denken, wenn die Kirche selbst es nicht mehr wagt, methodisch den ihr aufgegeben *theologischen* Aspekt vorzutragen? Muß nicht eine Kirche, die in diesem Sinne auch keine Störungen wagt, letztendlich jenen Respekt da verlieren, wo sie »auf der ganzen Linie mit im Strom der Kultur« schwimmt (S. 386; vgl. auch: Die Autorität und Bedeutung der Bibel, S. 16)? Die Kirche existiert natürlich im Zusammenhang mit anderen Gemeinschaften und so angesichts verschiedener Anliegen, aber sie »steht und fällt mit keiner der verschiedenen Gestalten und Zielsetzungen ... Sie hat ... ihr eigenes Anliegen« (Credo, S. 121). In seinem Bericht über ein Gespräch mit dem Künstler Walter Pichler berichtet Rainer Beck (›Religiosität ist heute nur noch in der Kunst möglich‹, S. 198): »Wie denn die Kirche aussehen müsse, wenn sie nicht überflüssig sein solle (fragt Beck den Künstler, R. M.)? Sie dürfe nicht mehr ihre ganze Energie auf die ›Dauerrestauration‹ der maroden weltlichen Institution vergeuden, sondern müsse statt dessen wieder Vertrauen in

ihre uralten Glaubenswahrheiten haben und aus diesen Kraft schöpfen, um nach außen zu wirken. Öffnung nach außen also anstatt hypochondrische Selbstbespiegelung, dann lebe die Kirche von selbst und bedürfe keiner besonders ausgeklügelten institutionellen Absicherung.« Zuvor hatte der Künstler geklagt: »Der ›anbiedernde‹ Predigtton der Pfarrer in ›furchtbar gewollt – fortschrittlichem Umgangsdeutsch‹ zeuge von einer ›ahnungslosen Harmlosigkeit‹, die schlicht unerträglich sei … Pichlers leidenschaftliches Plädoyer gipfelt in der Bemerkung: ›Die prunkvolle Vermittlung von früher hatte immer noch mehr Berechtigung als die Fußballreportagen heute‹, womit er die Predigten meint.« Solange die Kirche nicht deutlich machen kann, daß sie bei ihrer Sache ist, so lange wird sie nicht erwarten können, in z. B. Sachen der Kunst ernst genommen zu werden.

385 Schicksal und Idee in der Theologie [1929]. – In: Theologische Fragen und Antworten, S. 90.

386 Selbstverständlich ist der Begriff der Kunst hier gänzlich allgemein gefaßt im Sinne jenes menschlichen Tuns, das es »mit dem articulus justificationis so genau nicht … nehmen zu müssen« meint (a. a. O., S. 87).

387 A. a. O., S. 87.

388 Humanismus, S. 27.

389 A. a. O., S. 25.

390 A. a. O., S. 26.

391 Vgl. KD I/1, S. 68.

392 »Barth hätte … eher sich selber für tot gehalten als Gott« (Fangmeier II, S. 60). Diese Formulierung ist nicht zu unterschätzen und also zu verharmlosen. Fangmeier hat hier in aller Radikalität ausgesagt, wie fundamental unterschieden Barth die Wirklichkeit Gottes zum Menschen denkt.

393 Zum Begriff der Subsistenz im Zusammenhang mit dem Begriff des Hinweises und in Bezugnahme auf Johannes den Täufer und also auf das Predigtgeschehen vgl. ThEx, 12, S. 12. Vgl. zur Definition: Fides quaerens intellectum; dort nimmt Barth Bezug auf die sog. »Existenzfrage«, die danach fragt, »ob und inwieweit der Gegenstand des Denkens … ihm (dem Denken, R. M.) zugleich … entgegensteht« (a. a. O., S. 93f): »Die Bezeichnung als *ex-sistens* oder *sub-sistens* … charakterisiert einen Gegenstand als aus dem inneren Kreis des Gedachtseins (in dem er sich, sofern überhaupt von ihm die Rede ist, *auch* befindet) zugleich ›heraustretend‹ (ex-sistens), als allem Denken seiner Seinsmächtigkeit, seiner Seinswirklichkeit und seines Daseins gegenüber ›für sich seiend‹, selbständig (wenn auch jenem Denken unverschlossen) seiend (sub-sistens); ihm *eignet* Da-Sein, d. h. er *existiert*, obwohl über die Mächtigkeit und Wirklichkeit seines Seins vielleicht wenig oder gar nichts ausgesagt werden kann« (S. 92f). Umschlossen sind diese beiden Kreise (der als daseiend *gedachte* Gegenstand und der Gegenstand, dem *Dasein eignet*) von einem dritten, äußersten Kreis, dem »Sein in der *Wahrheit*«: »Der Gegenstand *ist* zuerst in der

Wahrheit, dann und demzufolge ist er *da,* dann und wiederum demzufolge kann er *gedacht* sein« (S. 94).

394 Fides quaerens intellectum, S. 34f. Was in diesem oder in jenem Fall als Erscheinungsbild der Kirche dem Betrachter vor Augen geführt wird, ist entweder »die Geschäftigkeit einiger treuer Museumsdiener« oder »das Hin und Her einiger zufälliger interessierter Museumsbesucher« (Die Kirche – die lebendige Gemeinde des lebendigen Herrn Jesus Christus, S. 29).

395 Vgl. auch KD III/3, S. 609.

396 Welchen Weg nimmt diesbezüglich die in der Tradition von Karl Barth stehende heutige reformierte Homiletik? Wilhelm Niesel konnte noch im August 1948 auf der Tagung des Reformierten Weltbundes in Genf in einem Referat über ›Die Reform des öffentlichen Gottesdienstes der reformierten Kirchen‹ mit Pathos davon sprechen, daß »nicht von ungefähr ... die Bilder und Statuen ... sanken«, weil »unsere Väter (den Bilderdienst) radikal beseitigten.« Die sich damit vollziehende »Reinigung und Ausrichtung des Gottesdienstes« (Niesel, S. 206) wurde selbstbewußt kommentiert: »Unsere Ordnungen sind gut, weil sie der Predigt des Wortes eine zentrale Stellung einräumen« (a. a. O., S. 209). Okko Herlyn ist in ausdrücklicher Übereinstimmung mit z. B. Otto Weber weit entfernt von diesem Rigorismus und diesem Pathos, wenn er zu Recht in seiner ›Theologie der Gottesdienstgestaltung‹ die einseitige Gegenüberstellung von Wort und Bild nicht gelten läßt, weil das Wort »hier nicht unbedingt eine größere Chance auf Unschuld« hat (Herlyn, S. 98). Weiter als Barth geht er da, wo er aus dem Verbot des »*verwerflichen* Umgangs« mit dem Bild einen »*verantwortliche(n)*« Umgang mit dem Bild als gottesdienstliches Element folgert und für »denkbar« hält (a. a. O., S. 99).

So verständlich freilich eine solche Fragestellung unter dem Aspekt einer besseren Verstehensmöglichkeit des Evangeliums ist, bedeutet die Praevalenz des Wortes gegenüber dem Bild jedoch im Sinne Barths nicht, den einen Vermittlungsakt dem anderen vor- oder nachzuordnen, sondern (analog der Praevalenz des Wortes gegenüber den Wörtern) nach Grund, Inhalt und Ziel der Vermittlung des Evangeliums überhaupt zu fragen.

Mit Erstaunen muß man diesbezüglich in den ›Homiletischen Perspektiven‹ von Peter Bukowski das Bildproblem gänzlich reduziert sehen auf seinen didaktischen Anteil der sprachlichen Konkretheit der Predigt. Statt einer Perspektive ein Ratschlag: »Erzählen Sie in kurzen Sätzen. Scheuen Sie sich nicht, Bild- und Handlungselemente durch Anknüpfungen wie ›und‹, ›und da‹, ›da‹ aneinanderzufügen« (Bukowski, S. 125) ...

Sind sich nicht der pathetische Rigorismus eines Wilhelm Niesel von 1948 und die heutige milde Predigtdidaktik eines Peter Bukowski näher als sie voneinander meinen, weil sie ihr Augenmerk letztlich darauf gerichtet haben, *wie* man gut (oder heute bescheidener: besser) und also *pädagogisch* (der eine durch Vermittlung von Ordnungen und der andere durch Ratschläge) predigt? Wäre dann nicht – im Sinne Barths – zu fragen, ob eine solche Homiletik sich noch ihrer Ortsangabe im *Gegenüber* zum Geheimnis des Glaubens (so wie Johannes und Maria auf dem Altar Grünewalds) getrost und zuversichtlich gewiß ist? Der Heilige Geist ist weder ein prinzipieller Freund von Grundsatzerklärungen noch von Lehrbüchern.

Ist eine solche Anmerkung nur Tradtionialismus und Förderung der Langeweile, oder muß im Anschluß an Karl Barth die Aufgabe der (reformierten) Homiletik nicht darin zu beschreiben sein, daß in – wie Barth so gerne zu sagen pflegte – »prophetischer Strenge und apostolischer Freudigkeit« das Augenmerk auf das – auch darauf hat Barth wieder und wieder gerne hingewiesen – »Es ist vollbracht!« (Joh 19,30) zu richten ist?!

397 Die Botschaft von der freien Gnade, S. 19; vgl. auch Exkurs: Die Kunst Mozarts.
398 Ad Limina Apostolorum, S. 27.
399 A. a. O., S. 35; vgl. auch Überlegungen zum Zweiten Vatikanischen Konzil, S. 13f. Vgl. auch Anm. 137.

Anhang

Der Isenheimer Altar

Der Abdruck der Bilder erfolgt mit freundlicher Genehmigung der Rechtsnachfolger von Max Seidel.
Die Rekonstruktionszeichnung wurde dem Band entnommen: Max Seidel, Der Isenheimer Altar von Mathis Grünewald, Belser Verlag, Stuttgart und Zürich 1990, S. 65.

*Geschlossener Altar: Die Kreuzigung Christi (Mitte); Der heilige Antonius (rechts); Der heilige Sebastian (links);
Predella: Die Beweinung Christi*

Johannes der Täufer: Ausschnitt Geschlossener Altar (Kreuzigung)

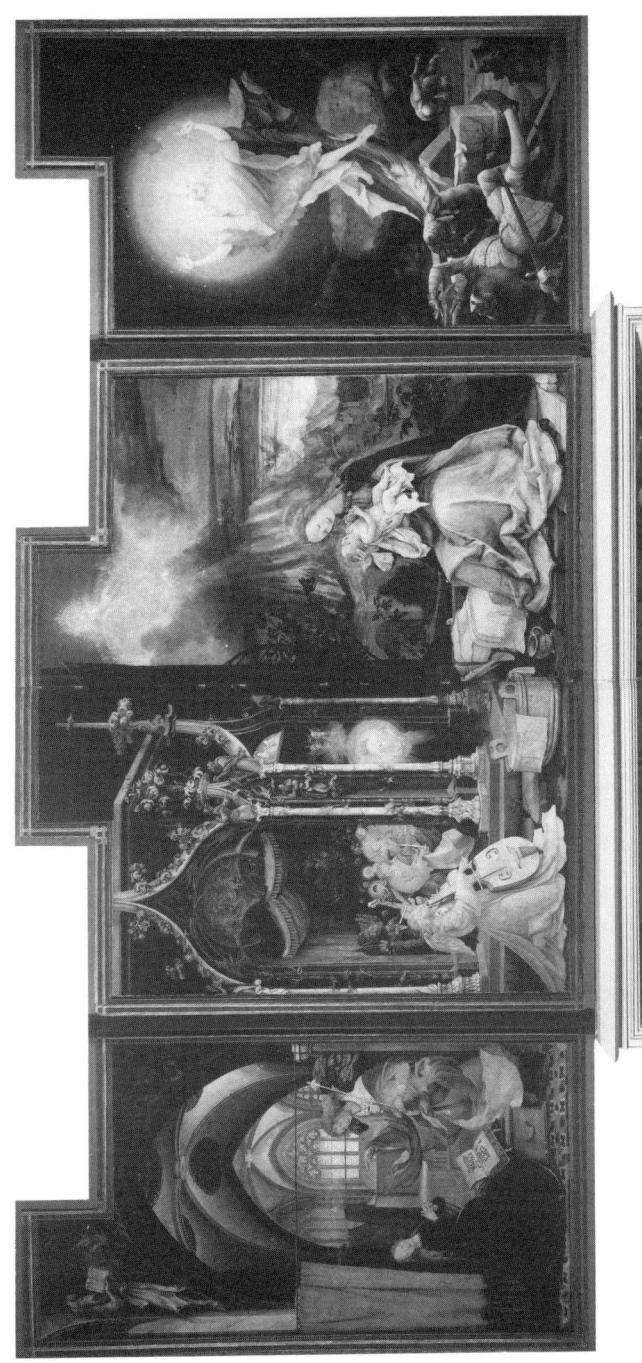

Erste Öffnung: Verkündigung an Maria (links); Engelskonzert und Geburt Christi (Mitte); Auferstehung Christi (rechts); Predella: Die Beweinung Christi

Maria in Erwartung: Ausschnitt Erste Öffnung, Engelskonzert

Zweite Öffnung: Antonius und Paulus (links); Versuchung des Antonius (rechts); Augustinus, Antonius, Hieronymus (Mitte v.l.n.r.); Predella: Christus und die 12 Apostel

Rekonstruktionszeichnung (Zweite Öffnung) von Joseph Harnest

Chronologische Auflistung der Rezeption des Altars mit bibliographischem Nachweis

1.
Sommer 1918 in: Der Römerbrief (Erste Fassung) 1919, hg. von H. Schmidt (GA, Abt. II), 1985, S. 164. 620

2.
Advent 1918 in: Konfirmandenunterricht 1909–1921, hg. von J. Fangmeier (GA, Abt. I), 1987, S. 277

3.
Frühjahr 1919 in: Konfirmandenunterricht 1909–1921, hg. von J. Fangmeier (GA, Abt. I), 1987, S. 293f

4.
3. Juni 1919 in: Karl Barth – Eduard Thurneysen. Briefwechsel Band I, 1913–1921, hg. von E. Thurneysen (GA, Abt. V), 1973, S. 332

5.
Sommer 1919 in: Konfirmandenunterricht 1909–1921, hg. von J. Fangmeier (GA, Abt. I), 1987, S. 319

6.
Spätsommer 1919 in: Konfirmandenunterricht 1909–1921, hg. von J. Fangmeier (GA, Abt. I), 1987, S. 327

7.
25. September 1919 in: Der Christ in der Gesellschaft. In: Das Wort Gottes und die Theologie, 1924, S. 33–69, S. 48

8.
25. September 1919 in: Der Christ in der Gesellschaft. In: Das Wort Gottes und die Theologie, 1924, S. 33–69, S. 66f.

9.
Frühjahr 1920 in: Konfirmandenunterricht 1909–1921, hg. von J. Fangmeier (GA, Abt. I), 1987, S. 351

10.
17. April 1920 in: Biblische Fragen, Einsichten und Ausblicke.
In: Das Wort Gottes und die Theologie, 1924, S. 70–98, S. 79f.

11.
17. April 1920 in: Biblische Fragen, Einsichten und Ausblicke.
In: Das Wort Gottes und die Theologie, 1924, S. 70–98, S. 80f.

12.
17. April 1920 in: Biblische Fragen, Einsichten und Ausblicke.
In: Das Wort Gottes und die Theologie, 1924, S. 70–98, S. 85f.

13.
17. April 1920 in: Biblische Fragen, Einsichten und Ausblicke.
In: Das Wort Gottes und die Theologie, 1924, S. 70–98, S. 91f.

14.
4. November 1920 in: Konfirmandenunterricht 1909–1921, Hg.
von J. Fangmeier (GA, Abt. I), 1987, S. 382

15.
23. Dezember 1920 in: Brief an Joseph Bernhart. In: Joseph
Bernhart, Erinnerungen 1881–1930. Zweiter Teil: Anmerkungen
und Dokumente, hg. von Manfred Weitlauff, 1992, S. 1774f.

16.
28. Dezember 1920 in: Karl Barth – Eduard Thurneysen.
Briefwechsel Band I, 1913–1921, hg. von E. Thurneysen (GA,
Abt. V), 1973, S. 457

17.
Dezember 1920 und Januar 1921 in: Der Römerbrief (Zweite Auflage) 1921, 10ter Abdruck der neuen Bearbeitung 1967, S. 93

18.
Dezember 1920 und Januar 1921 in: Der Römerbrief (Zweite Auflage) 1921, 10ter Abdruck der neuen Bearbeitung 1967, S. 106

19.
Dezember 1920 und Januar 1921 in: Der Römerbrief (Zweite Auflage) 1921, 10ter Abdruck der neuen Bearbeitung 1967, S. 118

20.
Dezember 1920 und Januar 1921 in: Der Römerbrief (Zweite Auflage) 1921, 10ter Abdruck der neuen Bearbeitung 1967, S. 119

21.
Dezember 1920 und Januar 1921 in: Der Römerbrief (Zweite Auflage) 1921, 10ter Abdruck der neuen Bearbeitung 1967, S. 135

22.
27. April 1922 in: Die Theologie Calvins 1922, Vorlesung Göttingen, Sommersemster 1922, hg. von H. Scholl (GA, Abt. II), 1993, S. 9

23.
8. Mai 1922 in: Die Theologie Calvins 1922, hg. von H. Scholl (GA, Abt. II), 1993, S. 82

24.
7. Juli 1922 in: Karl Barth – Eduard Thurneysen. Briefwechsel Band II, 1921–1930, hg. von E. Thurneysen (GA, Abt. V), [2]1987, S. 94

25.
3. Dezember 1923 in: Die Theologie Schleiermachers 1923/24, hg. von D. Ritschl (GA, Abt. II), 1978, S. 146f.

26.
19. Juni 1924 in: »Unterricht in der christlichen Religion«. Erster Band: Prolegomena 1924, hg. von H. Reiffen (GA, Abt. II), 1985, S. 186f.

27.
25. November 1924 in: Menschenwort und Gotteswort in der christlichen Predigt. In: Vorträge und kleinere Arbeiten 1922–1925, hg. von H. Finze (GA, Abt. III), 1990, S. 444

28.
8. Dezember 1924 in: »Unterricht in der christlichen Religion«. Zweiter Band: Die Lehre von Gott/Die Lehre vom Menschen 1924/1925, hg. von H. Stoevesandt (GA, Abt. II), 1990, S. 152f

29.
Advent 1924 in: Barmherzigkeit: Adventspredigt (über Lk 1,78–79). – In: Zwischen den Zeiten. 3. J. München, 1925. Nr. 1, S. 4

30.
3. Dezember 1925 in: Erklärung des Johannesevangeliums 1925.1926, hg. von W. Fürst (GA, Abt. II), 1976, S. 128

31.
4. Dezember 1925 in: Erklärung des Johannesevangeliums 1925.1926, hg. von W. Fürst (GA, Abt. II), 1976, S. 137

32.
11. Dezember 1925 in: Erklärung des Johannesevangeliums 1925.1926, hg. von W. Fürst (GA, Abt. II), 1976, S. 169

33.
August 1927 in: Die christliche Dogmatik im Entwurf. I. Die Lehre vom Worte Gottes. Prolegomena zur christlichen Dogmatik 1927, hg. von G. Sauter (GA, Abt. II), 1982, S. 340f

34.
1. Dezember 1929 in: Predigt über Lk 1,26–38. In: Die große Barmherzigkeit, Predigten von Karl Barth und Eduard Thurneysen, 1935, S. 107.

35.
1932 in: Die Kirchliche Dogmatik I/1, [8]1964, S. 115

36.
1932 in: Die Kirchliche Dogmatik I/1, [8]1964, S. 277

37.
1932/1933 in: Homiletik. Wesen und Vorbereitung der Predigt, 1966, S. 31.33

38.
24. Dezember 1934 in: Brief vom 24. Dezember 1934 von Karl Barth an Eduard Thurneysen (Original im Karl Barth-Archiv in CH-Basel), II. Blatt, Rückseite, Z. 6–17

39.
12. Dezember 1937 in: Predigt über Mt 11,2–6. In: Fürchte Dich nicht! Predigten aus den Jahren 1934 bis 1948, 1949, S. 156

40.
1938 in: Kirchliche Dogmatik I/2, [5]1960, S. 137f

41.
Herbst 1938 in: Predigt über Psalm 103,1–4. In: Fürchte Dich nicht! Predigten aus den Jahren 1934 bis 1948, 1949, S. 260

42.
13. April 1945 in: Brief an Dr. Hermann Heisler, Agra. In: Offene Briefe 1945–1968, hg. von D. Koch (GA, Abt. V), 1984, S. 31

43.
1948 in: Kirchliche Dogmatik III/3, [2]1961, S. 577

44.
22. Januar 1952 in: An die »Basler Nachrichten«. In: Offene Briefe 1945–1968, hg. von D. Koch (GA, Abt. V), 1984, S. 296

45.
25. September 1956 in: Die Menschlichkeit Gottes, ThSt 48, 1956, S. 3

46.
1959 in: Kirchliche Dogmatik IV/3, 1959, S. 912

47.
12. Oktober 1960 in: Protokoll des Gesprächs zwischen Prof. Dr. K. Barth und Vertretern der Brüdergemeine. In: civitas praesens. Ein Gespräch in der Brüdergemeine, Nr. 13, Mai 1961, S. 22

48.
1967 in: Kirchliche Dogmatik IV/4, 1967, S. 68

49.
1976 in: Das christliche Leben. Die Kirchliche Dogmatik IV/4, Fragmente aus dem Nachlaß. Vorlesungen 1959–1961, hg. von H.-A. Drews und E. Jüngel (GA , Abt. II), 1976, S. 431

50.

1986 in: E. Busch, Glaubensheiterkeit. Karl Barth. Erfahrungen und Begegnungen, 1986, S. 27

51.

30. September 1968 in: Brief an Frau N. N. in Württemberg. In: Briefe 1961–1968, hg. von J. Fangmeier und H. Stoevesandt (GA, Abt. V), 1975, S. 503

Literaturverzeichnis

Literatur Karl Barth

Ad Limina Apostolorum, 1967

Biblische Fragen, Einsichten und Ausblicke (1920). – In: Das Wort Gottes und die Theologie. Gesammelte Vorträge (1), 1924, S. 70–98

Brechen und Bauen – Eine Diskussion – (1947). – In: ›Der Götze wackelt‹. Zeitkritische Aufsätze, Reden und Briefe von 1930 bis 1960, hg. von Karl Kupisch, 1961, S. 108–123

Brief an Eduard Turneysen vom 24. 12. 1934 (Karl Barth-Archiv, Basel)

Brief an Joseph Bernhart (23. 12. 1920) – In: Joseph Bernhart, Erinnerungen 1881–1930. Zweiter Teil: Anmerkungen und Dokumente, hg. von Manfred Weitlauff, 1992, S. 1774f

Briefe 1961–1968, hg. von J. Fangmeier und H. Stoevesandt (GA, Abt. V), 1975

Christengemeinde und Bürgergemeinde (1946). – In: Rechtfertigung und Recht. Christengemeinde und Bürgergemeinde, ThSt 104, 1970, S. 49–82

Christus und Adam (1952). – In: Rudolf Bultmann. Ein Versuch, ihn zu verstehen / Christus und Adam nach Röm 5. Zwei Theologische Studien, ³1964, S. 67–122

Das Bekenntnis der Reformation und unser Bekennen (1935). – In: Theologische Fragen und Antworten. Gesammelte Vorträge/ 3. Band, 1957, S. 257–281

Das christliche Leben. Die Kirchliche Dogmatik IV/4, Fragmente aus dem Nachlaß. Vorlesungen 1959–1961, hg. von H.-A. Drewes und E. Jüngel (GA, Abt. II), 1976

Das christliche Verständnis der Offenbarung, ThExhNF 12. 1948

Das Wort Gottes als Aufgabe der Theologie (1922). – In: Vorträge und kleinere Arbeiten 1922–1925 (GA, Abt. III) hg.von H. Finze, 1990, S. 144–175

Das Wort Gottes und die Theologie. Gesammelte Vorträge (1), 1924

Denken heißt: Nachdenken. – In: Zürcher Woche. 15. J., Nr. 24 vom 14. 6. 1963, S. 5.7

Der Begriff der Kirche (1927). – In: Die Theologie und die Kirche. Gesammelte Vorträge / 2. Band, 1928, S. 285–301

Der Christ als Zeuge, ThExh 12, 1934 (und: Theologische Fragen und Antworten. Gesammelte Vorträge / 3. Band, 1957, S. 185–196)

Der Christ in der Gesellschaft (1919). – In: Das Wort Gottes und die Theologie. Gesammelte Vorträge (1), 1924, S. 33–69

Der Dienst am Wort Gottes, ThExh 13, 1934 (und: Theologische Fragen und Antworten. Gesammelte Vorträge / 3. Band, 1957, S. 197–213)

Der Einzelne in dieser Zeit. – In: Stimme der Gemeinde, 15. April 1957, 9. Jg., Heft 8, Sp. 225–228

›Der Götze wackelt‹. Zeitkritische Aufsätze, Reden und Briefe von 1930 bis 1960, hg. von Karl Kupisch, 1961

Der Römerbrief (Erste Fassung) 1919, hg. von H. Schmidt (GA, Abt. II), 1985

Der Römerbrief (Zweite Auflage) 1921, 10ter Abdruck der neuen Bearbeitung 1967

Der römische Katholizismus als Frage an die protestantische Kirche (1928). – In: Die Theologie und die Kirche. Gesammelte Vorträge / 2. Band, 1928, S. 329–363

Die Aktualität der christlichen Botschaft (1949). – In: Humanismus, ThSt 28, 1950, S. 3–12

Die Auferstehung von den Toten. Eine akademische Vorlesung über 1. Kor 15 (1. Aufl. 1924), ⁴1953

Die Autorität und Bedeutung der Bibel. – In: Die Schrift und die Kirche, ThSt 22, 1947, S. 3–20

Die christliche Dogmatik im Entwurf. I. Die Lehre vom Worte Gottes. Prolegomena zur christlichen Dogmatik 1927, hg. von G. Sauter (GA, Abt. II), 1982

Die christliche Lehre nach dem Heidelberger Katechismus. Vorlesung gehalten an der Universität Bonn im Sommersemster 1947, 1948

Die große Barmherzigkeit, Predigten von Karl Barth und Eduard Thurneysen, 1935

Die Kirche – die lebendige Gemeinde des lebendigen Herrn Jesus Christus. – In: Die Schrift und die Kirche, ThSt22, 1947, S. 21–44

Die Kirche und die Kirchen, ThExh 27, 1935 (und: Theologische Fragen und Antworten. Gesammelte Vorträge / 3. Band, 1957, S. 214–232)

Die Kirche und die Kultur (1926). – In: Die Theologie und die Kirche. Gesammelte Vorträge / 2. Band, 1928, S. 364–391

Die Menschlichkeit Gottes, ThSt 48, 1956

Die Neuorientierung der prostestantischen Theologie in den letzten dreissig Jahren. (22.3.1940) – In: Kirchenblatt für die reformierte Schweiz, 1940, S. 98–101

Die protestantische Theologie im 19. Jahrhundert, [3]1960

Die Schrift und die Kirche, ThSt 22, 1947

Die Theologie Calvins 1922, hg. von H. Scholl (GA, Abt. II), 1993

Die Theologie Schleiermachers 1923/24, hg. von D. Ritschl (GA, Abt. II), 1978

Die Theologie und die Kirche. Gesammelte Vorträge / 2. Band, 1928

Die theologische Voraussetzung kirchlicher Gestaltung, ThExh 28, 1935 (und: Theologische Fragen und Antworten. Gesammelte Vorträge / 3. Band, 1957, S. 233–256)

Dogmatik im Grundriß, 1947

Ein Briefwechsel mit Adolf von Harnack (1923). – In: Theologische Fragen und Antworten, Gesammelte Vorträge / 3. Band, S. 7–31

Einführung in die evangelische Theologie, [3]1985

Erbe und Verantwortung der Jugend (April 1948). – In: Göttinger Universitäts-Zeitung, Nr. 13 vom 11.6.1948, S. 1–2

Erklärung des Johannes-Evangeliums 1925.1926, hg. von W. Fürst (GA, Abt. II), 1976

Ethik II 1928/1929, hg. von D. Braun (GA, Abt. II), 1978

Evangelische Theologie im 19. Jahrhundert, ThSt 49, 1957

Fides quaerens intellectum (1931), hg. von E. Jüngel und I.U. Dalferth (GA, Abt. II), 1981

Fürchte Dich nicht! Predigten aus den Jahren 1934 bis 1948, 1949

Homiletik. Wesen und Vorbereitung der Predigt, 1966

Humanismus (1950). – In: Humanismus, ThSt 28, 1950, S. 13–28

Karl Barth – Eduard Thurneysen. Briefwechsel Band I 1913–1921, hg. von Ed. Thurneysen (GA, Abt. V), 1973 (zitiert: BwTh I)

Karl Barth – Eduard Thurneysen. Briefwechsel Band II 1921–1930, hg. von Ed. Thurneysen (GA, Abt. V), [2]1987 (zitiert: BwTh II)

Karl Barth – Kornelis Heiko Miskotte. Briefwechsel 1924–1968, Hg. Hinrich Stoevesandt, 1991

Kirche und Theologie (1925). – In: Die Theologie und die Kirche. Gesammelte Vorträge / 2. Band, 1928, S. 302–328

Kirchliche Dogmatik I/1, [8]1964
Kirchliche Dogmatik I/2, [5]1960
Kirchliche Dogmatik II/1, [4]1958
Kirchliche Dogmatik II/2, [4]1959
Kirchliche Dogmatik III/1, [4]1970
Kirchliche Dogmatik III/2, [2]1959
Kirchliche Dogmatik III/3, [2]1961
Kirchliche Dogmatik III/4, [3]1969
Kirchliche Dogmatik IV/1, [2]1960
Kirchliche Dogmatik IV/2, [2]1964
Kirchliche Dogmatik IV/3, 1. Hälfte, 1959
Kirchliche Dogmatik IV/3, 2. Hälfte, 1959
Kirchliche Dogmatik IV/4, 1967
Komm Schöpfer Geist! Predigten von Karl Barth und Eduard
Thurneysen, [2]1924
Konfirmandenunterricht 1909–1921, hg. von J. Fangmeier (GA,
Abt. I), 1987
Letzte Zeugnisse, 1969
Ludwig Feuerbach. Mit einem polemischen Nachwort. – In: ZZ
5/1927, Heft 1, S. 11–40
Mit dem Anfang anfangen. Karl Barth-Lesebuch, hg. von R. J.
Erler und R. Marquard, 1985 (zit.: Mit dem Anfang anfangen)
Nachwort. – In: Schleiermacher-Auswahl (hg. von H. Bolli), 1968,
S. 290–312
Nein! Antwort an Emil Brunner, ThExh 14, 1934
Offene Briefe 1945–1968, hg. von D. Koch (GA, Abt. V), 1984
Prof. Karl Barth in Bonn abgesetzt!, Basler Nachrichten Jg.
90 (1934), Nr. 349 vom 21. 12. 1934, S. 1
Protokoll des Gesprächs zwischen Prof. Dr. K. Barth und
Vertretern der Brüdergemeine. – In: civitas praesens. Ein
Gespräch in der Brüdergemeine, Nr. 13, Mai 1961
Rechtfertigung und Recht (1938). – In: Rechtfertigung und Recht.
Christengemeinde und Bürgergemeinde, ThSt 104, 1970, S.
5–48
Schicksal und Idee in der Theologie. – In: Theologische Fragen
und Antworten, Gesammelte Vorträge / 3. Band, S. 54–92
Schleiermacher. – In: Die Theologie und die Kirche. Gesammelte
Vorträge / 2. Band, 1928, S. 136–189
Schleiermachers (1924). – In: Die Theologie und die Kirche.
Gesammelte Vorträge / 2. Band, 1928, S. 106–135
Systematische Theologie. – In: Lehre und Forschung an der

Universität Basel zur Zeit der Feier ihres fünfhundertjährigen Bestehens, 1960, S. 35–38

Theologische Fragen und Antworten. Gesammelte Vorträge / 3. Band, 1957

Überlegungen zum Zweiten Vatikanischen Konzil. – In: Zwischenstation: Festschrift für Karl Kupisch zum 60. Geburtstag. Hg. E. Wolf, 1963, S. 9–18

Unerledigte Anfragen an die heutige Theologie. – In: Zur inneren Lage des Christentums, 1920, S. 3–24

Unterricht in der christlichen Religion. I. Band: Prolegomena 1924, hg. von H. Reiffen (GA, Abt. II), 1985

Unterricht in der christlichen Religion. II. Band: Die Lehre von Gott / Die Lehre vom Menschen 1924/1925, hg. von H. Stoevesandt (GA, Abt. II), 1990

Vier Bibelstunden, ThExh 19, 1935

Vier Predigten, ThExh 22, 1935

Vorträge und kleinere Arbeiten 1905–1909, hg. von H.-A. Drewes und H. Stoevesandt (GA, Abt. III), 1992

Vorträge und kleinere Arbeiten 1922–1925, hg. von H. Finze (GA, Abt. III), 1990

Vorwort (1962). – In: Gebete, [4]1974, S. 7–10

Weihnacht. Kleine Vandenhoeck-Reihe 48, [2]1957

Wolfgang Amadeus Mozart: 1756/1956, [11]1982

Literatur im Zusammenhang der Theologie Karl Barths

Andresen, Dieter: Karl Barth und die Kultur. – In: Pastoralblätter (WuPKG) 77. Jg. 1988, S. 220–240

Bibliographie Karl Barth. Band 1: Veröffentlichungen von Karl Barth, erarbeitet von Hans Markus Wildi, hg. von Hans-Anton Drewes, 1984

Busch, Eberhard: Karl Barths Lebenslauf. Nach seinen Briefen und autobiographischen Texten, 1975 (zitiert: Busch I)

ders.: Glaubensheiterkeit, 1986 (zitiert: Busch II)

ders.: Theologie und Biographie. Das Problem des Verhältnisses der beiden Größen in Karl Barths »Theologie«. – In: EvTh 46, 1986, S. 325–339 (zitiert: Busch III)

Brinkschmidt, Egon: Sören Kierkegaard und Karl Barth, 1971

Dalferth, Ingolf U.: Theologischer Realismus und realistische Theologie bei Karl Barth. – In: EvTh 4/5, 1986, S. 402–422

Fangmeier, Jürgen: Erziehung in Zeugenschaft. Karl Barth und die Pädagogik, 1964 (zitiert: Fangmeier I)

Ders.: Der Theologe Karl Barth. Zeugnis vom freien Gott und freien Menschen, 1969 (zitiert: Fangmeier II)

Geiger, Max: Karl Barth-Tagungen auf dem Leuenberg. – In: Eduard Thurneysen: Karl Barth – ›Theologie und Sozialismus‹ in den Briefen seiner Frühzeit, 1973, S. 41–46

Gestrich, Christoph: ›Barmen I‹ und das Problem der natürlichen Theologie. – In: Zeitschrift für Dialektische Theologie 1/1985, Nr. 1, S. 17–33

Geyer, Hans-Georg: Die Auferstehung Jesu Christi. Ein Überblick über die Diskussion in der gegenwärtigen Theologie. – In: W. Marxen, U. Wilkens, G. Delling, H.-G. Geyer: Die Bedeutung der Auferstehungsbotschaft für den Glauben an Jesus Christus, [2]1966, S. 91–117 (zitiert: Geyer I)

Iwand, Hans Joachim: Rechtfertigungslehre und Christusglaube. Eine Untersuchung zur Systematik der Rechtfertigungslehre Luthers in ihren Anfängen (1930), [3]1966 (zitiert: Iwand I)

Ders.: Glaubensgerechtigkeit nach Luthers Lehre, ThExh 75, 1941 (zitiert: Iwand II)

Ders.: Luthers Theologie. – In: Nachgelassene Werke (hg. von Helmut Gollwitzer, Walter Kreck, Karl Gerhard Steck und Ernst Wolf), Fünfter Band, 1974 (zitiert: Iwand III)

Jüngel, Eberhard: Gottes Sein ist im Werden. Verantwortliche Rede vom Sein Gottes bei Karl Barth. Eine Paraphrase, [2]1967 (zitiert: Jüngel I)

Ders.: Barth Studien. Ökumenische Theologie Band 9, 1982 (zitiert: Jüngel II)

Korsch, Dietrich: Fraglichkeit des Lebens und Evidens des Glaubens. Karl Barth und Wilhelm Herrmann im Gespräch über Offenbarung und menschliche Subjektivität. – In: Zeitschrift für Dialektische Theologie 1/1985, Nr. 2, S. 33–51

Link, Christian: Fides quaerens intellectum. Die Bewegung der Theologie Karl Barths. – In: ThZ 4, 1986, S. 279–302 (zitiert: Link I)

von Loewenich, Walther: Luthers Theologia crucis (1929), [5]1967 (zitiert: von Loewenich I)

Luther, Martin: Disputatio Heidelbergae habita (1518). – In: *Martin Luther,* Studienausgabe. In Zusammenarbeit mit Helmar Junghans, Reinhold Pietz, Joachim Rogge und Günther Wartenberg hg. von Hans-Ulrich Delius. Bd. 1, 1979, S. 186–218

(deutsch: Ausgewählte Werke, hg. v. H. H. Borchert und Georg
Merz, Erster Band, ²1938, S. 131–147 (zitiert: MA = Münchner
Ausgabe)

Marquard, Reiner: Rezension von: Karl Barth, Das christliche
Leben. Die Kirchliche Dogmatik IV/4, Fragmente aus dem
Nachlaß. Vorlesungen 1959–1961, hg. Von H.-A. Drews und E.
Jüngel, 1976. – In: Deutsches Pfarrerblatt Nr. 24, Dezember
1976, S. 760f (zitiert: Marquard I)

Ders.: »Von ferne ... hinweisen«. Karl Barth 1886–1968, o. J.
(zitiert: Marquard II)

Ders.: Begleitheft Calwer Video: Karl Barth zum Gedächtnis,
1986 (zitiert: Marquard III)

Miskotte, K. Heiko: Die Erlaubnis zu schriftgemäßem Denken. –
In: Antwort. Karl Barth zum siebzigsten Geburtstag am 10.
Mai 1956, hg. von Ernst Wolf, Charlotte von Kirschbaum,
Rudolf Frey, 1956, S. 29–51

Rendtorff, Trutz: Karl Barth und die Neuzeit. Fragen zur Barth-
Forschung. – In: EvTh 4/5, 1986, S. 298–314

Steck, Karl Gerhard: Karl Barths Absage an die Neuzeit. – In:
Steck, Karl Gerhard; Schellong, Dieter: Karl Barth und die
Neuzeit, ThExh 173, 1973, S. 7–33

Stoevesandt, Hinrich: Wandlungen in Karl Barths theologischem
Verständnis der Predigt? – In: Gottes Freiheit und die Grenze
der Theologie. Gesammelte Aufsätze, 1992, S. 200–217 (zitiert:
Stoevesandt I)

Ders.: Basel – Marburg: Ein (un)erledigter Konflikt? – In: Gottes
Freiheit ..., S. 218–238 (zitiert: Stoevesandt II)

Ders.: Der unbequeme Pfarrer von Safenwil. – In: Busch, Eber-
hard und Stoevesandt, Hinrich: Der Zug am Glockenseil. Vom
Weg und Wirken Karl Barths, 1982, S. 11–35 (zitiert:
Stoevesandt III)

Strauch, Max: Die Theologie Karl Barths (1924), 2. Aufl. o. J.

Thurneysen, Eduard: Dostojewski (1921), 1963

Weber, Otto: Wort und Antwort. Predigten und Erwägungen zur
Predigt, 1966

Literatur zum Isenheimer Altar

Bauch, Kurt: Der Isenheimer Altar, 1957

Bauer, Veit Harold: Das Antonius-Feuer in Kunst und Medizin.

Sitzungsbericht der Heidelberger Akademie der Wissenschaften, Supplement zum Jahrgang 1973, 1973

Baur, Christian: Der Isenheimer Altar; Grünewald – Leben und Werk. – In: Max Seidel, Grünewald. Der Isenheimer Altar, 1983, S. 5–23.

Béguerie, Pantxika: Museum Unterlinden, Colmar. Der Isenheimer Altar, 1991

Behling, Lottlisa: Art. Grünewald. – In: RGG³, II. Band, 1958, Sp. 1887–1889

Berger, John: Zweimal in Colmar: Der Isenheimer Altar, neu gesehen. – In: ders.: Das Leben der Bilder oder die Kunst des Sehens, 1993, S. 70–77

Bernhart, Joseph: Die Symbolik im Menschwerdungsbild des Isenheimer Altars, 1921

Ders.: Erinnerungen 1881–1930, hg. von Manfred Weitlauff, 1992 (zitiert: Erinnerungen I)

Ders.: Erinnerungen 1881–1930. Zweiter Teil: Anmerkungen und Dokumente, hg. von Manfred Weitlauff, 1992 (zitiert: Erinnerungen II)

Brumter, Michèle: Der Isenheimer Altar, 1984

Brunel, Pierre et Heck, Christian: Le choeur de l'ancienne eglise des Antonins et l'emplacement du retable d'Issenheim. – Le retable d'Issenheim ..., S. 140–144

von Einem, Herbert: Die ›Menschwerdung Christi‹ des Isenheimer Altars. – In: Arbeitsgemeinschaft für Forschung des Landes Nordrhein-Westfalen – Geisteswissenschaften, Heft 55 (36. Sitzung am 21. Dezember 1955 in Düsseldorf)

Eschweiler, Jakob: Der Isenheimer Altar, 1948

Feurstein, Heinrich: Matthias Grünewald, 1930

Fraenger, Wilhelm: Matthias Grünewald, 1983

Friedländer, Max J.: Grünewalds Isenheimer Altar (1908), 1919

Geissler, Heinrich: Der Altar – Daten und Fakten im Überblick. – In: Max Seidel, Der Isenheimer Altar von Mathis Grünewald, 1990, S. 12–19.110

Ders.: Meister Mathis – Leben und Werk. – In: Max Seidel, Der Isenheimer Altar von Mathis Grünewald, 1990, S. 24–64.110–112

Ders.: Der Altarschrein. – In: Max Seidel, Der Isenheimer Altar von Mathis Grünewald, 1990, S. 68–76

Ders.: Kreuzigung – Verkündigung – Geburt – Auferstehung – Besuch – Versuchung (Bildbeschreibungen). – In: Max Seidel,

Mathis Gothart Nithart Grünewald. Der Isenheimer Altar, 1973, S. 45–48.89–92.101–104.149–152.163–166.177–180 (zitiert nach jeweiliger Bildbeschreibung)

Glück, Gustav: Die Kunst der Renaissance in Deutschland, den Niederlanden, Frankreich etc. Propyläen – Kunstgeschichte X, 1928

Groner, A.: Die Geheimnisse des Isenheimer Altares in Colmar, Studien zur Deutschen Kunstgeschichte, Heft 212, 1920

Hagen, Oskar: Matthias Grünewald, 1919; 4. Aufl. 1923

Harnest, Joseph: Der Altar und das Raumproblem. – In: Max Seidel, Der Isenheimer Altar von Mathis Grünewald, 1990, S. 98–101.114–117

Haug, Hans: Grünewald (Mathis Nithart), 1935

Heck, Christian: Grünewald und der Isenheimer Altar, 1983 (zitiert: Heck)

Ders.: Les bâtiments de l´ancienne préceptorie des Antonins d'Issenheim. – In: Le retable d'Issenheim ..., S. 129–139

Hegemann, Hans Werner: Matthias Grünewalds Isenheimer Altar, 1958

Hinz, Paulus: Deus Homo. Das Christusbild von seinen Ursprüngen bis zur Gegenwart, Band II, 1981

Hotz, Walter: Handbuch der Kunstdenkmäler im Elsass und in Lothringen, [3]1976

Hütt, Wolfgang: Ist Gothardt-Neithardt der historische ›Grünewald‹? – In: Fraenger, Wilhelm: Matthias Grünewald, 1983, S. 330–342

Huysmans, Joris–Karl: Mathias Grünewald, 1923

Josten, H. H.: Matthias Grünewald, 1913

Knapp, Fritz: Grünewald, 1937

Knappe, Karl Adolf: Art. Grünewald. – In: TRE 14, 1985, S. 280–284

Kübler, Louis: Unterlinden – Museum zu Colmar, 1959

Kugler, Franz: Handbuch der Geschichte der Malerei, 1847

Le retable d'Issenheim et la sculpture au nord des Alpes à la fin du Moyen Âge. Actes du colloque de Colmar (2–3 Novembre 1987), réunis et présentés par Christian Heck, 1989

Lecoq-Ramond, Sylvie und Béguerie, Pantxika: Das Unterlinden-Museum zu Colmar, 1991 (zitiert: Unterlinden)

Lücking, Wolf: Mathis. Nachforschungen über Grünewald, 1983 (zitiert: Lücking I)

Ders.: Grünewald – Der Stalburg-Altar, 1986 (zitiert: Lücking II)

Mayer, August L.: Matthias Grünewald, 1920

Mischlewski, Adalbert: Die Antoniter und Isenheim. – In: Max Seidel, Der Isenheimer Altar von Mathis Grünewald, 1990, S. 102–109.118–121 (zitiert: Mischlewski I)

Ders.: Gründzüge der Geschichte des Antoniterordens bis zum Ausgang des 15. Jahrhunderts (Unter besonderer Berücksichtigung von Leben und Wirken des Petrus Mitte de Caprariis). Bonner Beiträge zur Kirchengeschichte, Hg. von E. Dassmann, E. Hegel, B. Stasiewski, Band 8, 1976 (zitiert: Mischlewski II)

Ders.: Jean d'Orlier und die Umgestaltung der Antoniterkirche in Isenheim. – In: Le retable d'Issenheim ..., S. 122–128 (zitiert: Mischleski III)

Möhle, Hans: Der Isenheimer Altar, 1948

Nadolny, Sten: Die Entdeckung der Langsamkeit, [15]1989

Niemeyer, Wilhelm: Matthias Grünewald, der Maler des Isenheimer Altars, 1921

Oellermann, Eike: Hagenauers Retabel in Grünewalds Isenheimer Altar. – In: Le retable d'Issenheim ..., S. 149–158

Pinder, Wilhelm: Der Isenheimer Altar des Mathis Gotthardt Neithardt (Matthias Grünewald), o. J. (zitiert: Pinder I)

Ders.: Die deutsche Kunst der Dürerzeit, [2]1953 (zitiert: Pinder II)

Reichenauer, Berta: Grünewald, 1992

Rieckenberg, Hans Jürgen: Was sagen die historischen Quellen zur Frage nach dem Bildschnitzer des Isenheimer Altars?. – In: Le retable d'Issenheim ..., S. 118–119

Ruhmer, Eberhard: Grünewald. Gesamtausgabe der Gemälde, 1959 (zitiert: Ruhmer I)

Ders.: Grünewald. Die Zeichnungen. Gesamtausgabe, 1970 (zitiert: Ruhmer II)

Saran, Bernhard: Matthias Grünewald. Mensch und Weltbild, 1972 (zitiert: Saran I)

Ders.: Von der Macht des Wortes im Bild. – In: Max Seidel, Der Isenheimer Altar von Mathis Grünewald, 1990, S. 80–97.113f (zitiert: Saran II)

Scheja, Georg: Der Isenheimer Altar, 1969

Schmid, Heinrich Alfred: Die Gemälde und Zeichnungen von Matthias Grünewald. Erster Teil, 1907 (zitiert: Schmid I)

Ders.: Die Gemälde und Zeichnungen von Matthias Grünewald. Zweiter Teil, 1911 (zitiert: Schmid II)

Ders.: Art. Grünewald. – In: Thieme-Becker, Allgemeines Lexikon der bildenden Künstler von der Antike bis zur Gegenwart, Bd. 15, 1922, S. 134–137 (zitiert: Schmid III)

Schmid Noerr, Friedrich Alfred: Wie Sankt Antonii Altar zu Isenheim durch Meister Matthis Grünewald errichtet ward. Ein Gespräch (1920), ²1929

Schubring, Paul: Matthias Grünewalds Isenheimer Altar zu Colmar (o. J.)

Schulze, Ingrid: Die Erschütterung der Moderne. Grünewald im 20. Jahrhundert, 1991

Seidel, Max: Mathis Gothart Nithart Grünewald. Der Isenheimer Altar, 1973 (zitiert: Seidel I)

Ders.: Grünewald. Der Isenheimer Altar, 1983 (zitiert: Seidel II)

Ders.: Der Isenheimer Altar von Mathis Grünewald, 1990 (zitiert: Seidel III)

Strieder, Peter: Deutsche Malerei der Dürerzeit. Die Blauen Bücher, 1966

Suckale, Robert: Reflexionen zur Rekonstruktion der Apostelpredella des Isenheimer Retabels. – In: Le retable d'Issenheim ..., S. 174–177

Vogt, Helmut: Das Bild des Kranken, 1969

Wickersheimer, Ernest: ›Ignis sacer‹ – Bedeutungswandel einer Krankheitsbezeichnung. – In: Ciba-Symposium Band 8, Heft 4. Oktober 1960, S. 160–169

Winzinger, Franz: Art. Grünewald. – In: Kindlers Malerei Lexikon, Bd II, 1965, S. 785–803

Woltmann, Alfred: Geschichte der deutschen Kunst im Elsass, 1876

Zacharias, Alfred: Kleine Kunstgeschichte abendländischer Stile, ¹³1983

Zülch, Walter Karl: Grünewald. Mathis Gothardt-Neidhardt, ²1949 (zitiert: Zülch I)

Ders.: Grünewald. Mathis Neithardt genannt Gothart, 1953 (zitiert: Zülch II)

Literatur zur Bilderfrage und Kunsttheorie

Adorno, Theodor W.: Ästhetische Theorie. Gesammelte Schriften Band 7, ⁴1984

von Balthasar, Hans Urs: Weltliche Schönheit und göttliche Herrlichkeit, in: Communio 11/1982, 513–517

Beck, Rainer: Ein Gespräch mit Walter Pichler. – In: Die Kunst und die Kirchen ... S. 197–200

Bukowski, Peter: Predigt wahrnehmen. Homiletische Perspektiven, 1990

von Campenhausen, Hans: Die Bilderfrage als theologisches Problem der alten Kirche. – In: Tradition und Leben. Kräfte der Kirchengeschichte. Aufsätze und Vorträge, 1960, S. 216–252

Ders.: Die Bilderfrage in der Reformation. – In: Tradition und Leben. Kräfte der Kirchengeschichte. Aufsätze und Vorträge, 1960, S. 361–407

Die Kunst und die Kirchen. Der Streit um die Bilder heute, hg. von Rainer Beck, Rainer Volp und Gisela Schmirber, 1984

Frisch, Max: Stiller. Roman, 1965

Geyer, Hans-Georg: Art. Kunst III. Kunst und christlicher Glaube, ³RGG, IV. Band, Sp. 161–165 (zitiert: Geyer II)

Grözinger, Albrecht: Praktische Theologie und Ästhetik, 1987 (zitiert: Grözinger I)

Ders.: Christologie und Ästhetik. Die Lichterlehre Karl Barths in ihrer Bedeutsamkeit für die Praktische Theologie – Ein Prospekt. – In: Lobet Gott. Beiträge zur theologischen Ästhetik. FS Rudolf Bohren, Hg. Jürgen Seim und Lothar Steiger, 1990, S. 40–46 (zitiert: Grözinger II)

Herlyn, Okko: Theologie der Gottesdienstgestaltung, 1988

Hofmann, Werner: Luther und die Folgen für die Kunst. – In: Die Kunst und die Kirchen ... S. 67–82

Karcher, Eva: Ursache und Wirkung des Bildverständnisses des Konzils von Trient. – In: Die Kunst und die Kirchen ... S. 82–92

Kierkegaard, Sören: Entweder/Oder. Zweiter Teil. Gesammelte Werke, 2. u. 3. Abteilung, 1957

Link, Chistian: Das Bilderverbot als Kriterium theologischen Redens von Gott. – In: ZThK Jg. 74, 1977, S. 58–85 (zitiert: Link II)

von Loewenich, Walther: Art. Bilder VI, TRE 6, 1980, S. 546–557 (zitiert: von Loewenich II)

Lüthi, Kurt: Moderne Malerei. – In: Marti, Kurt; Lüthi, Kurt; von Fischer, Kurt: Moderne Literatur, Malerei und Musik, 1963, S. 167–328

Luther, Henning: Subjektwerdung zwischen Schwere und Leichtigkeit – (Auch) eine ästhetische Aufgabe? – In: Von der Schwere Gottes und der Leichtigkeit des Seins, Arnoldshainer

Protokolle 4/92, Hg. Dietrich Neuhaus, Schmitten 1992, S. 28–50

Luther, Martin: Acht Sermone D. M. Luthers von ihm gepredigt zu Wittenberg in der Fasten (Invokavitpredigten), 1522. – In: Martin Luther, Studienausgabe. In Zusammenarbeit mit Helmar Junghans, Joachim Rogge und Günther Wartenberg hg. von Hans-Ulrich Delius. Band 2, 1982, S. 520–558

Ders.: Der große Katechismus. – In: Calwer Luther-Ausgabe I, ²1967, S. 9–171

Ders.: Der Kleine Katechismus, ¹⁹1980:

Maier, Hans: Der Wandel der Kunst und die Kirche. – In: Die Kunst und die Kirchen ... S. 146–155

Marcuse, Herbert: Bemerkungen zu einer Neubestimmung der Kultur. – In: Kultur und Gesellschaft 2, 1965, S. 147–171

May, Gerhard: Die Kirche und ihre Bilder. – In: Die Kunst und die Kirchen ... S. 57–67 (zitiert: May I)

Ders.: Art. Kunst und Religion VI. – In: TRE 20, 1990, S. 274–292 (zitiert: May II)

Neuhaus, Dietrich: Wort und Bild. – In: Die Kirche im Wort. Arbeitsbuch zur Ekklesiologie, hg. von Eberhard Mechels und Michael Weinrich, 1992, S. 86–102 (zitiert: Neuhaus I)

Ders.: Kirche und Kunst: Das Kreuz mit Tumarkin. Anmerkungen zu zwei verzwickten Problemen. Vortrag in der Evangelischen Akademie Arnoldshain am 3.10.93, Manuskript 14 S. (zitiert Neuhaus II)

Niesel, Wilhelm: Die Form des öffentlichen Gottesdienstes der reformierten Kirchen. – In: EvTh 5/1948, S. 204–211

Rombold, Günter: Der Glaube und seine Bilder. – In: Die Kunst und die Kirchen ... S. 230–242

Roters, Eberhard: Die Bildwelt der Kunst als Herausforderung der Kirche. – In: Die Kunst und die Kirchen ... S. 13–24

Schade, Herbert: Kirche und autonome Kunst. – In: Die Kunst und die Kirchen ... S. 155–169 (zitiert: Schade I)

Ders.: Art. Bild, Bilderverehrung, Bilderstreit. – In: Sacramentum Mundi. Erster Band, 1967, S. 598–604 (zitiert: Schade II)

Schleiermacher, Friedrich: Über die Religion. Reden an die Gebildeten unter ihren Verächtern (1799), hg. v. Rudolf Otto, ⁶1967

Schwebel, Horst: Autonome Kunst und kirchlicher Auftrag. – In: Die Kunst und die Kirchen ... S. 170–180 (zit.: Schwebel I)

Ders.: Das Christusbild in der bildenden Kunst der Gegenwart. Textband. Reihe Bild und Raum, Band I, 1980 (zitiert: Schwebel II)

Sprenger, Reinhard: Weltanschauung des Mittelalters im Spiegel der Kunst. – In: Die Kunst und die Kirchen ... S. 50–57

Stirm, Margarete: Die Bilderfrage in der Reformation. Quellen und Forschungen zur Reformationsgeschichte Band XLV, 1977

Thümmel, Hans Georg: Art. Bilder IV, TRE 6, 1980, S. 525–531

Ders.: Art. Bilder V/1, TRE 6, 1980, S. 532–540

Volp, Rainer: Art. Bilder VII, TRE 6, 1980, S. 557–568 (zitiert: Volp I)

Ders.: Kunst als Gestaltungskompetenz. – In: Die Kunst und die Kirchen ... S. 259–273 (zitiert: Volp II)

Ders.: Post scriptum: Der Streit um die Bilder beginnt erst. – In: Die Kunst und die Kirchen ... S. 274–278 (zitiert: Volp III)

Welten, Peter: Art. Bilder II, TRE 6, 1980, S. 517–521

Bibelstellenregister

Altes Testament
1. Mose 1,26   87
1. Mose 1,27   79f.82
1. Mose 5,1f   79f.82
2. Mose 3,14   87
2. Mose 13   87
2. Mose 20,4–6   59.79.
   82.87.120.124f.134
2. Mose 25ff   87
4. Mose 21,8f   134
5. Mose 4,8f   87
5. Mose 27,15   87
2. Kön 18,4   134
Ps 2,4   61
Ps 103,1–4   52
Jes 2,2   118
Jes 7,14   102.106
Jes 53,2   131
Jes 53,4f   26.52
Jes 60,3   118
Jes 65,17   92

Neues Testament
Mt 6,10   61–63
Mt 11,2–6   50
Mt 19,16–26   13
Mt 26,39   119
Mt 27,46   52
Mk 9,24   64
Lk 1,26–28   43
Lk 1,38   119
Lk 1,46–55   116
Lk 1,78f   40
Lk 22,32   50
Joh 1,11   83
Joh 1,14   27.45.62
Joh 1,19–34   41f
Joh 1,29   26.39f.42.50
Joh 3,30   24.27.29.34.42.
   56.60.64.69.100.102.106.
   109
Joh 19,19b   102
Joh 19,30   144
Joh 20,25   50
Röm 3,27f   32
Röm 4   32
Röm 5,1–11   112
Röm 5,5   32
Röm 5,7f   23f
2. Kor 3,18   118
2. Kor 4,4   82
2. Kor 5,19   81f
2. Kor 12,9   69
Kol 1,15   82.87

Namenregister

Adorno, Theodor W. 136f
Andresen, Dieter 124
Antonius 13–18.105
Athanasius 13
Augustinus 15
Balthasar, Hans Urs v. 131f
Barth, Karl pas.
Bauch, Kurt 105
Bauer, Veit Harold 103–109
Baur, Christian 101
Beck, Rainer 141f
Beckmann, Max 21.111
Béguerie, Pantxika 103–106. 111.117
Behling, Lottlisa 102
Beichel, Desiderius 17
Berger, John 111
Bernhard 116
Bernhart, Joseph 9.31.101. 103.106.111.115–119
Bonifaz VIII. 15
Bosch, Hieronymus 105
Brinkschmidt, Egon 116f
Brumter, Michèle 105.109. 117
Brunel, Pierre 108
Brunner, Emil 117
Bukowski, Peter 143
Burckhardt, Jacob 20
Busch, Eberhard 52.107. 112.118f.122.137.140
Calvin, Johannes 34f.121. 134
Campenhausen, Hans von 134–136
Dalferth, Ingolf 125.129.138
Dostojewski, Fjodor Michajlowitsch 33.66f.116

Drewes, Hans-Anton 61.117
Dürer, Albrecht 24.59f
Ehrenberg, Hans 129
Einem, Herbert von 101. 106.117.119
Eschweiler, Jakob 105.111. 115.117
Fangmeier, Jürgen 25.27f. 30.63.114.132.142
Feuerbach, Ludwig 129
Feurstein, Heinrich 101f. 117.119
Finze, Holger 38
Fraenger, Wilhelm 101–103. 105f.108–110.112.115.117. 119.122
Franklin, John 103
Friedländer, Max J. 22.115
Frisch, Max 138
Fürst, Walter 41
Geissler, Heinrich 101–103. 105f.108–110.117.119
Gersdorff, Hanns von 109
Gestrich, Christoph 128f
Geyer, Hans-Georg 121. 128.137
Glück, Gustav 103.110
Goethe, Johann Wolfgang von 114f
Gramann, Johann 118
Greco, El 32
Gregor I. 134f
Groner, A. 105.113.117
Grözinger, Albrecht 127.136
Grünewald, Mathias pas.
Guersi, Guido 16f.105.108
Hagen, Oskar 21.31f.101. 105.111.115–117.119

Hagenauer, Niclas 17.108
Hagerich von Chur 113
Harnack, Adolf von 117.
 121f
Harnest, Joseph 107.109f.
 152
Haug, Hans 102
Heck,
Christian 105.107–109.
 117.119
Hegel, Georg Wilhelm
 Friedrich 90
Hegemann, Hans Werner
 105.117
Heisler, Hermann 53
Herlyn, Okko 143
Hinz, Paulus 106.112
Hitler, Adolf 48f.86.111.133
Hofmann, Werner 135f
Hotz, Walter 108
Hütt, Wolfgang 101
Huysmans, Joris-Karl 21.
 101.105.111.115.117
Innozenz III. 15
Innozenz IV. 15
Iwand, Hans Joachim 140f
Johannes XXII. 16
Josten, H. H. 105.109.111.
 113.117
Jüngel, Eberhard 61.125.
 129
Kant, Immanuel 136
Karcher, Eva 135f
Karlstadt, Andreas 88f.135
Karpff, Casimir 19
Kierkegaard, Sören 33.90.
 116.136
Kirschbaum, Charlotte von
 52
Klem, Theophile 109
Knapp, Fritz 101.105.109

Knappe, Karl Adolf 101
Knorr, Heinz 133
Koch, Diether 54
Korsch, Dietrich 129
Kübler, Louis 115
Léger, Fernand 125
Lerse, Franz 19.110.113
Link, Christian 125.127
Loewenich, Walther von
 134f.140
Lücking, Wolf 101f.111
Luther, Henning 136
Luther, Martin 33.36.87–89.
 95.102.135.140f
Lüthi, Kurt 125.138
Maier, Hans 136
Marcuse, Herbert 137
Marquaire, Jean Pierre 19
Marquard, Reiner 112.121f.
 133
May, Gerhard 102.134–136
Mayer, August L. 105.111.
 117
Mischlewski, Adalbert
 103–105.107–109
Miskotte, K. Heiko 122f
Möhle, Hans 101.105.112
Moltmann, Jürgen 52f.119f
Mozart, Wolfgang
 Amadeus 63.93f.96.101.
 130.138–140.144
Nadolny, Sten 103
Neuhaus, Dietrich 127.134.
 136
Niemeyer, Wilhelm 101.105.
 109.112.117
Niesel, Wilhelm 143
Oellermann, Eike 110
Orlier, Jean d' 16f.106.108
Overbeck, Franz 32.42.116
Paul, Jean 114

Pichler, Walter   141f
Pinder, Wilhelm   103.105.
   111
Reichenauer, Berta   102f.
   105f.109f.117.122
Reiffen, Hannelotte   37
Rembrandt, Harmensz v.
   Rijn   32
Rendtorff, Trutz   128f
Rieckenberg, Hans Jürgen
   108
Ritschl, Dietrich   36
Rohlinger, Rudolf   133
Rombold, Günter   91.136f
Roters, Eberhard   137
Ruhmer, Eberhard   101.108.
   111
Ruthmann, G.   109
Sandrart, Joachim von   11
Saran, Bernhard   18.101f.
   104.109f.117
Sauter, Gerhard   42
Schade, Herbert   135f
Schädelin, Albert   130
Scheja, Georg   101.105f.111f.
   119
Schleiermacher, Friedrich
   Daniel Ernst   36f.91.116f.
   137
Schmid Noerr, Friedrich
   Alfred   101.105.113.115
Schmid, Heinrich Alfred
   101f.105.109–111.113
Schmidt, Hermann   23.112
Scholl, Hans   34f
Schubring, Paul   105.115
Schulze, Ingrid   111f

Schwebel, Horst   102.134.
   136
Seidel, Max   106f.109.152
Sokrates   33.116
Sprenger, Reinhard   134
Steck, Karl Gerhard   132
Stirm, Margarete   134
Stoevesandt, Hinrich   39.63.
   114.116–118
Strauch, Max   114f
Strieder, Peter   111
Stymmer, Abel(l)   113
Suckale, Robert   108
Thümmel, Hans Georg   134f
Thurneysen, Eduard   26.32.
   43.48f.66f
Tuillier   103
Valloire, Gaston de la   14
Vogt, Helmut   104
Volp, Rainer   136.140
Weber, Otto   123.143
Welten, Peter   134
Weyden, Rogier van der   102
Wickersheimer, Ernest   103f.
   109
Wildi, Markus   117
Wilhelm II.   66
Winkler, C.   109
Winzinger, Franz   102.108f.
   119
Woltmann, Alfred   20f.111.
   113
Zinzendorf, Nikolaus Ludwig
   Graf von   60
Zülch, Walter Karl   101f.
   105.109.117
Zwingli, Huldrych   134